First French Reader

A Beginner's Dual-Language Book

Edited and Translated by
STANLEY APPELBAUM

DOVER PUBLICATIONS, INC.
Mineola, New York

Bibliographical Note

This Dover edition, first published in 2008, contains brief excerpts in French from fifty works originally published between 1637 and 1922, reprinted from standard texts, in addition to new English translations by Stanley Appelbaum, who made this new selection and provided the Preface and the Introduction.

Library of Congress Cataloging-in-Publication Data

First French reader : a beginner's dual-language book / edited and translated by Stanley Appelbaum.
    p. cm.
French and English.
ISBN-13: 978-0-486-46178-6
ISBN-10: 0-486-46178-5
    1. French language—Readers. 2. French language—Textbooks for foreign speakers—English. I. Appelbaum, Stanley.

PC2115.F47 2008
448.2'421—dc22

2007024307

Manufactured in the United States by RR Donnelley
46178506   2015
www.doverpublications.com

First French Reader

PREFACE

This dual-language reader is a brief anthology of significant, often world-class French prose (fiction and nonfiction; no drama) from the seventeenth century, when modern French becomes prevalent, into the twentieth century. It is meant for learners of French who have a real interest in the superb literature written in that language. The excerpts, of more or less equal length (approximately two pages each per language), are NOT abridged, rewritten, retold, simplified, or otherwise altered, except for the normal modernization of spelling and punctuation in the older material (only a few headings and author's footnotes are omitted). They appear chronologically in order of the fifty authors' birthdates, and are not graded by perceived difficulty for the needs of absolute beginners.

Therefore, to make best use of the material, one should have learned the full conjugation of the regular verbs and the most common irregular verbs, along with the syntax that will naturally have accompanied verb study which has been brought up to that level. Certain potential areas of difficulty have been avoided in selecting the excerpts—tangled syntax, excessive colloquialism (including slang and argot), regional dialect, technical terms, and the like—and only lucid, smoothly flowing excerpts will be found here.

At any rate, ease and difficulty are subjective and vary with the individual; so, whether you are learning French in a classroom, with a tutor, or (especially) on your own, don't hesitate to be adventurous and get your first taste of such writers as Voltaire, Rousseau, Balzac, Baudelaire, Zola, Gide, and Proust, and of such works as *The Red and the Black, Les Misérables, Carmen,* and *Madame Bovary.* (Even lovers of literature who aren't studying French formally will enjoy seeing how some of their favorite books read in the original.)

The selection includes titanic names that are household words; other authors who may be less well known to English speakers but are considered important writers in France; and truly popular works that

are often omitted from pedantic school readers (you will find "Beauty and the Beast," *The Three Musketeers,* and *Around the World in Eighty Days*). There are three winners of the Nobel Prize for Literature. There are six women authors, at least one for every century represented. Such important philosophers as Descartes and Bergson are included, as well as a number of thinkers of the eighteenth-century Enlightenment (with part of an *Encyclopédie* article). A good number of the excerpts relate to childhood and schooling. There are dialogue passages and purely descriptive passages. Though this is by no means a primer for children, and love appears frequently, there is nothing here even mildly erotic.

Since the excerpts cover so much ground, a small part of the vocabulary may be unfamiliar (and a handful of words in seventeenth-century authors may have undergone a semantic shift), but one glance at the English on the facing page will immediately make everything clear; in addition, explanations of cultural references necessary for basic comprehension are supplied in the Introduction, where each excerpt receives a brief, to-the-point commentary. Thus no further apparatus or additional reference book is needed when using this reader (of course, some knowledge of French history, geography, and civilization will never come amiss).

Just as the French excerpts are unadulterated, so the new English translations are as full, accurate, and faithful as possible, without denaturing the English (for instance, all the material in one French sentence is contained here in the corresponding English sentence, whereas many published English versions of French texts read like free adaptations or reworkings).

Just in case the purchaser owns previously published Dover dual-language books, the present selection includes absolutely no repetition of earlier material.

For each excerpt, the spelling, accentuation, and punctuation in the French follow the respective source text; no effort has been made to achieve uniformity throughout the volume.

CONTENTS

INTRODUCTION

The fifty numbered selections, arranged in the chronological order of the authors' birthdates, will be commented on very briefly.

1. In 1637 René Descartes (1596–1650), mathematician and philosopher, published the first major work of philosophy written in French, the *Discours de la méthode pour bien conduire sa raison, et chercher la vérité dans les sciences* (Discourse on the method for rightly conducting one's reason and seeking truth in bodies of knowledge). This anti-Scholastic treatise, based on systematic doubting of evidence, set the tone for the rationalism of the later seventeenth century and the eighteenth. In our excerpt, the beginning of the main text, Descartes exhibits dry wit as he explains the purpose of the book, inspired by his dissatisfaction with the philosophy he had been taught.

2. François, duc de La Rochefoucauld (1613–1680), is the most celebrated French epigrammatist. His book *Réflexions, ou sentences et maximes morales* (Reflections; or, Moral Opinions and Epigrams) first appeared in 1665; our selection comprises the first 28 items from the definitive edition of 1678. Written after a stormy life in politics, war, and romance, the *Maximes*, so beautifully expressed that they're considered a lofty French classic, present a pessimistic, disillusioned view of human nature and activity, seeing through pretensions and sanctimoniousness to reveal selfishness and calculation everywhere.

3. Marie de Rabutin-Chantal, marquise de Sévigné (1626–1696), is the most highly regarded French letter writer, and the French female author with the most solidly established reputation, largely for her natural and ebullient style. Of her 1,500 or so letters (some published as early as 1697; the first good, full edition, 1862–67), many chronicle the court and intellectual life of the day, but the most affecting are those addressed to her daughter from 1671 on. In 1669 her daughter married the comte (Monsieur) de Grignan, who two years later carried her off to Provence, where he was a high official. The excerpts given here (A, B, C) are from three letters from mother to daughter written during the 1670s. The Hôtel Carnavalet, Mme de Sévigné's Parisian town house, is now part of the Museum of the City of Paris.

4. Jacques-Bénigne Bossuet (1627–1704) was France's greatest literary churchman, a political and historical writer as well as a peerless preacher of sermons and funeral orations. Ordained in 1652, by the 1660s he was already established at the court of Louis XIV and famed as a great stylist. Henrietta Maria (1609–1669), daughter of Henri IV of France, married Charles I of England in 1625 (her "three kingdoms" were England, Scotland, and Ireland), and gave birth to the future Charles II. Her conspicuous Catholicism helped make her husband unpopular, and during his war against Parliament she fled to her native land in 1644. Though the English Restoration made residence in England possible for her again, she spent her last years in France. The *Oraison funèbre d'Henriette-Marie de France, reine de la Grand'Bretagne* was published in the year it was delivered, 1669.

5. Marie-Madeleine Pioche de La Vergne, comtesse de La Fayette (1634–1693), close friend of Mme de Sévigné and mistress of La Rochefoucauld (who advised her during the writing of *La Princesse de Clèves*), helped create the modern psychological novel. Her concise, one-track historical novels abandoned the rambling style of earlier prose romances. *La Princesse de Clèves,* published anonymously in 1678, takes place late in the reign (1547–1559) of Henri II, whose queen, the infamous Catherine de Médicis, was from Florence. Our excerpt includes the first meeting of the heroine with her future husband, to whom she will eventually announce that she loves another man better. The book has been seen as a vindication of a woman's individuality amid a highly conformist society.

6. Jean de La Bruyère (1645–1696) is known for the single book *Les caractères* (first edition, 1688; expanded editions up to 1696), the title of which is borrowed from the collection of portraits of generalized human types by the ancient Greek philosopher Theophrastus (La Bruyère included a translation of Theophrastus in his own book). *Les caractères* includes not only such "portraits," but also aphorisms resembling those of La Rochefoucauld. Our excerpt is the opening of the original-with-La Bruyère portion of the definitive edition, part of a section dealing with literary works. Obviously, the author was squarely on the side of the (Greco-Roman) ancients in the fierce "ancients versus moderns" literary feud being waged in his day.

7. Anthony Hamilton (c. 1646–1720) is one of the few English-speakers (he was Irish) who have become proficient writers of French and have earned a small but secure niche in French literature. The *Mémoires du comte de Gramont* (1713) is a fictionalized pseudo-biography of his French brother-in-law (the royalist Hamiltons fled to

France after the execution of Charles I, just as Anthony was to flee there once again after the ouster of James II). The book is an anecdotal picaresque novel taking place in high society (including the licentious court of the restored Charles II) rather than among social outcasts. In our excerpt, after the siege of Trin (1639), the hero and his fellow officer and boon companion Matta seek feminine company in Piedmont. Amadis of Gaul was a knight errant in a Spanish novel of chivalry published in 1508.

8. Alain-René Lesage (1668–1747), important as a playwright as well as a novelist, hewed more closely than Hamilton to the form of the picaresque novel as popularized in Spain from c. 1600 on (there were precursors). The hero of his lengthy *Gil Blas de Santillane* (published between 1715 and 1735) is a humble Spaniard who ultimately, after many adventures, rises to a high position. His story is frequently interrupted by narratives concerning other characters, as in the excerpt given here, in which the members of a robber gang he falls in with tell how they came to adopt their current way of life. Lesage's novels have been blamed for lack of real originality, but his style is constantly deft and amusing.

9. The name of Pierre Carlet de Chamblain de Marivaux (1688–1763), playwright and novelist, is enshrined in the French term *marivaudage,* which connotes affected frivolity, though this was an unfair earlier evaluation of his style. Today his plays are revived more often than any other French drama of his time. His novel *Le paysan parvenu* (The Newly Rich Peasant), published in installments in 1734 and 1735 but never finished, is a cynically humorous account of a peasant who becomes a wealthy tax farmer through his cleverness and his attractiveness to older women. Our excerpt is the very beginning, in which the author combats social prejudices (though Marivaux was never a radical or revolutionary).

10. Charles de Secondat, baron de Montesquieu (1689–1755), is most famous for his *De l'esprit des lois* (The Spirit of Laws; 1748), with its plea for the separation of the three powers of government, but his first celebrity was due to his *Lettres persanes* (Persian Letters; 1721). Published anonymously, this epistolary novel uses the device of foreign visitors to France to pillory (as if foreign oddities) numerous aspects of current French life and culture; of course, some of the letters, concerning harem disturbances back home, indicate that the Persians have their own problems. The selection here is from two (A, B) separate letters.

11. Voltaire (pseudonym of François-Marie Arouet, 1694–1778),

novelist, poet, playwright, historian, tireless correspondent, champion of justice and liberty, beacon of the Enlightenment, is known for his keen mind, biting wit, and crystalline style. In *Zadig, ou la destinée; histoire orientale* (Zadig; or, Fate; an Oriental Tale; 1748), he teaches, through the hero's reversals of fortune, that nothing is due to chance, though it's hard to understand the plans of Providence. In our excerpt, the very beginning of this philosophical tale, Voltaire uses the device of an exotic setting to satirize his own society.

12. The prolific writer Antoine-François, abbé Prévost (1697–1763), was in exile in England, after brief careers as a soldier and monk, when he wrote his masterpiece, *Histoire du chevalier des Grieux et de Manon Lescaut* (1731), which has been the basis of several films and a number of important operas, such as Massenet's *Manon* and Puccini's *Manon Lescaut*. Our excerpt gives the beginning of the hero's narration, including the memorable scene in the inn yard when he first meets the sensual girl who is to change the whole course of his life and make him a social outcast tied to her skirts. Prévost's novel was unusual for its appeal to the emotions in a period of "sensible" thinking.

13. Marie Leprince de Beaumont (1711–1780) remains immortal for her story "La Belle et la Bête" (Beauty and the Beast), included in a collection published in 1756. It has been belittled as being a mere abridgment of an earlier, much longer version (c. 1740, by Gabrielle-Suzanne Barrot de Villeneuve, who died in 1755), and some connoisseurs prefer the circumstantial detail of the earlier work, but the story might never have caught on without Mme Leprince de Beaumont's neat, economical treatment, with its light-handed moralizing. Our excerpt finds Beauty left alone in the Beast's palace after she has volunteered to take her father's place as a "victim" (he had offended the Beast by plucking a rose to take home to Beauty).

14. Jean-Jacques Rousseau (1712–1778), a tremendously influential author, combined in his sometimes self-contradictory oeuvre the radical political aims of the Enlightenment leaders with his own belief in the nonintellectual claims of the imagination and the emotions. His dreams of a simple, natural social life are embodied in his best-selling 1761 novel *Julie, ou la nouvelle Héloïse,* in which a tutor of low degree, his beloved pupil Julie, and the man of rank she eventually marries finally live together in harmony in a productive rural community. Our excerpt is the beginning of the very first letter (written by the tutor) in this epistolary novel. Rousseau is also famous for works on

political philosophy and education, and for his groundbreaking autobiography.

15. Denis Diderot (1713–1784) was one of the foremost thinkers of
the Enlightenment, notorious for his radicalism and anticlericalism
(though a broad spectrum of views is contained in his large oeuvre of
novels, plays, and essays). For some twenty years he was general edi-
tor of the great *Encyclopédie* (see entry 16). *Le neveu de Rameau*
(Rameau's Nephew), begun c. 1760 but not published until the nineteenth century, is considered by some to be Diderot's best work. In
dialogue form (*moi* is Diderot; *lui* is the nephew of the eminent composer Jean-Philippe Rameau, 1683–1764), the work covers a lot of
miscellaneous ground, the nephew propounding in lively terms a bo-
hemian, amoral view of life. Our excerpt discusses some of the ways
of earning money that are available to a man without a profession.

16. Jean le Rond d'Alembert (1717–1783), a distinguished mathematician and philosopher, was coeditor (until 1758) with Diderot of
the *Encyclopédie, ou dictionnaire raisonné des sciences, des arts et des
métiers* (Encyclopaedia, or Rational Dictionary of the Sciences, Arts,
and Trades; 1751–1772). The famous *Encyclopédie*, showcase of the
French Enlightenment, included articles by its two main editors and
by Montesquieu, Voltaire, and Rousseau, among many others;
d'Alembert wrote the general preface as well as many articles. His article "Collège" (Secondary Education), excerpted here, is dated c.
1764 in the source edition, though d'Alembert is said to have left the
Encyclopédie in 1758; it is a plea for a more rational education that
will be a better preparation for real modern life.

17. Jacques-Henri Bernardin de Saint-Pierre (1737–1814), a no-
madic naturalist and disciple of Rousseau, is a major representative of
late eighteenth-century proto-Romanticism, with his worship of nature, his cult of emotion, and his longing for a simple, even primitive
existence. His novel *Paul et Virginie* (1788) is the story of two ill-fated
lovers who are raised as if siblings in the lush landscapes of Mauritius
in the Indian Ocean. Our excerpt, the beginning of the main text,
starts to tell the story, after a vivid description of the exotic island.

18. Pierre-Ambroise-François Choderlos de Laclos (1741–1803),
an army engineer who ultimately became a Napoleonic general, is
best remembered for *Les liaisons dangereuses* (Dangerous
Connections; 1782), which has been called "probably the most skil-
fully crafted epistolary novel ever written." It has been filmed several
times. A series of interlocking letters chronicles two attempted se-
ductions; the first of them, threatening the ingénue Cécile, is plotted

coldbloodedly by two former lovers who share the most amoral cynicism; all four main characters suffer. Our selection comprises two complete consecutive letters from early in the book which outline the plot against Cécile and the beginnings of its execution.

19. Anne-Louise-Germaine Necker, Mme de Staël (1766–1817), was the daughter of Jacques Necker, Louis XVI's brilliant finance minister. Germaine continued her mother's Parisian literary salon until exiled from the capital in 1803 for her opposition to Napoleon. She thereupon traveled through Germany, whose blossoming Classical and Early Romantic culture she was to make known in France in her book *De l'Allemagne* (On Germany; 1813). Often resident in her château near Geneva, she had a number of lovers, some of them important writers. Her novel *Corinne, ou l'Italie* (1807) contrasts northern and southern Europe, as the hidebound Scottish lord Oswald Nelvil fails to live up to his love for Corinna, an emancipated intellectual woman (like the author herself). Our excerpt recounts the hero's first day in Rome and his encounter with the heroine.

20. Benjamin Constant (1767–1830), who wrote works on religion and political liberalism (he was exiled in 1802) as well as fiction, is best remembered for his 1816 novel *Adolphe*, a reflection of his tempestuous liaison with Mme de Staël between 1794 and 1811. The hero of the novel becomes involved with an older woman he really doesn't love, but he is too weak-willed and compassionate to break off. Our excerpt, the beginning of the main text, exemplifies various aspects of the book: the author's knowledge of German court life; the hero's diffidence and inability to communicate; and the Early Romantic psychological analysis, cult of the emotions, and general feeling of alienation from the world.

21. François-René, vicomte de Chateaubriand (1768–1848), in many ways the quintessential French Romantic, wrote major essays, travel books, and autobiography as well as fiction. *René* (the hero bears one of the author's Christian names) first appeared in the 1802 monograph *Le génie du christianisme,* but was published separately from 1805 on. A true Byronic hero, created when Byron was an adolescent, René is a melancholy wanderer over the face of the earth. Our excerpt is the beginning of his narrative, made to a group of American Indians of the Natchez tribe; it lays the foundation for René's permanent angst and his sister's incestuous love for him.

22. Stendhal (pseudonym of Henri Beyle; 1783–1842) wrote fiction, autobiography, and a wide range of nonfiction. *Le rouge et le noir* (The Red and the Black; 1830), world famous, is considered one of

the supreme French novels. Our excerpt, the very opening, exemplifies Stendhal's crisp style, sarcasm, and dry wit, as well as his great skill (at the very end of the excerpt) in introducing the hero's family, the Sorels. Julien Sorel, a young admirer of Napoleon, will become the tutor of the mayor's children, and the mayoress's lover, before his resolute social climbing leads him to the position of secretary to a monarchist nobleman and lover of his strong-willed daughter—until misfortune strikes. Blended with Stendhal's famed realism is a strong dose of the Romantic ideal of love.

23. Alfred de Vigny (1797–1863), a major poet and playwright with aristocratic ideals, also wrote important novels. Our excerpt, a very unwarlike one, is from the second section, "La veillée de Vincennes" (The Evening Party at Vincennes), of his 1835 novel *Servitude et grandeur militaires* (Constraints and Grandeur of the Military Life). The narrator, accompanied by Timoléon, a fellow Guards lieutenant, also on garrison duty at Vincennes (just east of Paris), attends a family concert which, arch-Romantically, sends his imagination soaring to visions based on Ossian, the legendary Irish bard credited with the maundering prose poems actually written in Scotland in the latter eighteenth century—one of the most successful and influential of all literary hoaxes.

24. Honoré [de] Balzac (1799–1850; the nobiliary *de* was his own invention) is possibly the most famous French novelist, and surely one of the most prolific. *Le lys dans la vallée* (The Lily in the Valley; 1836) is composed of two letters, a very long one in which the narrator confesses to his fiancée the platonic love he had felt for an unhappily married woman sequestered in a château in the valley of the Indre, a tributary of the Loire (she died upon learning of another affair of his); and a short one containing his fiancée's response. Our excerpt, the very beginning, is remarkable for its supreme verbal skill, its psychological penetration of a troubled childhood, and its warm human sympathy.

25. Victor-Marie Hugo (May 1802–1885), outstanding as poet, dramatist, and novelist, champion of justice and social equity, was truly a titan of French literature. His magnum opus in prose, published in 1862, was *Les misérables*, always famous but now a household word thanks to its stage and screen adaptations. In our excerpt, the hero, released from imprisonment for stealing bread, reaches the mountain town of Digne in southeastern France; his name is here mentioned for the first time. (After this unhappy reception, the charitable actions of the bishop of Digne will inspire him to stop despairing and to lead a respectable—and adventure-filled—life.)

26. Alexandre Dumas *père* (July 1802–1870) is the preeminent French creator of swashbuckling historical novels (he was also an important playwright). One of his two most famous works is the perennial favorite *Les trois mousquetaires* (The Three Musketeers; 1844), the title of which has become a catchword for comradeship. Full of brio, Dumas's text reads like a shooting script, with taut dialogue and a complete notation of visual and sound effects. This excerpt includes the introduction to the musketeers' celebrated motto.

27. Prosper Mérimée (1803–1870), story writer, playwright, historian, and travel author, was by profession an inspector (and preserver) of historical monuments. In his most famous novella, *Carmen* (1847; revised 1852), it is an archeologist like himself who interviews the ill-starred Don José in his prison. Our excerpt is the very beginning of Don José's narration, including the memorable scene of his first encounter with the Gypsy temptress (also one of the great features of Bizet's 1875 opera based on the tale).

28. George Sand (pseudonym of Aurore Dupin, baronne Dudevant; July 1804–1876), whose lovers included Musset and Chopin, was a political liberal and a feminist, as well as a copious author. Perhaps for different reasons, both in her lifetime and today, the so-called rustic novels she wrote from 1843 to 1853 have been preferred to her sometimes steamy love stories. In our excerpt from *La mare au diable* (The Devil's Pool; 1836), with its vigorous, natural dialogue, the farmer Germain is urged to remarry; in the course of his first, unsuccessful attempt, he will get to know a girl who really suits him.

29. Charles-Augustin Sainte-Beuve (December 1804–1869), a minor poet who became a major literary critic (though not always prophetic), and eventually a professor of French literature, is also known for his one novel, *Volupté* (Sensual Pleasure; 1834), said to have been a model for Balzac's *Le lys dans la vallée* (No. 24). Our excerpt is part of Bishop Amaury's reminiscences of his youth; later, thwarted platonic romances will lead him to a life of sensual pleasure in Paris; in horrified reaction, he will take holy orders.

30. Gérard de Nerval (pseudonym of Gérard Labrunie; May 1808–1855), a poet, story writer, and travel author troubled by mental illness, was a spokesman for the irrational, occult, and fantastic, and a lover of folklore. Set in the Valois region, north of Paris, where Nerval grew up, his story "Sylvie," contained in the collection *Les filles du feu* (The Fire Maidens; 1854), includes a supplement of Valois folklore, from which our excerpt—part of a literary folktale—is derived. The

true appreciation of Nerval came in the twentieth century only, thanks to the Surrealists and others.

31. Jules Barbey d'Aurevilly (November 1808–1889), of Norman nobility, was a dandy and a monarchist of firm religious beliefs. His stories and novels are often tinged with a sensational satanism and hints of deep-seated evil. His novel *Ce qui ne meurt pas* (That Which Does Not Die) was begun in 1835, but completed and published only in 1883; set in the author's native Normandy, it chronicles the passions of a weak, imaginative young man living in an uncanny landscape. Our excerpt is the very beginning, a fascinating description of the terrain which pinpoints the locale and sets the unnerving tone.

32. Alfred de Musset (1810–1857) was one of the preeminent French Romantic poets, playwrights, and fiction writers, one of the giants of the first half of the nineteenth century. His novel *La confession d'un enfant du siècle* (The Confession of a Child of the Age; 1836) reflects his stormy affair with George Sand, which began in 1833; in it he suggests that love might be a cure for the Romantic "malady of the era," a permanent mental disarray due to the crumbling of early religious and moral "certainties." Our excerpt tells of the betrayal that converts the narrator into a cynical libertine, who is nearly cured by the love of a faithful woman.

33. Théophile Gautier (1811–1872), poet and novelist, developed from a staunch disciple of Hugo's Romanticism into a more cool-headed esthete who fashioned gemlike verse and prose, but he never lost his imagination and humor. His popular novel *Le capitaine Fracasse* (1863), set in the early seventeenth century, recounts the derring-do adventures of a penniless young nobleman who, for love, joins an itinerant troupe of commedia dell'arte players as their Captain Fracasso, the stock figure of a timorous soldier. Our selection comprises two brief excerpts portraying his meaningless life before the players arrive to rescue him; they are told with endless verve and dash.

34. Eugène Fromentin (1820–1876) was primarily an Orientalist painter, but he also wrote art criticism and travel books about his journeys in North Africa. His one novel, *Dominique* (1862), is highly regarded. The hero is in love with a married woman but finally renounces her for a tranquil rural existence; this has been seen by some as an example of Romantic frustration, by others as an "idealistic" cleaving to duty as opposed to a "realistic" moral lapse such as that by Emma Bovary. Our excerpt recounts the first meeting between the narrator and the hero, who will later tell his life.

35. Charles Baudelaire (April 1821–1867), whose *Les fleurs du mal* (The Flowers of Evil) is perhaps the key poetry collection of the nineteenth century, also wrote a large amount of prose of many kinds. Outstanding among these prose works is *Le spleen de Paris*, published posthumously in 1869 with the misleading title *Petits poèmes en prose* (Short Prose Poems). The word *spleen*, adopted from English, connotes a sort of pervasive melancholy and malaise. Our selection comprises two complete items from *Le spleen de Paris*, beautifully exemplifying the author's cynicism, sardonic humor, and anguish at the alienation of the creative artist from society.

36. Gustave Flaubert (December 1821–1880) has been seen as the chief exponent of French Realism, though not all his novels and stories fall into that category. *Madame Bovary* (1857), one of the best-known novels of all time, ruthlessly pillories the provincial dullness and mindlessness from which the unfortunate heroine, her head full of ideal romance, tries in vain to escape while her pedestrian fate closes in around her; Flaubert took enormous pains with his prose style. Our excerpt describes an early stage in the courting of the heroine by the widowed doctor who will prove so disappointing to her as a husband.

37. Alexandre Dumas *fils* (1824–1895), natural son of the author of No. 26, was primarily a very successful playwright, and he even dramatized (1852) his famous novel *La dame aux camélias* (The Lady with the Camellias; 1848)—which was made even more famous by Verdi's operatic version *La traviata* (1853). In our excerpt, the narrator, a young man of noble family, promises to take care of the tubercular courtesan with whom he has fallen deeply in love; later, family pressures and her self-sacrifice will lead to their separation.

38. Jules Verne (1828–1905), a pioneer of science fiction and exotic adventure in his numerous well-written and cleverly plotted novels, has always been one of the most truly popular French writers worldwide. One of his best-known works, *Le tour du monde en quatre-vingts jours* (Around the World in Eighty Days) concerns the wager made by a phlegmatic Englishman that he can accomplish the feat described in the title. In our brisk and snappy excerpt he and his recently hired French servant Passepartout (the book's comic relief) set out.

39. Jean-Marie-Mathias-Philippe-Auguste, comte de Villiers de l'Isle-Adam (1838–1889), a penniless nobleman who wrote for a living, was a master of macabre and fantastic tales and of science fiction. His prose is lucid, if at times overwrought. Our excerpt is the beginning of the story "Duke of Portland" from the collection *Contes cru-*

els (1883). The duke's secret is that he contracted leprosy on a journey to Syria. There is really a Portland peninsula on the south coast of England with a castle and a lighthouse, but the actual details don't match those in the story.

40. Émile Zola (April 1840–1902) was the creator of Naturalism in the novel, the analysis of the grosser human passions in terms of such natural sciences as physiology. *Thérèse Raquin* (1867), the fourth of his thirty-one novels, was his first major success and the manifesto volume for Naturalism. Our excerpt describes the first re-encounter, as adults, of the young married woman and the man who will become her lover; together, they will murder her husband and suffer from implacable remorse. (Zola is also famous for his defense of the falsely accused Captain Dreyfus in 1898.)

41. Alphonse Daudet (May 1840–1897) often used his native Provence as the setting for sketches, stories, and novels, but a number of his stories are patriotic evocations of the disastrous Franco-Prussian War of 1870–1871, in which the French were humiliated and lost the provinces of Alsace and Lorraine. One of the most famous of these stories is "La dernière classe" (The Last Class) from the collection *Contes du lundi* (Monday Tales; 1873). Our excerpt is the beginning of the story, more than half of it; the remainder adds nothing substantial.

42. After a provincial schoolboy, a supersophisticate and hyperesthete! In the hero, Des Esseintes, of his 1884 novel *A rebours* (Against the Grain), Joris-Karl Huysmans (1848–1907) portrays a neurotic aristocrat who seeks exquisite artificial substitutes for the healthy natural pleasures of the masses; the novel is the key work of the Decadent movement. (Huysmans moved from Naturalism to Decadence to devout traditional Catholicism.) Our excerpt is the beginning of *A rebours*, which offers explanations of the hero's behavior based on his ancestry and childhood. Henri III's "minions" were courtiers and lovers of that homosexual king (reigned 1574–1589).

43. Guy de Maupassant (1850–1893), a disciple of both Flaubert and Zola, wrote novels and travel books, but is best known for his short stories—over 300 of them. Naturally, their subject matter and treatment are quite varied, but a persistent theme running through many is mental illness (which troubled the author and his family, as well). Our excerpt is from the story "Denis" in the collection *Miss Harriet* (1884); the remainder of the story is full of surprises and odd turns of plot, before Denis ends up in an asylum.

44. Henri Bergson (1859–1941), who won the Nobel prize for lit-

erature in 1927, was a philosopher for whom intuition was more likely than scientific analysis to explain how the mind operates, and even how evolution takes place. After books concerning consciousness and memory, in *L'évolution créatrice* (Creative Evolution; 1907) he posited an *élan vital* (life force, or creative principle) which triggers change by overcoming the resistance of matter. Our excerpt is the beautifully composed, metaphor-rich opening of the book, in which Bergson elucidates the basic problems underlying his efforts.

45. Jules Renard (1864–1910), a "minor classic," playwright, fiction writer, natural-history author, and diarist, often had a disabused, rather pessimistic view of humanity. His most popular work of fiction, *Poil de carotte* (Carrot Top; 1894), a novel written in brief anecdotal sections, is about an unhappy, put-upon child in rural France; not only his own family, but family life in general, is seen as dysfunctional. Our selection comprises two complete sections, including the very first.

46. André Gide (1869–1951), Nobel laureate in 1947, novelist, diarist, and general writer, sublimated many of his own "dangerous" tendencies, and moral problems stemming from his Protestant upbringing, in the sometimes reckless and selfish actions of his characters. *Symphonie pastorale* (1919) is one of his first-person narratives in which the I-character is often deceiving himself and others. Our excerpt is the very opening, in which the pastor finds the blind girl he will try to educate and cure, gradually falling in love with her, to the neglect of his own family, and with terrible consequences.

47. Marcel Proust (1871–1922) is best known for his huge novel, *A la recherche du temps perdu* (Remembrance of Things Past), generally considered the greatest work of French fiction in the twentieth century. Though much of it makes great demands on the reader, this is not the case with our selection, two excerpts (including the very beginning) from early on in the first part of the work, *Du côté de chez Swann* (Swann's Way; 1913). This first part deals, among other things, with the narrator's childhood (recalled to him by the bedroom in which he is lying awake) and with a love affair (which took place before the narrator's birth) of his family's neighbor Swann.

48. Colette (Sidonie-Gabrielle Colette, 1873–1954) was one of the most revered twentieth-century French novelists and autobiographers, famous for feminist-slanted love stories and studies of self-assured women at various stages in their lives. Our excerpt is from her first book of reminiscences, *La maison de Claudine* (Claudine's House; 1922); Colette was associated in the public mind with the title character of her Claudine novels published between 1900 and 1903.

La maison de Claudine gives anecdotes about her happy childhood in Burgundy and her beloved mother "Sido." Even in this brief excerpt one can detect the author's uncanny eye for clothing, furniture, and other articles of feminine domesticity.

49. Roger Martin du Gard (March 1881–1958), Nobel laureate in 1937, wrote plays and novels, especially the eight novels in the cycle *Les Thibault,* inspired by Tolstoy and Dickens, a vast canvas of middle-class life. Our excerpt, the very beginning of the first novel in the cycle, *Le cahier gris* (The Gray Notebook; 1922), introduces immediately (with hints of their permanent characteristics) the two brothers who will dominate the entire cycle: Antoine, who will become a successful physician, and Jacques, who will become a writer and a revolutionary.

50. Valery Larbaud (August 1881–1957) was a genial translator (including parts of Joyce's *Ulysses*) as well as a delicate, esthetic poet, fiction writer, and essayist. Himself already literarily gifted as an adolescent, and always fascinated by the charms of young girls, he created a hymn to adolescent love in his 1911 novel *Fermina Márquez,* of which our excerpt is the very opening. The older girl is Fermina, sister of a new schoolmate of the narrator's; the remainder of the book describes the serious rivalry among the schoolboys for her affections.

First French Reader

1. Descartes: *Discours de la méthode* (1637)

Le bon sens est la chose du monde la mieux partagée: car chacun pense en être si bien pourvu, que ceux même qui sont les plus difficiles à contenter en toute autre chose n'ont point coutume d'en désirer plus qu'ils en ont. En quoi il n'est pas vraisemblable que tous se trompent; mais plutôt cela témoigne que la puissance de bien juger, et distinguer le vrai d'avec le faux, qui est proprement ce qu'on nomme le bon sens ou la raison, est naturellement égale en tous les hommes; et ainsi que la diversité de nos opinions ne vient pas de ce que les uns sont plus raisonnables que les autres, mais seulement de ce que nous conduisons nos pensées par diverses voies, et ne considérons pas les mêmes choses. Car ce n'est pas assez d'avoir l'esprit bon, mais le principal est de l'appliquer bien. Les plus grandes âmes sont capables des plus grands vices, aussi bien que des plus grandes vertus; et ceux qui ne marchent que fort lentement peuvent avancer beaucoup davantage, s'ils suivent toujours le droit chemin, que ne font ceux qui courent, et qui s'en éloignent.

Pour moi, je n'ai jamais présumé que mon esprit fût en rien plus parfait que ceux du commun; même j'ai souvent souhaité d'avoir la pensée aussi prompte, ou l'imagination aussi nette et distincte, ou la mémoire aussi ample, ou aussi présente, que quelques autres. Et je ne sache point de qualités que celles-ci, qui servent à la perfection de l'esprit: car pour la raison, ou le sens, d'autant qu'elle est la seule chose qui nous rend hommes, et nous distingue des bêtes, je veux croire qu'elle est tout entière en un chacun, et suivre en ceci l'opinion commune des philosophes, qui disent qu'il n'y a du plus et du moins qu'entre les *accidents,* et non point entre les *formes,* ou natures, des *individus* d'une même *espèce.*

Mais je ne craindrai pas de dire que je pense avoir eu beaucoup d'heur de m'être rencontré dès ma jeunesse en certains chemins, qui m'ont conduit à des considérations et des maximes, dont j'ai formé une méthode, par laquelle il me semble que j'ai moyen d'augmenter par degrés ma connaissance, et de l'élever peu à peu au plus haut

1. Descartes: *Discourse on the Method* (1637)

Common sense is the most evenly distributed thing in the world: for everyone thinks he is so well furnished with it that even those who are hardest to satisfy in all other matters don't ordinarily desire more of it than they have. It isn't probable that they're all mistaken about this; rather, it bears witness that the power to make proper judgments and to distinguish the true from the false, which is properly what we call common sense or reason, is equal by nature in all men; and, thus, that the diversity of our opinions arises not because some people are more rational than others, but merely because we lead our thoughts over different paths, and don't make the same considerations. For it's not enough to have a good mind; the main thing is to apply it properly. The greatest souls are capable of the greatest vices as well as of the greatest virtues; and those who walk only very slowly can make much more progress, if they always follow the direct path, than those who run but move away from it.

As for me, I have never presumed that my mind was in any way more perfect than those commonly found; in fact, I've often wished my thoughts were as prompt, my imagination as clear and distinct, or my memory as well stocked or as ready to hand, as those of some others. And I can't think of any excellences but these that will help to perfect the mind: because, as for reason or sense, inasmuch as it's the only thing that makes us human and distinguishes us from the animals, I readily believe that it's entire in every man, following in this the common opinion of the philosophers, who say that a less or a more occurs only in the "accidental" traits, but not in the "forms," or natures of the "individuals" of one and the same "species."

But I won't fear to say that I think I've been very lucky to have found myself since my youth on certain paths that have led me to considerations and maxims from which I have formed a method by which I believe I have the means to expand my mind by degrees and to raise it gradually to the highest point which the average

point, auquel la médiocrité de mon esprit et la courte durée de ma vie
lui pourront permettre d'atteindre. Car j'en ai déjà recueilli de tels
fruits, qu'encore qu'aux jugements que je fais de moi-même je tâche
toujours de pencher vers le côté de la défiance, plutôt que vers celui
de la présomption; et que, regardant d'un œil de philosophe les diverses actions et entreprises de tous les hommes, il n'y en ait quasi aucune qui ne me semble vaine et inutile; je ne laisse pas de recevoir
une extrême satisfaction du progrès que je pense avoir déjà fait en la
recherche de la vérité, et de concevoir de telles espérances pour
l'avenir, que si, entre les occupations des hommes purement hommes,
il y en a quelqu'une qui soit solidement bonne et importante, j'ose
croire que c'est celle que j'ai choisie.

Toutefois il se peut faire que je me trompe, et ce n'est peut-être
qu'un peu de cuivre et de verre que je prends pour de l'or et des diamants. Je sais combien nous sommes sujets à nous méprendre en ce
qui nous touche, et combien aussi les jugements de nos amis nous
doivent être suspects, lorsqu'ils sont en notre faveur. Mais je serai
bien aise de faire voir, en ce discours, quels sont les chemins que j'ai
suivis, et d'y représenter ma vie comme en un tableau, afin que chacun en puisse juger, et qu'apprenant du bruit commun les opinions
qu'on en aura ce soit un nouveau moyen de m'instruire, que j'a-
jouterai à ceux dont j'ai coutume de me servir.

Ainsi mon dessein n'est pas d'enseigner ici la méthode que chacun
doit suivre pour bien conduire sa raison, mais seulement de faire voir
en quelle sorte j'ai tâché de conduire la mienne. Ceux qui se mêlent
de donner des préceptes se doivent estimer plus habiles que ceux aux-
quels ils les donnent; et s'ils manquent en la moindre chose, ils en sont
blâmables. Mais, ne proposant cet écrit que comme une histoire, ou,
si vous l'aimez mieux, que comme une fable, en laquelle, parmi
quelques exemples qu'on peut imiter, on en trouvera peut-être aussi
plusieurs autres qu'on aura raison de ne pas suivre, j'espère qu'il sera
utile à quelques-uns, sans être nuisible à personne, et que tous me
sauront gré de ma franchise.

J'ai été nourri aux lettres dès mon enfance, et pour ce qu'on me
persuadait que, par leur moyen, on pouvait acquérir une connaissance
claire et assurée de tout ce qui est utile à la vie, j'avais un extrême
désir de les apprendre. Mais, sitôt que j'eus achevé tout ce cours d'é-
tudes, au bout duquel on a coutume d'être reçu au rang des doctes, je
changeai entièrement d'opinion. Car je me trouvais embarrassé de
tant de doutes et d'erreurs, qu'il me semblait n'avoir fait autre profit,
en tâchant de m'instruire, sinon que j'avais découvert de plus en plus

quality of my wits and the brief duration of my life will allow it to reach. For I have already obtained such results from it that—although in the judgments I make about myself I always try to lean toward the side of distrust rather than that of presumption; and though, viewing the varied actions and undertakings of all men with a philosopher's eye, there is hardly any that I don't find vain and useless—I can't help deriving extreme satisfaction from the progress I think I've already made in my quest for truth, and conceiving such hopes for the future that, if among the occupations of men concerned with purely human affairs, there is one that's solidly valuable and important, I dare to believe that it's the one that I've chosen.

Nevertheless, it may be that I'm mistaken, and perhaps it's only a little copper and glass that I imagine is gold and diamonds. I know how prone we are to err in things that concern us, and also how suspect our friends' judgments ought to be to us when they're in our favor. But I'll be very glad to show in this discourse what were the paths I followed, and to depict my life in it as in a painting, so that everyone can judge of it, and so that my learning from common report the opinions people will have of it will be a new means of educating myself, which I'll add to those I customarily use.

Thus, my intention is not to teach here the method everyone ought to follow to guide his reason properly, but merely to show in what way I have tried to guide mine. Those who undertake to give precepts ought to deem themselves more capable than those to whom they give them; and if they're mistaken in the slightest matter, they deserve blame for it. But setting forth this book merely as a narrative, or, if you prefer, as a fable, in which, among some examples that can be imitated, several others may also be found that it will be right not to follow, I hope it will be useful to some without being harmful to anyone, and that everyone will be grateful to me for my frankness.

I have been nurtured in the liberal arts from my childhood and, because people convinced me that, with the aid of such education, one could acquire a clear, assured knowledge of everything useful in life, I was extremely eager to learn all this. But as soon as I had completed that entire course of studies, at the end of which one is customarily received into the ranks of the learned, I changed my mind altogether. For I found myself confused by so many doubts and errors that I thought that, in trying to educate myself, I had made no other gain than discovering more and more how ignorant

mon ignorance. Et néanmoins j'étais en l'une des plus célèbres écoles de l'Europe, où je pensais qu'il devait y avoir de savants hommes, s'il y en avait en aucun endroit de la terre. J'y avais appris tout ce que les autres y apprenaient; et même, ne m'étant pas contenté des sciences qu'on nous enseignait, j'avais parcouru tous les livres traitant de celles qu'on estime les plus curieuses et les plus rares, qui avaient pu tomber entre mes mains.

2. La Rochefoucauld: *Maximes* (1678)

1. Ce que nous prenons pour des vertus n'est souvent qu'un assemblage de diverses actions et de divers intérêts, que la fortune ou notre industrie savent arranger; et ce n'est pas toujours par valeur et par chasteté que les hommes sont vaillants, et que les femmes sont chastes.

2. L'amour-propre est le plus grand de tous les flatteurs.

3. Quelque découverte que l'on ait faite dans le pays de l'amour-propre, il y reste encore bien des terres inconnues.

4. L'amour-propre est plus habile que le plus habile homme du monde.

5. La durée de nos passions ne dépend pas plus de nous que la durée de notre vie.

6. La passion fait souvent un fou du plus habile homme, et rend souvent les plus sots habiles.

7. Ces grandes et éclatantes actions qui éblouissent les yeux sont représentées par les politiques comme les effets des grands desseins, au lieu que ce sont d'ordinaire les effets de l'humeur et des passions. Ainsi la guerre d'Auguste et d'Antoine, qu'on rapporte à l'ambition qu'ils avaient de se rendre maîtres du monde, n'était peut-être qu'un effet de jalousie.

8. Les passions sont les seuls orateurs qui persuadent toujours. Elles sont comme un art de la nature dont les règles sont infaillibles; et l'homme le plus simple qui a de la passion persuade mieux que le plus éloquent qui n'en a point.

9. Les passions ont une injustice et un propre intérêt qui fait qu'il est dangereux de les suivre, et qu'on s'en doit défier lors même qu'elles paraissent les plus raisonnables.

10. Il y a dans le cœur humain une génération perpétuelle de passions, en sorte que la ruine de l'une est presque toujours l'établissement d'une autre.

I was. And yet I was at one of the most famous schools in Europe, where I thought there must be learned men if they were to be found anywhere on earth. I had learned there all that the others were learning; and in fact, not having been satisfied with the subjects being taught us, I had perused all the books that had come into my hands which discussed those considered the most curious and rare.

2. La Rochefoucauld: *Epigrams* (1678)

1. What we take for virtues are often only an assemblage of various actions and various interests which fortune or our skill is able to arrange; and it isn't because of bravery and chastity that men are brave and women are chaste.

2. Conceit is the greatest of all flatterers.

3. No matter how much has been discovered in the land of conceit, there is much more *terra incognita* remaining.

4. Conceit is cleverer than the cleverest man in the world.

5. The duration of our passions is no more dependent on us than the duration of our life.

6. Passion often makes a lunatic of the cleverest man, and often makes the biggest fools clever.

7. Those great, striking actions which dazzle the eyes are claimed by statesmen to be the results of great plans, whereas they're usually the results of temperament and passions. Thus, the war between Augustus and Mark Antony, which people connect with their ambition to become masters of the world, was perhaps no more than a result of jealousy.

8. The passions are the sole orators that are always convincing. They're like an art of nature whose rules are infallible; and the simplest man who has passion is more convincing than the most eloquent man who has none.

9. The passions entail an injustice and a self-interest that make it dangerous to follow them and makes it advisable to distrust them even when they seem most reasonable.

10. In the human heart there's a perpetual propagation of passions, so that the destruction of one is almost always the engendering of another.

11. Les passions en engendrent souvent qui leur sont contraires. L'avarice produit quelquefois la prodigalité, et la prodigalité l'avarice; on est souvent ferme par faiblesse, et audacieux par timidité.

12. Quelque soin que l'on prenne de couvrir ses passions par des apparences de piété et d'honneur, elles paraissent toujours au travers de ces voiles.

13. Notre amour-propre souffre plus impatiemment la condamnation de nos goûts que de nos opinions.

14. Les hommes ne sont pas seulement sujets à perdre le souvenir des bienfaits et des injures; ils haïssent même ceux qui les ont obligés, et cessent de haïr ceux qui leur ont fait des outrages. L'application à récompenser le bien, et à se venger du mal, leur paraît une servitude à laquelle ils ont peine de se soumettre.

15. La clémence des princes n'est souvent qu'une politique pour gagner l'affection des peuples.

16. Cette clémence dont on fait une vertu se pratique tantôt par vanité, quelquefois par paresse, souvent par crainte, et presque toujours par tous les trois ensemble.

17. La modération des personnes heureuses vient du calme que la bonne fortune donne à leur humeur.

18. La modération est une crainte de tomber dans l'envie et dans le mépris que méritent ceux qui s'enivrent de leur bonheur; c'est une vaine ostentation de la force de notre esprit; et enfin la modération des hommes dans leur plus haute élévation est un désir de paraître plus grands que leur fortune.

19. Nous avons tous assez de force pour supporter les maux d'autrui.

20. La constance des sages n'est que l'art de renfermer leur agitation dans leur cœur.

21. Ceux qu'on condamne au supplice affectent quelquefois une constance et un mépris de la mort qui n'est en effet que la crainte de l'envisager. De sorte qu'on peut dire que cette constance et ce mépris sont à leur esprit ce que le bandeau est à leurs yeux.

22. La philosophie triomphe aisément des maux passés et des maux à venir. Mais les maux présents triomphent d'elle.

23. Peu de gens connaissent la mort. On ne la souffre pas ordinairement par résolution, mais par stupidité et par coutume; et la plupart des hommes meurent parce qu'on ne peut s'empêcher de mourir.

24. Lorsque les grands hommes se laissent abattre par la longueur de leurs infortunes, ils font voir qu'ils ne les soutenaient que par la force de leur ambition, et non par celle de leur âme, et qu'à une grande vanité près les héros sont faits comme les autres hommes.

11. Passions often beget others that are their opposites. Avarice sometimes produces prodigality, and prodigality avarice; people are often firm through weakness, and bold through timidity.

12. No matter how careful a man is to hide his passions under the guise of piety or honor, they always show through those veils.

13. Our conceit bears up less patiently when our tastes are found fault with than when our opinions are.

14. Men are not only prone to forget the favors and harms done to them; they even hate those who have obliged them, and cease to hate those who have injured them. Diligence in rewarding benefactions and avenging wrongs seems to them like a constraint they have difficulty submitting to.

15. The clemency of princes is often merely a ruse for gaining the affection of their subjects.

16. That clemency which is considered a virtue is indulged in sometimes out of vanity, at times out of laziness, often out of fear, and almost always out of all three together.

17. The moderation shown by fortunate people comes from the calm that good luck gives their nature.

18. Moderation is a fear of incurring the envy and contempt deserved by those who are intoxicated by their good fortune; it's a vain display of our strength of mind; and, lastly, the moderation shown by men at the pinnacle of their success is a desire to appear superior to their luck.

19. We all have sufficient strength to bear other people's misfortunes.

20. The steadfastness of sages is merely the skill to keep their agitation locked up in their heart.

21. Those condemned to be executed sometimes show a steadfastness and a scorn of death that are really only the fear of facing up to it. So that it may be said that that steadfastness and scorn are to their mind what the bandage is to their eyes.

22. Philosophy readily triumphs over ills that have passed and ills that are to come. But present ills triumph over *it*.

23. Very few people are familiar with death. Usually it isn't put up with out of resolve, but out of stupidity and custom; and most men die because they can't prevent themselves from dying.

24. When great men let themselves be overcome by the long duration of their misfortunes, they show that they had been bearing them only by the strength of their ambition, and not by that of their soul, and that, except for having enormous vanity, heroes are of the same stuff as other men.

25. Il faut de plus grandes vertus pour soutenir la bonne fortune que la mauvaise.

26. Le soleil ni la mort ne se peuvent regarder fixement.

27. On fait souvent vanité des passions même les plus criminelles; mais l'envie est une passion timide et honteuse que l'on n'ose jamais avouer.

28. La jalousie est en quelque manière juste et raisonnable, puisqu'elle ne tend qu'à conserver un bien qui nous appartient, ou que nous croyons nous appartenir; au lieu que l'envie est une fureur qui ne peut souffrir le bien des autres.

3. Mme de Sévigné: *Lettres* (1670s)

(A) Ah! ma bonne, quelle lettre! quelle peinture de l'état où vous avez été! et que je vous aurais mal tenu ma parole, si je vous avais promis de n'être point effrayée d'un si grand péril! Je sais bien qu'il est passé. Mais il est impossible de se représenter votre vie si proche de sa fin, sans frémir d'horreur. Et M. de Grignan vous laisse conduire la barque; et quand vous êtes téméraire, il trouve plaisant de l'être encore plus que vous; au lieu de vous faire attendre que l'orage fût passé, il veut bien vous exposer, et vogue la galère! Ah mon Dieu! qu'il eût été bien mieux d'être timide, et de vous dire que si vous n'aviez point de peur, il en avait, lui, et ne souffrirait point que vous traversassiez le Rhône par un temps comme celui qu'il faisait! Que j'ai de la peine à comprendre sa tendresse en cette occasion! Ce Rhône qui fait peur à tout le monde! Ce pont d'Avignon où l'on aurait tort de passer en prenant de loin toutes ses mesures! Un tourbillon de vent vous jette violemment sous une arche! Et quel miracle que vous n'ayez pas été brisée et noyée dans un moment! Ma bonne, je ne soutiens pas cette pensée, j'en frissonne, et m'en suis réveillée avec des sursauts dont je ne suis pas la maîtresse. Trouvez-vous toujours que le Rhône ne soit que de l'eau? De bonne foi, n'avez-vous point été effrayée d'une mort si proche et si inévitable? avez-vous trouvé ce péril d'un bon goût? une autre fois ne serez-vous point un peu moins hasardeuse? une aventure comme celle-là ne vous fera-t-elle point voir les dangers aussi terribles qu'ils sont? Je vous prie de m'avouer ce qui vous en est resté; je crois du moins que vous avez rendu grâce à Dieu de vous avoir sauvée. Pour moi, je suis persuadée que les messes que j'ai fait dire tous les jours pour vous ont fait ce miracle.

25. Greater virtues are needed to undergo good luck than to undergo bad.

26. Neither the sun nor death can be stared at steadily.

27. People are often vain about even the most criminal passions; but envy is a timid and shameful passion that no one ever dares admit to.

28. Jealousy is to some extent correct and rational, since it is only intent on preserving a property that belongs to us or that we believe belongs to us; whereas envy is a rabid madness that can't abide seeing other people well off.

3. Mme de Sévigné: *Letters* (1670s)

(A) Oh, dearest, what a letter! What a depiction of the state you were in! And how badly I'd have kept my word to you if I had promised you not to be frightened at such a great danger! I'm well aware it's gone by. But it's impossible to imagine your life so close to its end without shuddering in horror. And M. de Grignan allows you to steer the boat; and when you're rash, he finds it amusing to be even more so than you; instead of making you wait until the storm is over, he's willing to expose you, come what may! Oh, my God! He would have done much better to be timid and to tell you that if *you* weren't afraid, *he* was, and wouldn't hear of you crossing the Rhône with the weather the way it was! How hard I find it to understand his affection on that occasion! That Rhône which frightens everybody! That bridge at Avignon where it would be wrong to pass even if taking every precaution in advance! A whirlwind throws you violently under one of its arches! And what a miracle that you weren't shattered and drowned in an instant! My dear, I can't bear that thought, I shiver at it, and I have awakened from it with starts that I can't control. Do you still think the Rhône is just water? Honestly, weren't you frightened at a death so close and so inevitable? Did you find that danger so palatable? Won't you take somewhat fewer risks another time? Won't an adventure like that one make you consider the dangers to be as awful as they really are? I beg you to confess to me what reflections you have since made; I believe at least that you have thanked God for saving you. As for me, I'm convinced that the masses I've had recited for you daily have performed that miracle.

(B) Voici un terrible jour, ma chère fille; je vous avoue que je n'en puis plus. Je vous ai quittée dans un état qui augmente ma douleur. Je songe à tous les pas que vous faites et à tous ceux que je fais, et combien il s'en faut qu'en marchant toujours de cette sorte, nous puissions jamais nous rencontrer. Mon cœur est en repos quand il est auprès de vous: c'est son état naturel, et le seul qui peut lui plaire. Ce qui s'est passé ce matin me donne une douleur sensible, et me fait un déchirement dont votre philosophie sait les raisons: je les ai senties et les sentirai longtemps. J'ai le cœur et l'imagination tout remplis de vous; je n'y puis penser sans pleurer, et j'y pense toujours: de sorte que l'état où je suis n'est pas une chose soutenable; comme il est extrême, j'espère qu'il ne durera pas dans cette violence. Je vous cherche toujours, et je trouve que tout me manque, parce que vous me manquez. Mes yeux qui vous ont tant rencontrée depuis quatorze mois ne vous trouvent plus. Le temps agréable qui est passé rend celui-ci douloureux, jusqu'à ce que j'y sois un peu accoutumée; mais ce ne sera jamais assez pour ne pas souhaiter ardemment de vous revoir et de vous embrasser. Je ne dois pas espérer mieux de l'avenir que du passé. Je sais ce que votre absence m'a fait souffrir; je serai encore plus à plaindre, parce que je me suis fait imprudemment une habitude nécessaire de vous voir. Il me semble que je ne vous ai point assez embrassée en partant: qu'avais-je à ménager? Je ne vous ai point assez dit combien je suis contente de votre tendresse; je ne vous ai point assez recommandée à M. de Grignan; je ne l'ai point assez remercié de toutes ses politesses et de toute l'amitié qu'il a pour moi; j'en attendrai les effets sur tous les chapitres: il y en a où il a plus d'intérêt que moi, quoique j'en sois plus touchée que lui. Je suis déjà dévorée de curiosité; je n'espère de consolation que de vos lettres, qui me feront encore bien soupirer. En un mot, ma fille, je ne vis que pour vous. Dieu me fasse la grâce de l'aimer quelque jour comme je vous aime.

(C) J'attendais avec impatience votre lettre, ma fille, et j'avais besoin d'être instruite de l'état où vous êtes; mais je n'ai jamais pu voir tout ce que vous me dites de vos réflexions et de votre repentir sur mon sujet sans fondre en larmes. Ah! ma très chère, que me voulez-vous dire de pénitence et de pardon? Je ne vois plus rien que tout ce que vous avez d'aimable, et mon cœur est fait d'une manière pour vous, qu'encore que je sois sensible jusqu'à l'excès à tout ce qui vient de vous, un mot, une douceur, un retour, une caresse, une tendresse me désarme et me guérit en un moment, comme par une puissance

(B) What a terrible day, my dear daughter; I confess to you that I can't bear any more. I left you in a state that increases my grief. I keep thinking about all the paces you are taking and all those I am taking, and how many are needed so that, continually walking like this, we'll never be able to meet again. My heart is at rest when it's near you: that's its natural state, and the only one it can enjoy. What happened this morning gives me palpable pain and causes me a wrench that your philosophy knows the reasons for: I have felt them and I shall long feel them. My heart and imagination are completely filled with you; I can't think about this without crying, and I think about it constantly: so that the state I'm in is something unbearable; since it's extreme, I hope it won't last with the same violence. I constantly seek for you, and I find that I lack everything because I lack you. My eyes, which have encountered you so often for fourteen months, no longer find you. The pleasant time that has passed makes the present time painful, until I grow a little used to it; but it will never be sufficiently so not to wish ardently to see you again and embrace you. I mustn't have higher hopes of the future than of the past. I know what suffering your absence has caused me; I will be even more to be pitied because I have imprudently made it a necessary habit to see you. It seems to me that I didn't give you enough hugs when we parted: why should I have been sparing? I didn't tell you enough how pleased I am by your affection; I didn't commend you enough to M. de Grignan's care; I didn't thank him enough for all his courtesies and all his friendship for me; I shall await its results on all counts: there are some where he is more closely concerned than I am, though I'm more deeply affected by them than he is. I'm already eaten up by curiosity; the only consolation I expect is from your letters, which will make me heave even deeper sighs. In a word, daughter, I live only for you. May God give me the grace to love him some day the way I love you!

(C) I was awaiting your letter impatiently, daughter, and I needed to be informed about the state you're in; but I've never been able to see all you tell me about your reflections and your repentance on my account without melting into tears. Oh, my dearly beloved girl, why do you wish to speak to me about repentance and forgiveness? I see nothing more than all your lovable qualities, and my heart is so constituted with regard to you that, although I'm sensitive even to the point of excess to everything that comes from you, a word, a sweet gesture, a touch of reciprocity, a caress, a tender action disarms me and cures me in a moment, as if by a miraculous power; and my heart

miraculeuse; et mon cœur retrouve toute sa tendresse, qui, sans se diminuer, change seulement de nom, selon les différents mouvements qu'elle me donne. Je vous ai dit ceci plusieurs fois, je vous le dis encore, et c'est une vérité; je suis persuadée que vous ne voulez pas en abuser; mais il est certain que vous faites toujours, en quelque façon que ce puisse être, la seule agitation de mon âme: jugez si je suis sensiblement touchée de ce que vous me mandez.

Plût à Dieu, ma fille, que je pusse vous revoir à l'hôtel de Carnavalet, non pas pour huit jours, ni pour y faire pénitence, mais pour vous embrasser, et vous faire voir clairement que je ne puis être heureuse sans vous, et que les chagrins que l'amitié que j'ai pour vous m'a pu donner, me sont plus agréables que toute la fausse paix d'une ennuyeuse absence!

4. Bossuet: *Oraison funèbre d'Henriette-Marie* (1669)

Celui qui règne dans les cieux, et de qui relèvent tous les empires, à qui seul appartient la gloire, la majesté et l'indépendance, est aussi le seul qui se glorifie de faire la loi aux rois, et de leur donner, quand il lui plaît, de grandes et de terribles leçons. Soit qu'il élève les trônes, soit qu'il les abaisse, soit qu'il communique sa puissance aux princes, soit qu'il la retire à lui-même, et ne leur laisse que leur propre faiblesse, il leur apprend leurs devoirs d'une manière souveraine et digne de lui. Car, en leur donnant sa puissance, il leur commande d'en user comme il fait lui-même pour le bien du monde; et il leur fait voir, en la retirant, que toute leur majesté est empruntée, et que pour être assis sur le trône, ils n'en sont pas moins sous sa main et sous son autorité suprême. C'est ainsi qu'il instruit les princes, non seulement par des discours et par des paroles, mais encore par des effets et par des exemples. *Et nunc, Reges, intelligite; erudimini, qui judicatis terram.*

Chrétiens, que la mémoire d'une grande reine, fille, femme, mère de rois si puissants, et souveraine de trois royaumes, appelle de tous côtés à cette triste cérémonie, ce discours vous fera paraître un de ces exemples redoutables qui étalent aux yeux du monde sa vanité tout entière. Vous verrez dans une seule vie toutes les extrémités des choses humaines: la félicité sans bornes, aussi bien que les misères; une longue et paisible jouissance d'une des plus nobles couronnes de l'univers; tout ce que peuvent donner de plus glorieux la naissance et la grandeur accumulé sur une tête, qui ensuite est exposée à tous les outrages de la fortune; la bonne cause d'abord suivie de bons succès,

regains all its affection, which, without decreasing, merely changes names in accordance with the varied impulses which that affection gives me. I've told you that several times, and I tell you so again, and it's true; I'm convinced that you don't want to take unfair advantage of this; but it's absolutely true that, however it may be, you always cause the one and only agitation in my soul: now judge whether I'm deeply touched by the news you send me.

May it please God, daughter, that I may see you again at the Hôtel de Carnavalet, not for a week, nor to perform penance here, but so I can embrace you and show you clearly that I can't be happy without you, and that whatever chagrin my friendship for you may have given me is more pleasing to me than all the deceptive peace of mind of a vexatious separation!

4. Bossuet: *Funeral Oration for Henrietta Maria* (1669)

He who reigns in heaven, he on whom all kingdoms are dependent, to whom alone belong glory, majesty, and independence, is also the only one who can boast of imposing law on kings and giving them, when he likes, great and fearful lessons. Whether he uplifts thrones or casts them down or bestows his power on rulers or takes it back into his own hands, leaving them with only their own weakness, he teaches them their duties in a sovereign way that is worthy of him. For when he gives them his power, he orders them to use it as he himself does, for the good of the world; and he shows them, when he retracts it, that all their majesty is borrowed, and that, if they are seated on the throne, they are nonetheless under his hand and his supreme authority. It is thus that he instructs rulers, not only with speeches and words, but even more so with actions and examples. *Et nunc, Reges, intelligite; erudimini, qui judicatis terram.*

You Christians, whom the memory of a great queen, daughter, wife, and mother of such mighty kings, and the sovereign of three kingdoms, summons from all parts to this sad ceremony, this speech will disclose to you one of those awesome examples which display to the eyes of the world the full extent of its vanity. You will see in a single life all the extremes of human affairs: unbounded happiness as well as miseries; the long, peaceful enjoyment of one of the noblest crowns in the universe; all the matchless glory that can be given by birth and greatness combined in one person, who is then exposed to every outrage of fortune; the good cause at first followed by good

et, depuis, des retours soudains; des changements inouïs; la rébellion longtemps retenue, à la fin tout à fait maîtresse; nul frein à la licence; les lois abolies; la majesté violée par des attentats jusques alors inconnus; l'usurpation et la tyrannie sous le nom de liberté; une reine fugitive, qui ne trouve aucune retraite dans trois royaumes, et à qui sa propre patrie n'est plus qu'un triste lieu d'exil; neuf voyages sur mer entrepris par une princesse malgré les tempêtes; l'Océan étonné de se voir traversé tant de fois en des appareils si divers, et pour des causes si différentes; un trône indignement renversé, et miraculeusement rétabli. Voilà les enseignements que Dieu donne aux rois: ainsi fait-il voir au monde le néant de ses pompes et de ses grandeurs. Si les paroles nous manquent, si les expressions ne répondent pas à un sujet si vaste et si relevé, les choses parleront assez d'elles-mêmes. Le cœur d'une grande reine, autrefois élevé par une si longue suite de prospérités, et puis plongé tout à coup dans un abîme d'amertumes, parlera assez haut; et s'il n'est pas permis aux particuliers de faire des leçons aux princes sur des événements si étranges, un roi me prête ses paroles pour leur dire: *Et nunc, Reges, intelligite; erudimini, qui judicatis terram,* Entendez, ô Grands de la terre; instruisez-vous, arbitres du monde.

Mais la sage et religieuse princesse qui fait le sujet de ce discours n'a pas été seulement un spectacle proposé aux hommes pour y étudier les conseils de la divine Providence, et les fatales révolutions des monarchies; elle s'est instruite elle-même, pendant que Dieu instruisait les princes par son exemple. J'ai déjà dit que ce grand Dieu les enseigne, et en leur donnant et en leur ôtant leur puissance. La reine dont nous parlons a également entendu deux leçons si opposées; c'est-à-dire qu'elle a usé chrétiennement de la bonne et de la mauvaise fortune. Dans l'une elle a été bienfaisante; dans l'autre elle s'est montrée toujours invincible. Tant qu'elle a été heureuse, elle a fait sentir son pouvoir au monde par des bontés infinies; quand la fortune l'eut abandonnée, elle s'enrichit plus que jamais elle-même de vertus. Tellement qu'elle a perdu pour son propre bien cette puissance royale qu'elle avait pour le bien des autres; et si ses sujets, si ses alliés, si l'Église universelle a profité de ses grandeurs, elle-même a su profiter de ses malheurs et de ses disgrâces plus qu'elle n'avait fait de toute sa gloire. C'est ce que nous remarquerons dans la vie éternellement mémorable de très haute, très excellente et très puissante princesse HENRIETTE-MARIE DE FRANCE, REINE DE LA GRAND'BRETAGNE.

Quoique personne n'ignore les grandes qualités d'une reine dont l'histoire a rempli tout l'univers, je me sens obligé d'abord à les rap-

success and, later, sudden reversals; unheard-of changes; rebellion long repressed, finally completely triumphant; unbridled license; the abolition of law; majesty violated by assaults hitherto unknown; usurpation and tyranny under the name of liberty; a fugitive queen who finds no asylum in three kingdoms, and to whom her own homeland is no longer anything more than a sad place of exile; nine sea voyages undertaken by a princess in spite of the storms; the Ocean startled to find itself crossed so many times with such different trappings, and for such different reasons; a throne unworthily toppled and miraculously set up again. These are the lessons that God gives kings: thus he shows the world the nothingness of its pomp and grandeur. If words fail us, if our expressions don't measure up to so vast and lofty a theme, the events will say enough in themselves. The heart of a great queen, formerly uplifted by so long a succession of prosperity, and then suddenly plunged into an abyss of bitterness, will speak loudly enough; and if private people aren't allowed to give lessons to princes concerning such unusual events, a king [David] lends me his words to tell them: *Et nunc, Reges, intelligite; erudimini, qui judicatis terram.*—"Understand, O great ones of the earth; learn, you arbiters of the world!"

But the prudent, religious princess who is the subject of this speech was not only a spectacle offered to mankind so they could study in her the plans of divine Providence and the inevitable vicissitudes of monarchies; she instructed herself while God was instructing other rulers by her example. I've already said that this great God teaches them by both giving them and taking away their might. The queen of whom we are speaking also understood two such contrary lessons; that is, in a Christian manner she made use of good and bad fortune. In the former she was benevolent; in the latter she always showed herself fully courageous. While she was happy, she made the world feel her power through infinite acts of kindness; after fortune deserted her, on her own she enriched herself with virtues more than ever. So much so, that it was for her own good she lost that royal power she had exercised for the good of others; and if her subjects, if her allies, if the universal Church gained by her greatness, she herself knew how to profit by her woes and misfortunes more than she had done by all her glory. That is what we shall observe in the eternally memorable life of the most high, most excellent, and most mighty princess Henrietta Maria of France, queen of Great Britain.

Although no one is unaware of the great qualities of a queen whose story has filled the whole universe, I feel obliged at first to recall them

peler en votre mémoire, afin que cette idée nous serve pour toute la suite du discours. Il serait superflu de parler au long de la glorieuse naissance de cette princesse: on ne voit rien sous le soleil qui en égale la grandeur. Le pape saint Grégoire a donné dès les premiers siècles cet éloge singulier à la couronne de France, qu'elle est autant au-dessus des autres couronnes du monde que la dignité royale surpasse les fortunes particulières. Que s'il a parlé en ces termes du temps du roi Childebert, et s'il a élevé si haut la race de Mérovée, jugez ce qu'il aurait dit du sang de Saint Louis et de Charlemagne. Issue de cette race, fille de Henri le Grand et de tant de rois, son grand cœur a sur-passé sa naissance.

5. Mme de La Fayette: *La Princesse de Clèves* (1678)

Il parut alors une beauté à la cour, qui attira les yeux de tout le monde, et l'on doit croire que c'était une beauté parfaite, puisqu'elle donna de l'admiration dans un lieu où l'on était si accoutumé à voir de belles personnes. Elle était de la même maison que la Vidame de Chartres et une des plus grandes héritières de France. Son père était mort jeune, et l'avait laissée sous la conduite de Mme de Chartres, sa femme, dont le bien, la vertu et le mérite étaient extraordinaires. Après avoir perdu son mari, elle avait passé plusieurs années sans revenir à la cour. Pendant cette absence, elle avait donné ses soins à l'éducation de sa fille; mais elle ne travailla pas seulement à cultiver son esprit et sa beauté, elle songea aussi à lui donner de la vertu et à la lui rendre aimable. La plupart des mères s'imaginent qu'il suffit de ne parler jamais de galanterie devant les jeunes personnes pour les en éloigner. Mme de Chartres avait une opinion opposée; elle faisait sou-vent à sa fille des peintures de l'Amour; elle lui montrait ce qu'il a d'agréable pour la persuader plus aisément sur ce qu'elle lui en ap-prenait de dangereux; elle lui contait le peu de sincérité des hommes, leurs tromperies et leur infidélité, les malheurs domestiques où plon-gent les engagements; et elle lui faisait voir, d'un autre côté, quelle tranquillité suivait la vie d'une honnête femme, et combien la vertu donnait d'éclat et d'élévation à une personne qui avait de la beauté et de la naissance; mais elle lui faisait voir aussi combien il était difficile de conserver cette vertu, que par une extrême défiance de soi-même et par un grand soin de s'attacher à ce qui seul peut faire le bonheur d'une femme, qui est d'aimer son mari et d'en être aimée.

Cette héritière était alors un des grands partis qu'il y eût en France;

to your memory, so that this idea will aid us throughout the rest of my speech. It would be superfluous to speak at length about the glorious birth of this princess: we see nothing beneath the sun that equals its greatness. The sainted pope Gregory in the early Christian centuries gave the crown of France the unique praise that it is as far above the other crowns in the world as royal dignity surpasses private fortunes. Now, if he spoke in those terms in the days of King Childebert, and if he extolled so highly the Merovingian lineage, judge what he would have said about the blood of Saint Louis and Charlemagne! Issued from that lineage, daughter of Henri [IV] the Great and of so many kings, her great heart surpassed her birth.

5. Mme de La Fayette: *The Princess of Clèves* (1678)

Then there appeared in the royal court a beauty who drew everyone's eyes; and it may well be believed she was a perfect beauty, since she caused amazement in a place where one was so accustomed to see beautiful women. She was of the same family as the deputy of the bishop of Chartres and one of the greatest heiresses in France. Her father had died young, and had left her in the charge of Mme de Chartres, his wife, whose goodness, virtue, and merit were extraordinary. After losing her husband, she had spent several years without returning to the court. During that absence, she had taken pains to raise her daughter; but she strove not only to cultivate her mind and her beauty; she also remembered to inculcate virtue in her and to make it lovable to her. Most mothers imagine that it suffices never to speak of gallantry in front of young ladies to keep them away from it. Mme de Chartres had a much different opinion; she often depicted love to her daughter; she showed her what was pleasant in it in order to convince her more readily concerning the dangerous elements in it that she taught her; she used to tell her about men's lack of sincerity, their deceits and their infidelity, the domestic woes that alliances may fall into; and she'd show her, on the other hand, what tranquillity resulted from the life of an honorable woman, and how much sparkle and dignity virtue gave to a woman who had beauty and birth; but she also showed her how hard it was to preserve that virtue, except by an extreme self-distrust and great care to cling to that which alone can bring a woman happiness: that is, to love her husband and to be loved by him.

This heiress was at the time one of the great matches existing in France; and though she was extremely young, several marriages had

et quoiqu'elle fût dans une extrême jeunesse, l'on avait déjà proposé plusieurs mariages. Mme de Chartres, qui était extrêmement glorieuse, ne trouvait presque rien digne de sa fille; la voyant dans sa seizième année, elle voulut la mener à la Cour. Lorsqu'elle arriva, le Vidame alla au-devant d'elle; il fut surpris de la grande beauté de Mlle de Chartres, et il en fut surpris avec raison. La blancheur de son teint et ses cheveux blonds lui donnaient un éclat que l'on n'a jamais vu qu'à elle; tous ses traits étaient réguliers, et son visage et sa personne étaient pleins de grâce et de charmes.

Le lendemain qu'elle fut arrivée, elle alla pour assortir des pierreries chez un Italien qui en trafiquait par tout le monde. Cet homme était venu de Florence avec la Reine, et s'était tellement enrichi dans son trafic que sa maison paraissait plutôt celle d'un grand Seigneur que d'un marchand. Comme elle y était, le Prince de Clèves y arriva. Il fut tellement surpris de sa beauté qu'il ne put cacher sa surprise; et Mlle de Chartres ne put s'empêcher de rougir en voyant l'étonnement qu'elle lui avait donné. Elle se remit néanmoins, sans témoigner d'autre attention aux actions de ce prince que celle que la civilité lui devait donner pour un homme tel qu'il paraissait. M. de Clèves la regardait avec admiration, et il ne pouvait comprendre qui était cette belle personne qu'il ne connaissait point. Il voyait bien par son air, et par tout ce qui était à sa suite, qu'elle devait être d'une grande qualité. Sa jeunesse lui faisait croire que c'était une fille, mais, ne lui voyant point de mère, et l'Italien qui ne la connaissait point l'appelant Madame, il ne savait que penser, et il la regardait toujours avec étonnement. Il s'aperçut que ses regards l'embarrassaient, contre l'ordinaire des jeunes personnes qui voient toujours avec plaisir l'effet de leur beauté; il lui parut même qu'il était cause qu'elle avait de l'impatience de s'en aller, et en effet elle sortit assez promptement. M. de Clèves se consola de la perdre de vue dans l'espérance de savoir qui elle était; mais il fut bien surpris quand il sut qu'on ne la connaissait point. Il demeura si touché de sa beauté et de l'air modeste qu'il avait remarqué dans ses actions qu'on peut dire qu'il conçut pour elle dès ce moment une passion et une estime extraordinaires. Il alla le soir chez Madame, sœur du Roi.

Cette Princesse était dans une grande considération par le crédit qu'elle avait sur le Roi, son frère, et ce crédit était si grand que le Roi, en faisant la paix, consentait à rendre le Piémont pour lui faire épouser le Duc de Savoie. Quoiqu'elle eût désiré toute sa vie de se marier, elle n'avait jamais voulu épouser qu'un souverain, et elle avait refusé pour cette raison le Roi de Navarre lorsqu'il était duc de

already been proposed. Mme de Chartres, who was extremely haughty, considered nothing to be worthy of her daughter; seeing her in her sixteenth year, she decided to take her to the court. When she arrived, the bishop's deputy went to meet her; he was struck by the great beauty of Mlle de Chartres, and rightly so. The whiteness of her complexion and her blonde hair gave her a glamor never seen in anyone else; all her features were regular, and her face and body were full of grace and charm.

The day after she arrived, she went to match gemstones at the home of an Italian who dealt in them all over the world. This man had come from Florence with the queen, and had grown so rich at his trade that his house resembled that of a great lord more than that of a merchant. While she was there, the Prince of Clèves arrived. He was so amazed by her beauty that he couldn't conceal his surprise; and Mlle de Chartres couldn't keep from blushing when she saw the astonishment she had caused him. Nevertheless she regained self-control and manifested no other attention to that prince's doings than the attention which her breeding duly instilled in her for a man of his obvious rank. M. de Clèves looked at her in wonderment, unable to understand who this beautiful young lady was whom he didn't know. He could tell clearly by her manner, and by all her retinue, that she must be of high station. Her youth made him believe she was unmarried, but, seeing no mother with her and hearing the Italian, who didn't know her, call her Madame, he didn't know what to think and he kept on looking at her in astonishment. He noticed that his staring was embarrassing her, as opposed to the general run of young ladies, who always enjoy observing the effects of their beauty; it even seemed to him that he was the reason for her impatience to leave, and in fact she did go out quite promptly. M. de Clèves consoled himself for losing sight of her with the hope of learning who she was; but he was quite surprised to learn that they didn't know her. He remained so affected by her beauty and the modesty he had observed in her actions that he may be said to have conceived an extraordinary passion and regard for her from that very moment. That evening he visited Madame, the king's sister.

That princess was highly esteemed because of her influence with her brother the king, and that influence was so great that when the king made the peace treaty, he consented to hand back Piedmont so she could marry the Duke of Savoy. Though she had had the lifelong desire to wed, she had never wanted to marry anyone but a sovereign, and for that reason she had refused the King of Navarre when he was

Vendôme, et avait toujours souhaité M. de Savoie; elle avait conservé de l'inclination pour lui depuis qu'elle l'avait vu à Nice à l'entrevue du Roi François premier et du Pape Paul troisième. Comme elle avait beaucoup d'esprit et un grand discernement pour les belles choses, elle attirait tous les honnêtes gens, et il y avait de certaines heures où toute la cour était chez elle.

M. de Clèves y vint à son ordinaire; il était si rempli de l'esprit et de la beauté de Mlle de Chartres qu'il ne pouvait parler d'autre chose. Il conta tout haut son aventure, et ne pouvait se lasser de donner des louanges à cette personne qu'il avait vue, qu'il ne connaissait point.

6. La Bruyère: *Les caractères* (1694)

1. Tout est dit, et l'on vient trop tard depuis plus de sept mille ans qu'il y a des hommes et qui pensent. Sur ce qui concerne les mœurs, le plus beau et meilleur est enlevé; l'on ne fait que glaner après les anciens et les habiles d'entre les modernes.

2. Il faut chercher seulement à penser et à parler juste, sans vouloir amener les autres à notre goût et à nos sentiments; c'est une trop grande entreprise.

3. C'est un métier que de faire un livre, comme de faire une pendule: il faut plus que de l'esprit pour être auteur. Un magistrat allait par son mérite à la première dignité, il était homme délié et pratique dans les affaires: il a fait imprimer un ouvrage moral, qui est rare par le ridicule.

4. Il n'est pas si aisé de se faire un nom par un ouvrage parfait, que d'en faire valoir un médiocre par le nom qu'on s'est déjà acquis.

5. Un ouvrage satirique ou qui contient des faits, qui est donné en feuilles sous le manteau aux conditions d'être rendu de même, s'il est médiocre, passe pour merveilleux; l'impression est l'écueil.

6. Si l'on ôte de beaucoup d'ouvrages de morale l'avertissement au lecteur, l'épître dédicatoire, la préface, la table, les approbations, il reste à peine assez de pages pour mériter le nom de livre.

7. Il y a de certaines choses dont la médiocrité est insupportable: la poésie, la musique, la peinture, le discours public.

Quel supplice que celui d'entendre déclamer pompeusement un

still the Duke of Vendôme, and had always wished for the ruler of Savoy; she had maintained a liking for him ever since seeing him at Nice at the meeting between King François I and Pope Paul III. Since she had much wit and a great appreciation for beautiful things, she attracted all honorable people, and there were certain hours when the entire court was at her home.

M. de Clèves went there as usual; his mind was so full of the wit and beauty of Mlle de Chartres that he couldn't speak about anything else. He recounted his adventure aloud, and couldn't tire of bestowing praises on that young lady he had seen, but whom he didn't know.

6. La Bruyère: *The Characters* (1694)

1. Everything has been said, and we come too late after more than seven thousand years in which men have existed and have thought. As far as social ways are concerned, the finest and best that can be said is already preempted; all we do is glean after the ancients and the cleverer of the moderns.

2. We must merely try to think and speak correctly, without wishing to convert others to our tastes and feelings; that is too great an undertaking.

3. Making a book is as much of a trade as making a clock: to be an author, one needs more than intellect. There was a magistrate who was attaining the foremost rank through his merits, and who was a subtle man, practical at his business: he had a book printed on ethical philosophy which is remarkable for its absurdity.

4. It isn't as easy to make a name for oneself by means of a perfect book as it is to make a book of average quality successful by means of the name one has already acquired.

5. When a book of satire, or one containing anecdotes, is passed around surreptitiously in manuscript on the understanding it will be returned the same way, it's considered wonderful even if it's just average; it's in printing it that the danger lies.

6. If you remove from many works on ethical philosophy the note to the reader, the dedicatory epistle, the preface, the table of contents, and the certificates of approval, there are hardly enough pages left to deserve the name of "book."

7. There are certain things in which being merely average is unbearable: poetry, music, painting, public orations.

What torture it is to hear a frigid speech being declaimed

froid discours, ou prononcer de médiocres vers avec toute l'emphase d'un mauvais poète!

8. Certains poètes sont sujets, dans le dramatique, à de longues suites de vers pompeux, qui semblent forts, élevés, et remplis de grands sentiments. Le peuple écoute avidement, les yeux élevés et la bouche ouverte, croit que cela lui plaît, et à mesure qu'il y comprend moins, l'admire davantage; il n'a pas le temps de respirer, il a à peine celui de se récrier et d'applaudir. J'ai cru autrefois, et dans ma première jeunesse, que ces endroits étaient clairs et intelligibles pour les acteurs, pour le parterre et l'amphithéâtre, que leurs auteurs s'entendaient eux-mêmes, et qu'avec toute l'attention que je donnais à leur récit, j'avais tort de n'y rien entendre: je suis détrompé.

9. L'on n'a guère vu jusques à présent un chef-d'œuvre d'esprit qui soit l'ouvrage de plusieurs: Homère a fait l'*Iliade*, Virgile l'*Énéide*, Tite-Live ses *Décades*, et l'Orateur romain ses *Oraisons*.

10. Il y a dans l'art un point de perfection, comme de bonté ou de maturité dans la nature. Celui qui le sent et qui l'aime a le goût parfait; celui qui ne le sent pas, et qui aime en deçà ou au delà, a le goût défectueux. Il y a donc un bon et un mauvais goût, et l'on dispute des goûts avec fondement.

11. Il y a beaucoup plus de vivacité que de goût parmi les hommes; ou pour mieux dire, il y a peu d'hommes dont l'esprit soit accompagné d'un goût sûr et d'une critique judicieuse.

12. La vie des héros a enrichi l'histoire, et l'histoire a embelli les actions des héros: ainsi je ne sais qui sont plus redevables, ou ceux qui ont écrit l'histoire à ceux qui leur en ont fourni une si noble matière, ou ces grands hommes à leurs historiens.

13. Amas d'épithètes, mauvaises louanges: ce sont les faits qui louent, et la manière de les raconter.

14. Tout l'esprit d'un auteur consiste à bien définir et à bien peindre. MOISE, HOMÈRE, PLATON, VIRGILE, HORACE ne sont au-dessus des autres écrivains que par leurs expressions et par leurs images: il faut exprimer le vrai pour écrire naturellement, fortement, délicatement.

15. On a dû faire du style ce qu'on a fait de l'architecture. On a entièrement abandonné l'ordre gothique, que la barbarie avait introduit pour les palais et pour les temples; on a rappelé le dorique, l'ionique et le corinthien: ce qu'on ne voyait plus que dans les ruines de l'ancienne Rome et de la vieille Grèce, devenu moderne, éclate dans nos portiques et dans nos péristyles. De même, on ne saurait en écrivant rencontrer le parfait, et s'il se peut, surpasser les anciens que par leur imitation.

pompously, or second-rate verses being read aloud with all of a bad poet's bombast!

8. Certain poets, when writing plays, are prone to long series of pompous lines that appear to be strong, lofty, and full of grand sentiments. The spectators listen greedily, their eyes upraised and their mouth open, thinking they enjoy it, and the less they understand it the more they admire it; they don't have the time to breathe, they hardly have the time to acclaim and applaud it. I used to think, in my early youth, that those passages were clear and understandable to the actors, the pit, and the galleries, that their authors understood themselves, and that with all the attention I was paying to their recitation, I was wrong not to understand a thing: now I see my error.

9. Up to now, there has hardly been a masterpiece of the intellect that was written by more than one person: Homer wrote the *Iliad,* Vergil the *Aeneid,* Livy his *Decades,* and the Roman orator [Cicero] his *Orations.*

10. There is a peak of perfection in art, as there is one of goodness or ripeness in nature. The man who senses and loves it has perfect taste; the man who doesn't sense it, but likes something below or beyond it, has defective taste. Therefore good and bad taste exist, and there's a basis for arguing about tastes.

11. Among mankind there is much more impetuosity than taste; or, to express this better, there are few men whose intellect is accompanied by unerring taste and judicious critical faculties.

12. The life of heroes has enriched history, and history has embellished the deeds of heroes: thus, I don't know who is more indebted, those who have written history to those who have supplied them with such noble subject matter, or those great men to their historians.

13. An accumulation of epithets, bad praises: it's deeds that praise, and the manner of narrating them.

14. An author's entire wit consists in correct definitions and correct depictions. Moses, Homer, Plato, Vergil, and Horace are superior to other writers solely because of their expressions and images: to write naturally, powerfully, and delicately one must express the truth.

15. It should have been done with styles in writing what has been done with architecture. There has been complete abandonment of the Gothic order, which barbarous ages had introduced in palaces and churches; we have restored the Doric, Ionic, and Corinthian: that which was no longer seen except in the ruins of ancient Rome and old Greece has become modern and shines in our porticoes and peristyles. Likewise, in writing we can find perfection and, if possible, surpass the ancients, only by imitating them.

Combien de siècles se sont écoulés avant que les hommes, dans les sciences et dans les arts, aient pu revenir au goût des anciens et reprendre enfin le simple et le naturel!

On se nourrit des anciens et des habiles modernes, on les presse, on en tire le plus que l'on peut, on en renfle ses ouvrages; et quand enfin l'on est auteur, et que l'on croit marcher tout seul, on s'élève contre eux, on les maltraite, semblable à ces enfants drus et forts d'un bon lait qu'ils ont sucé, qui battent leur nourrice.

Un auteur moderne prouve ordinairement que les anciens nous sont inférieurs en deux manières, par raison et par exemple: il tire la raison de son goût particulier, et l'exemple de ses ouvrages.

Il avoue que les anciens, quelque inégaux et peu corrects qu'ils soient, ont de beaux traits; il les cite, et ils sont si beaux qu'ils font lire sa critique.

Quelques habiles prononcent en faveur des anciens contre les modernes; mais ils sont suspects et semblent juger en leur propre cause, tant leurs ouvrages sont faits sur le goût de l'antiquité: on les récuse.

7. Hamilton: *Memoires du comte de Gramont* (1713)

La gloire dans les armes n'est tout au plus que la moitié du brillant qui distingue les héros. Il faut que l'amour mette la dernière main au relief de leur caractère, par les travaux, la témérité des entreprises et la gloire des succès. Nous en avons des exemples, non seulement dans les romans, mais dans l'histoire véritable des plus fameux guerriers et des plus célèbres conquérants.

Le chevalier de Gramont et Matta, qui ne songeaient guère à ces exemples, ne laissèrent pas de songer qu'il était bon de s'aller délasser des fatigues du siège de Trin en formant quelque siège aux dépens des beautés et des époux de Turin. Comme la campagne avait fini de bonne heure, ils crurent qu'ils auraient le temps d'y faire quelques exploits avant que la fin des beaux jours les obligeât à repasser les monts.

Ils se mirent donc en chemin, tels à peu près qu'Amadis ou don Galaor après avoir reçu l'accolade et l'ordre de chevalerie, cherchant les aventures et courant après l'amour, la guerre et les enchantements. Ils valaient bien ces deux frères; car s'ils ne savaient pas autrement *pourfendre géants, dérompre harnois, et porter en croupe belles damoiselles sans leur parler de rien,* ils savaient jouer, et les autres n'y connaissaient rien.

How many centuries passed by before men, in the sciences and arts, were able to return to the taste of the ancients and finally recover simplicity and naturalness!

We feed on the ancients and the skillful moderns, we squeeze them dry, we draw all we can from them, we inflate our books with them; and when we are finally authors and we think we're walking on our own, we rebel against them and we mistreat them, like those sturdy infants, fortified by the good milk they have suckled, who strike their nurse.

A modern author usually proves in two ways that the ancients are inferior to us, by reasoning and by example: he derives the reasoning from his individual taste, and the example from his own works.

He admits that, however uneven and incorrect the ancients may be, they have some fine features; he quotes them, and they're so beautiful that they induce people to read his criticism.

A few clever men pronounce in favor of the ancients against the moderns; but they're untrustworthy and seem to be judging in their own favor, because their books are so solidly based on ancient taste: their testimony is rejected.

7. Hamilton: *Memoirs of the Count of Gramont* (1713)

Glory in combat comprises at most only half of the luster that distinguishes heroes. Love must put the final touch to the shaping of their character, through labors, the rashness of their exploits, and the fame of their successes. We have examples of this, not only in novels, but also in the true history of the most famous warriors and celebrated conquerors.

The Chevalier de Gramont and Matta, who hardly had those examples in mind, nevertheless opined that it would be a good idea to go and relax from the fatigue of the siege of Trin by laying some siege to the beautiful women of Turin and their husbands. Since the campaign had finished early, they thought they'd have time to perform some exploits there before the end of the good weather forced them to recross the mountains.

So they set out, more or less like Amadis or Don Galaor after receiving the accolade and the order of knighthood, seeking adventures and running after love, war, and enchantments. They were quite the equals of those two brothers; because, if they didn't particularly know how to "cleave giants, shatter armor, or seat beautiful damsels behind them in the saddle without addressing them at all," they did know how to gamble, while those other two had no idea how.

Ils arrivèrent à Turin, furent agréablement reçus, et fort distingués à la cour. Cela pouvait-il manquer? Ils étaient jeunes, bien faits; ils avaient de l'esprit, et faisaient de la dépense. Dans quel pays du monde ne réussit-on pas avec de tels avantages? Comme Turin était alors celui de l'amour et de la galanterie, deux étrangers de cet air, qui n'aimaient pas à s'ennuyer, n'avaient garde d'ennuyer les dames de la cour.

Quoique les hommes y fussent faits à peindre, ils n'avaient pas trop le don de plaire. Ils avaient du respect pour leurs femmes et de la considération pour les étrangers; et leurs femmes, encore mieux faites, avaient pour le moins autant de considération pour les étrangers, et n'en avaient que médiocrement pour eux.

Madame Royale, digne fille de Henri IV, rendait sa petite cour la plus agréable du monde. Elle avait hérité des vertus de son père à l'égard des sentiments qui conviennent au sexe; et à l'égard de ce qu'on appelle la faiblesse des grands cœurs, Son Altesse n'avait pas dégénéré.

Le comte de Tanes était son premier ministre. Les affaires d'État n'étaient pas difficiles à manier durant son ministère. Personne ne s'en plaignait; et cette princesse paraissait contente de sa capacité sur les autres; et, voulant que tout ce qui composait sa cour le fût aussi, l'on y vivait assez selon l'usage et les coutumes de l'ancienne chevalerie.

Les ames avaient chacune un amant d'obligation, sans les volontaires, dont le nombre n'était point limité. Les chevaliers déclarés portaient les livrées de leurs maîtresses, leurs armes, et quelquefois leurs noms. Leur fonction était de ne les point quitter en public, et de n'en point approcher en particulier; de leur servir partout d'écuyer, et, dans les carrousels, de chamarrer leurs lances, leurs housses et leurs habits des chiffres et des couleurs de chaque Dulcinée.

Matta n'était point ennemi de la galanterie; mais il l'aurait souhaitée plus simple que celle qu'on pratiquait à Turin. Les formes ordinaires ne l'auraient pas choqué; mais il trouvait de la superstition dans le culte et les cérémonies que l'amour semblait exiger mal à propos; cependant, comme il avait soumis sa conduite aux lumières du chevalier de Gramont sur cet article, il fallut suivre son exemple et se conformer aux coutumes du pays.

Ils s'enrôlèrent en même temps au service de deux beautés, que les premiers chevaliers d'honneur cédèrent aussitôt par politesse. Le chevalier de Gramont choisit Mlle de Saint-Germain, et dit à Matta d'offrir ses services à Mme de Sénantes. Matta le voulut bien,

They arrived in Turin, and were pleasantly received and made much of at the court. Could it be otherwise? They were young and good-looking; they had wit, and they spent money. In what country in the world can one fail to succeed with such advantages? Since Turin was at the time the land of love and gallantry, two foreigners of that type, who disliked boredom, were far from boring the ladies of the court.

Though the men there were as handsome as portraits, they didn't have a great gift for pleasing women. They had respect for their wives and consideration for strangers; and their wives, even better-looking, had at least just as much consideration for strangers, but only very little for their husbands.

Her Royal Highness, a worthy daughter of Henri IV, made her little court the most pleasant in the world. She had inherited her father's virtues regarding the sentiments befitting sex; and regarding what is called the weakness of great hearts, Her Highness hadn't degenerated.

The Count of Tanes was her chief minister. Affairs of state weren't hard to handle during his ministry. No one complained about it; and that princess seemed satisfied with his authority over the others; and since she desired that all members of her court should be satisfied, too, life was led there quite in accordance with the uses and customs of the knights of old.

Each lady had an official lover, not counting the voluntary ones, the number of whom was unlimited. The avowed knights bore the livery of their mistresses, their coats-of-arms, and sometimes their names. Their function was not to quit them in public, but not to go near them in private; to serve them everywhere as a squire and, at tournaments, to bedeck their lances, horse covers, and clothing with the monograms and colors of each Dulcinea.

Matta was no enemy of gallantry, but he would have liked it simpler than as practiced in Turin. The everyday forms of it wouldn't have shocked him, but he found superstition in the cult and ceremonies that love seemed to exact inopportunely; all the same, since he had agreed to be guided by the superior knowledge of the Chevalier de Gramont in that area, he had to follow his lead and adapt to the local customs.

They enlisted at the same time in the service of two beauties, who were immediately yielded by their earlier devoted knights out of courtesy. The Chevalier de Gramont chose Mlle de Saint-Germain, and told Matta to offer his services to Mme de Sénantes. Matta was will-

quoiqu'il eût mieux aimé l'autre. Mais le chevalier de Gramont lui fit entendre que Mme de Sénantes lui convenait mieux. Comme il s'était bien trouvé de la capacité du chevalier dans les premiers projets qu'ils avaient formés ensemble, il suivit ses instructions en amour comme il avait fait de ses conseils sur le jeu.

Mlle de Saint-Germain, dans le premier printemps de son âge, avait les yeux petits, mais fort brillants et fort éveillés. Ils étaient noirs comme ses cheveux. Elle avait le teint vif et frais, quoiqu'il ne fût pas éclatant par sa blancheur. Elle avait la bouche agréable, les dents belles, la gorge comme on les demande, et la plus aimable taille du monde. Elle avait les bras bien formés, une beauté singulière dans le coude, qui ne lui servait pas de grand'chose; ses mains étaient passablement grandes, et la belle se consolait de ce que le temps de les avoir blanches n'était pas encore venu. Ses pieds n'étaient pas des plus petits, mais ils étaient bien tournés. Elle laissait aller cela tout comme il plaisait au Seigneur, sans employer l'art pour faire valoir ce qu'elle tenait de la nature; mais, malgré cette nonchalance pour ses attraits, sa figure avait quelque chose de si piquant, que le chevalier de Gramont s'y laissa prendre d'abord.

8. Lesage: *Gil Blas de Santillane* (1715)

«Messieurs, dit alors un jeune voleur qui était assis entre le capitaine et le lieutenant, les histoires que nous venons d'entendre ne sont pas si composées ni si curieuses que la mienne. Je dois le jour à une paysanne des environs de Séville. Trois semaines après qu'elle m'eut mis au monde (elle était encore jeune, propre, et bonne nourrice) on lui proposa un nourrisson. C'était un enfant de qualité, un fils unique qui venait de naître dans Séville. Ma mère accepta volontiers la proposition. Elle alla chercher l'enfant. On le lui confia; et elle ne l'eut pas sitôt apporté dans son village, que, trouvant quelque ressemblance entre nous, cela lui inspira le dessein de me faire passer pour l'enfant de qualité, dans l'espérance qu'un jour je reconnaîtrais bien ce bon office. Mon père, qui n'était pas plus scrupuleux qu'un autre paysan, approuva la supercherie. De sorte qu'après nous avoir fait changer de langes, le fils de don Rodrigue de Herrera fut envoyé, sous mon nom, à une autre nourrice, et ma mère me nourrit sous le sien.

»Malgré tout ce que l'on peut dire de l'instinct et de la force du sang, les parents du petit gentilhomme prirent aisément le change. Ils n'eurent pas le moindre soupçon du tour qu'on leur avait joué, et

ing, though he would have preferred the other. But the Chevalier de Gramont gave him to understand that Mme de Sénantes suited him better. Since he had profited by the chevalier's leadership in the first plans they had made together, he followed his instructions in love as he had followed his advice about gambling.

Mlle de Saint-Germain, in the first springtime of her years, had eyes that were small, but very bright and extremely wide awake. They were as black as her hair. Her complexion was lively and fresh, though not outstanding for whiteness. Her mouth was pleasant, her teeth beautiful, her bosom as men wish bosoms to be, and her waist the most charming in the world. She had well-shaped arms, with a singular beauty in the elbow, which she didn't get much use out of; her hands were rather large, but the beautiful girl was consoled because the time for having white hands had not yet come. Her feet weren't of the smallest, but they were well fashioned. She left all those things just as it pleased the Lord, without employing artificial means for making the most of what she had received from nature; but despite that nonchalance about her charms, her figure had something so piquant that the Chevalier de Gramont let himself be captured by it at first.

8. Lesage: *Gil Blas de Santillana* (1715)

"Gentlemen," a young robber then said (he was seated between the captain and the lieutenant), "the stories we have just heard aren't as well knit or as curious as mine. I'm the son of a peasant woman from the neighborhood of Seville. Three weeks after she gave birth to me (she was still young, clean, and a good nurse), a foster child was offered to her. He was a child of the nobility, an only son who had just been born in Seville. My mother gladly accepted the offer. She went to fetch the child. He was entrusted to her; and she had no sooner brought him to her village than she found some resemblance between us and was inspired with the scheme of passing me off as the noble child, in hopes that one day I'd show my gratitude for that good turn. My father, who was no more scrupulous than any other peasant, approved of the deception. So that, after our swaddling clothes were exchanged, the son of Don Rodrigo de Herrera was sent, under my name, to another wetnurse, and my mother nourished me under his.

"Despite all that may be said about instinct and the call of the blood, the parents of the little nobleman were easily deceived. They hadn't the least suspicion of the trick that had been played on them,

jusqu'à l'âge de sept ans je fus toujours dans leurs bras. Leur intention étant de me rendre un cavalier parfait, ils me donnèrent toutes sortes de maîtres; mais j'avais peu de disposition pour les exercices qu'on m'apprenait, et encore moins de goût pour les sciences qu'on me voulait enseigner. J'aimais beaucoup mieux jouer avec les valets, que j'allais chercher à tous moments dans les cuisines ou dans les écuries. Le jeu ne fut pas toutefois longtemps ma passion dominante. Je n'avais pas dix-sept ans que je m'enivrais tous les jours. J'agaçais aussi toutes les femmes du logis. Je m'attachai principalement à une servante de cuisine qui me parut mériter mes premiers soins. C'était une grosse joufflue, dont l'enjouement et l'embonpoint me plaisaient fort. Je lui faisais l'amour avec si peu de circonspection, que don Rodrigue même s'en aperçut. Il m'en reprit aigrement, me reprocha la bassesse de mes inclinations, et, de peur que la vue de l'objet aimé ne rendît ses remontrances inutiles, il mit ma princesse à la porte.

»Ce procédé me déplut. Je résolus de m'en venger. Je volai les pierreries de la femme de don Rodrigue, courant chercher ma belle Hélène, qui s'était retirée chez une blanchisseuse de ses amies, je l'enlevai en plein midi, afin que personne n'en ignorât. Je passai plus avant: je la menai dans son pays, où je l'épousai solennellement, tant pour faire plus de dépit aux Herrera que pour laisser aux enfants de famille un si bel exemple à suivre. Trois mois après ce mariage, j'appris que don Rodrigue était mort. Je ne fus pas insensible à cette nouvelle. Je me rendis promptement à Séville pour demander son bien, mais j'y trouvai du changement. Ma mère n'était plus, et, en mourant, elle avait eu l'indiscrétion d'avouer tout en présence du curé de son village et d'autres bons témoins. Le fils de don Rodrigue tenait déjà ma place, où plutôt la sienne, et il venait d'être reconnu avec d'autant plus de joie, qu'on était moins satisfait de moi. De manière que, n'ayant rien à espérer de ce côté-là, et ne me sentant plus de goût pour ma grosse femme, je me joignis à des chevaliers de la fortune, avec qui je commençai mes caravanes.»

Le jeune voleur ayant achevé son histoire, un autre dit qu'il était fils d'un marchand de Burgos; que, dans sa jeunesse, poussé d'une dévotion indiscrète, il avait pris l'habit et fait profession dans un ordre fort austère, et quelques années après il avait apostasié. Enfin, les huit voleurs parlèrent tour à tour; et lorsque je les eus tous entendus, je ne fus pas surpris de les voir ensemble. Ils changèrent ensuite de discours. Ils mirent sur le tapis divers projets pour la campagne prochaine; et, après avoir formé une résolution, ils se levèrent de table pour s'aller coucher. Ils allumèrent des bougies, et se retirèrent dans

and up to the age of seven I was always in their arms. Their intention being to make me a perfect cavalier, they gave me all sorts of tutors; but I had little disposition for all the lessons I was taught, and even less taste for the sciences they wanted to teach me. I much preferred gambling with the servants, whom I constantly sought out in the kitchens or the stables. Yet, gambling wasn't my ruling passion for long. Before I was seventeen I was getting drunk every day. I also bedeviled all the women in the house. I was chiefly attached to a kitchen maid who seemed to me to deserve my foremost attention. She was a big, chubby-cheeked thing whose playfulness and plumpness I found very attractive. I courted her with so little prudence that even Don Rodrigo noticed it. He took me to task for it sharply, reproaching the lowness of my inclinations; and, fearing lest the sight of the beloved object should make his chiding useless, he showed my princess the door.

"Those proceedings displeased me. I resolved to take revenge. I stole Don Rodrigo's wife's jewelry; running in pursuit of my Helen of Troy, who had taken refuge with a laundress friend of hers, I carried her off in broad daylight, so that no one would remain unaware of it. I went even further: I took her to her own home district, where I married her solemnly, as much to spite the Herreras as to leave all sons of good families such a fine example to follow. Three months after that wedding, I learned that Don Rodrigo had died. I wasn't unresponsive to that news. I promptly went to Seville to ask for his property, but I found changes there. My mother was no longer alive; and, on her deathbed, she had been so indiscreet as to confess everything in the presence of her village priest and other good witnesses. Don Rodrigo's son was already in my place—or, rather, his—and he had just been acknowledged with all the more joy because I had been so unsatisfactory. So that, having no more hopes in that direction, and finding no more pleasure in my fat wife, I enlisted with knights of the road, with whom I began my wanderings."

The young robber having concluded his story, another one said he was the son of a merchant from Burgos; that, in his youth, urged by an indiscreet devotion, he had become a monk and had entered a very austere order, apostatizing a few years later. In short, the eight robbers all had their turn to speak; and after I had heard them all, I wasn't surprised to see them in company. Then they changed the topic. They laid on the carpet various plans for their forthcoming campaign; and after reaching a decision, they arose from the table to go to bed. They lit candles and retired to

leurs chambres. Je suivis le capitaine Rolando dans la sienne, où, pendant que je l'aidais à se déshabiller: «Eh bien! Gil Blas, me dit-il, tu vois de quelle manière nous vivons. Nous sommes toujours dans la joie. La haine ni l'envie ne se glissent point parmi nous. Nous n'avons jamais ensemble le moindre démêlé. Nous sommes plus unis que des moines. Tu vas, mon enfant, poursuivit-il, mener ici une vie bien agréable; car je ne te crois pas assez sot pour te faire une peine d'être avec des voleurs. Eh! voit-on d'autres gens dans le monde? Non, mon ami, tous les hommes aiment à s'approprier le bien d'autrui. C'est un sentiment général. La manière seule en est différente. Les conquérants, par exemple, s'emparent des États de leurs voisins. Les personnes de qualité empruntent, et ne rendent point. Les banquiers, trésoriers, agents de change, commis, et tous les marchands, tant gros que petits, ne sont pas fort scrupuleux. Pour les gens de justice, je n'en parlerai point. On n'ignore pas ce qu'ils savent faire. Il faut pourtant avouer qu'ils sont plus humains que nous; car souvent nous ôtons la vie aux innocents, et eux quelquefois la sauvent aux coupables.

9. Marivaux: *Le paysan parvenu* (1734)

Le titre que je donne à mes Mémoires annonce ma naissance; je ne l'ai jamais dissimulée à qui me l'a demandée, et il semble qu'en tout temps Dieu ait récompensé ma franchise là-dessus; car je n'ai pas remarqué qu'en aucune occasion on en ait eu moins d'égard et moins d'estime pour moi.

J'ai pourtant vu nombre de sots qui n'avaient et ne connaissaient point d'autre mérite dans le monde, que celui d'être nés nobles, ou dans un rang distingué. Je les entendais mépriser beaucoup de gens qui valaient mieux qu'eux, et cela seulement parce qu'ils n'étaient pas gentilshommes; mais c'est que ces gens qu'ils méprisaient, respectables d'ailleurs par mille bonnes qualités, avaient la faiblesse de rougir eux-mêmes de leur naissance, de la cacher, et de tâcher de s'en donner une qui embrouillât la véritable, et qui les mît à couvert du dédain du monde.

Or, cet artifice-là ne réussit presque jamais; on a beau déguiser la vérité là-dessus, elle se venge tôt ou tard des mensonges dont on a voulu la couvrir; et l'on est toujours trahi par une infinité d'événements qu'on ne saurait ni parer, ni prévoir; jamais je ne vis, en pareille matière, de vanité qui fît une bonne fin.

C'est une erreur, au reste, que de penser qu'une obscure naissance

their rooms. I followed Captain Rolando into his, where, while I was helping him undress, he said: "Well, then, Gil Blas! You see how we live. We're always joyful. Neither hatred nor envy steals in among us. We never have the least quarrel with each other. We're more united than monks. My boy," he continued, "you're going to lead a very pleasant life here, since I don't think you're so foolish as to fret because you're living with robbers. Ha! Are there other kinds of people in the world? No, my friend, all men like to appropriate other people's property. It's a universal feeling. Only the ways are different. For example, conquerors seize their neighbors' countries. Noblemen borrow and don't pay back. Bankers, treasurers, stockbrokers, clerks, and all merchants, both big and small, are not overly scrupulous. Judges and lawyers I won't even mention. Everyone knows what *they* can do. Yet it must be admitted that they're more humane than we are; for often we take the lives of innocent people, whereas *they* sometimes save the life of the guilty."

9. Marivaux: *The Newly Rich Peasant* (1734)

The title I have given my memoirs declares my ancestry; I've never concealed it from anyone who asked, and it seems that God has always rewarded my frankness about it; because I've never noticed on any occasion that it made anyone have less regard or less esteem for me.

Yet I've seen a good many fools who didn't possess or know any other merit in the world than that of having been born into the nobility or into high rank. I'd hear them scorning many people who were better than they were, merely because they weren't gentlemen; but this was because those people they scorned, though worthy of respect owing to a thousand good qualities, were weak enough to blush at their own ancestry, to conceal it, and to try and give themselves one that would cause confusion as to their real one, thus protecting them from the world's disdain.

Now, that artifice almost never succeeds; it's pointless to disguise the truth about it; sooner or later the truth avenges itself for the lies with which you've tried to cover it up; and you're always betrayed by an infinity of events you can neither avoid nor foresee; in such cases I've never seen vanity coming to a good end.

Besides, it's a mistake to think that an obscure ancestry lowers you, providing you yourself admit it and people hear about it from *you*.

vous avilisse, quand c'est vous-même qui l'avouez, et que c'est de vous qu'on la sait. La malignité des hommes vous laisse là; vous la frustrez de ses droits; elle ne voudrait que vous humilier, et vous faites sa charge; vous vous humiliez vous-même, elle ne sait plus que dire.

Les hommes ont des mœurs, malgré qu'ils en aient; ils trouvent qu'il est beau d'affronter leurs mépris injustes; cela les rend à la raison. Ils sentent dans ce courage-là une noblesse qui les fait taire; c'est une fierté sensée qui confond un orgueil impertinent.

Mais c'est assez parler là-dessus. Ceux que ma réflexion regarde se trouveront bien de m'en croire.

La coutume, en faisant un livre, c'est de commencer par un petit préambule, et en voilà un. Revenons à moi.

Le récit de mes aventures ne sera pas inutile à ceux qui aiment à s'instruire. Voilà en partie ce qui fait que je les donne; je cherche aussi à m'amuser moi-même.

Je vis dans une campagne où je me suis retiré, et où mon loisir m'inspire un esprit de réflexion que je vais exercer sur les événements de ma vie. Je les écrirai du mieux que je pourrai; chacun a sa façon de s'exprimer, qui vient de sa façon de sentir.

Parmi les faits que j'ai à raconter, je crois qu'il y en aura de curieux: qu'on me passe mon style en leur faveur; j'ose assurer qu'ils sont vrais. Ce n'est point ici une histoire forgée à plaisir, et je crois qu'on le verra bien.

Pour mon nom, je ne le dis point: on peut s'en passer; si je le disais, cela me gênerait dans mes récits.

Quelques personnes pourront me reconnaître, mais je les sais discrètes, elles n'en abuseront point. Commençons.

Je suis né dans un village de la Champagne, et soit dit en passant, c'est au vin de mon pays que je dois le commencement de ma fortune.

Mon père était le fermier de son seigneur, homme extrêmement riche (je parle de ce seigneur), et à qui il ne manquait que d'être noble pour être gentilhomme.

Il avait gagné son bien dans les affaires; s'était allié à d'illustres maisons par le mariage de deux de ses fils, dont l'un avait pris le parti de la robe, et l'autre de l'épée.

Le père et les fils vivaient magnifiquement; ils avaient pris des noms de terres; et du véritable, je crois qu'ils ne s'en souvenaient plus eux-mêmes.

Leur origine était comme ensevelie sous d'immenses richesses. On la connaissait bien, mais on n'en parlait plus. La noblesse de leurs alliances avait achevé d'étourdir l'imagination des autres sur leur

People's spitefulness then lets go of you; you cheat it of its hold; all it wants is to humble you, and you do the job for it; you humble yourself and it has nothing more to say.

Despite themselves, men have moral codes; they think it's a fine thing when others stand up to their unfair contempt; that makes them reasonable again. They detect in that courage a nobility which shuts their mouth; it's a sensible pride overcoming an impertinent pridefulness.

But I've said enough on that subject. Those whom my reflections concern will do well to believe me.

When writing a book, it's customary to begin with a short preamble, and that was mine. Let's get back to me.

The tale of my adventures will not be without use to those who like to learn. That's part of the reason for my narrating them; also, I'm trying to amuse myself.

I live in a rural area to which I've retired, and where my leisure inspires me with a feeling for reflection which I'm going to apply to the events of my life. I'll set them down as best I can; everyone has his own way of expressing himself, which comes from his way of feeling things.

Among the facts I have to recount, I believe some will be interesting: let my style be forgiven on their account; I dare to assure you they're true. This isn't a story made up from my imagination, and I think this will be evident.

As for my name, I won't give it: you can do without it; if I gave it, it would hamper me in my narrative.

Some people may recognize me, but I know they're discreet and won't take unfair advantage of it. Let's begin.

I was born in a village in the Champagne region, and, let me say in passing, it's to my local wine that I owe the beginnings of my fortune.

My father was the tenant farmer of his landlord, an extremely rich man (I mean the landowner) and one who would have counted as a gentleman had he only been of the nobility.

He had made his money in business; he had made alliances with high-ranking families through the marriages of two of his sons, one of whom had gone into the law and the other into the military.

Father and sons lived in high style; they had taken names based on their estates; their real name I don't think they themselves remembered any more.

Their origin was as if buried beneath immense wealth. It was well known, but no longer mentioned. The nobility of their marriage alliances had finally dulled other people's imagination regarding them; so that

compte; de sorte qu'ils étaient confondus avec tout ce qu'il y avait de meilleur à la cour et à la ville. L'orgueil des hommes, dans le fond, est d'assez bonne composition sur certains préjugés; il semble que lui-même il en sente le frivole.

C'était là leur situation, quand je vins au monde. La terre seigneuriale, dont mon père était le fermier, et qu'ils avaient acquise, n'était considérable que par le vin qu'elle produisait en assez grande quantité.

Ce vin était le plus exquis du pays, et c'était mon frère aîné qui le conduisait à Paris, chez notre maître, car nous étions trois enfants, deux garçons et une fille, et j'étais le cadet de tous.

Mon aîné, dans un de ces voyages à Paris, s'amouracha de la veuve d'un aubergiste, qui était à son aise, dont le cœur ne lui fut pas cruel, et qui l'épousa avec ses droits, c'est-à-dire avec rien.

Dans la suite, les enfants de ce frère ont eu grand besoin que je les reconnusse pour mes neveux; car leur père qui vit encore, qui est actuellement avec moi, et qui avait continué le métier d'aubergiste, vit, en dix ans, ruiner sa maison par les dissipations de sa femme.

A l'égard de ses fils, mes secours les ont mis aujourd'hui en posture d'honnêtes gens; ils sont bien établis, et malgré cela, je n'en ai fait que des ingrats, parce que je leur ai reproché qu'ils étaient trop glorieux.

En effet, ils ont quitté leur nom, et n'ont plus de commerce avec leur père, qu'ils venaient autrefois voir de temps en temps.

10. Montesquieu: *Lettres persanes* (1721)

(A) Je te parlais l'autre jour de l'inconstance prodigieuse des Français sur leurs modes. Cependant il est inconcevable à quel point ils en sont entêtés: ils y rappellent tout: c'est la règle avec laquelle ils jugent de tout ce qui se fait chez les autres nations: ce qui est étranger leur paraît toujours ridicule. Je t'avoue que je ne saurais guère ajuster cette fureur pour leurs coutumes, avec l'inconstance avec laquelle ils en changent tous les jours.

Quand je te dis qu'ils méprisent tout ce qui est étranger, je ne parle que des bagatelles; car, sur les choses importantes, ils semblent s'être méfiés d'eux-mêmes, jusqu'à se dégrader. Ils avouent de bon cœur que les autres peuples sont plus sages, pourvu qu'on convienne qu'ils sont mieux vêtus: ils veulent bien s'assujettir aux lois d'une nation rivale, pourvu que les perruquiers français décident en législateurs sur

they mingled easily with all that was best at court and in town. Basically, people's haughtiness is quite easy to deal with where certain prejudices are concerned; it seems to sense their triviality of its own accord.

That was their situation when I was born. The noble estate of which my father was the farmer, and which they had acquired, was only of importance because of the wine it produced in very great quantity.

That wine was the most delicious in the district, and it was my elder brother who brought it to Paris, to our master's home, for there were three of us children, two boys and a girl, and I was the youngest of all.

My elder brother, on one of those trips to Paris, became enamored of an innkeeper's widow, who was well off, whose heart wasn't cold to him, and who married him with all his rights and privileges—that is, possessing nothing.

Subsequently, this brother's children had great need of my acknowledging them as my nephews and nieces, because their father, who's still living and is at present with me, and who had continued the trade of innkeeper, saw his establishment ruined in ten years by his wife's squandering.

With regard to his children, my aid has today given them the position of respectable people; they're settled in life, but in spite of that, I've only made ingrates of them because I reproached them for being too haughty.

In fact, they've changed their name and have no more dealings with their father, whom they formerly used to visit occasionally.

10. Montesquieu: *Persian Letters* (1721)

(A) I was telling you the other day about the remarkable fickleness of the French concerning their fashions. Nevertheless the extent to which they dwell on them is inconceivable. They make them their frame of reference for everything else. They're the yardstick by which they judge everything done in other nations. Whatever is foreign they always find laughable. I confess to you that I can hardly reconcile that frenzy over their styles with the fickleness they show in changing them daily.

When I tell you they have contempt for everything foreign, I mean only trifles; because when it comes to important things they seem to have distrusted themselves to the point of belittling themselves. They readily admit that other nations are wiser, just so long as you agree that *they're* better dressed: they're willing to submit to the laws of a

la forme des perruques étrangères. Rien ne leur paraît si beau que de voir le goût de leurs cuisiniers régner du septentrion au midi, et les ordonnances de leurs coiffeuses portées dans toutes les toilettes de l'Europe.

Avec ces nobles avantages, que leur importe que le bon sens leur vienne d'ailleurs, et qu'ils aient pris de leurs voisins tout ce qui concerne le gouvernement politique et civil?

Qui peut penser qu'un royaume, le plus ancien et le plus puissant de l'Europe, soit gouverné, depuis plus de dix siècles, par des lois qui ne sont pas faites pour lui? Si les Français avaient été conquis, ceci ne serait pas difficile à comprendre: mais ils sont les conquérants.

Ils ont abandonné les lois anciennes, faites par leurs premiers rois dans les assemblées générales de la nation: et, ce qu'il y a de singulier, c'est que les lois romaines, qu'ils ont prises à la place, étaient en partie faites et en partie rédigées par des empereurs contemporains de leurs législateurs.

Et, afin que l'acquisition fût entière, et que tout le bon sens leur vînt d'ailleurs, ils ont adopté toutes les constitutions des papes, et en ont fait une nouvelle partie de leur droit: nouveau genre de servitude.

Il est vrai que, dans les derniers temps, on a rédigé par écrit quelques statuts des villes et des provinces: mais ils sont presque tous pris du droit romain.

Cette abondance de lois adoptées, et, pour ainsi dire, naturalisées, est si grande, qu'elle accable également la justice et les juges. Mais ces volumes de lois ne sont rien en comparaison de cette armée effroyable de glossateurs, de commentateurs, de compilateurs; gens aussi faibles par le peu de justesse de leur esprit, qu'ils sont forts par leur nombre prodigieux.

Ce n'est pas tout: ces lois étrangères ont introduit des formalités dont l'excès est la honte de la raison humaine. Il serait assez difficile de décider si la forme s'est rendue plus pernicieuse, lorsqu'elle est entrée dans la jurisprudence, ou lorsqu'elle s'est logée dans la médecine: si elle a fait plus de ravages sous la robe d'un jurisconsulte, que sous le large chapeau d'un médecin; et si, dans l'une, elle a plus ruiné de gens qu'elle n'en a tué dans l'autre.

(B) Je trouvai, il y a quelques jours, dans une maison de campagne où j'étais allé, deux savants qui ont ici une grande célébrité. Leur caractère me parut admirable. La conversation du premier, bien appréciée, se réduisait à ceci: «Ce que j'ai dit est vrai, parce que je l'ai dit.» La conversation du second portait sur autre chose: «Ce que je n'ai pas dit n'est pas vrai, parce que je ne l'ai pas dit.»

rival country, so long as French wigmakers legislate as to the shape of foreign wigs. They find nothing as beautiful as to see the taste of their chefs prevalent from north to south, and the dictates of their hairdressers permeating every toilette in Europe.

With these noble advantages, what do they care if they receive their common sense from elsewhere, or if they've borrowed from their neighbors all that concerns political and civil government?

Who could imagine a kingdom that's the oldest and most powerful in Europe being governed for more than ten centuries by laws that weren't made for it? If the French had been conquered, that wouldn't be hard to understand, but they're the conquerors.

They have abandoned the old laws made by their earliest kings in the nation's general assemblies; and what's odd is that the Roman laws they've adopted in their stead were partly created and partly codified by emperors who were contemporary with their own lawmakers.

And, in order to make the borrowing complete, so that all common sense comes to them from elsewhere, they have adopted all the papal constitutions, and have made them a new part of their law: a new kind of servitude.

It's true that, recently, a few statutes of the cities and provinces have been put in writing, but they're nearly all taken from Roman law.

This abundance of adopted and, as it were, naturalized laws is so great that it overwhelms both justice and judges. But those volumes of laws are nothing compared with that terrifying army of gloss writers, commentators, and compilers, people who're as weak, because their minds are so imprecise, as they're strong because of their prodigious numbers.

That's not all: these foreign laws have introduced formal procedures, the excess of which is a disgrace to human reason. It would be very hard to decide whether this formality has become more harmful when it has pervaded jurisprudence or when it has embedded itself in medical practice: whether it has caused more destruction under the robes of a jurist than beneath the wide hat of a doctor, and whether it has ruined more people in the former situation than it has killed in the latter.

(B) A few days ago, in a country house I had gone to, I found two scholars who are of great repute here. Their character seemed admirable to me. The conversation of the first, when properly appraised, boiled down to this: "What I said is true, because I said it." The conversation of the second had a different slant: "What I didn't say isn't true, because I didn't say it."

J'aimais assez le premier: car qu'un homme soit opiniâtre, cela ne me fait absolument rien; mais qu'il soit impertinent, cela me fait beaucoup. Le premier défend ses opinions; c'est son bien: le second attaque les opinions des autres; et c'est le bien de tout le monde. Oh, mon cher Usbek! que la vanité sert mal ceux qui en ont une dose plus forte que celle qui est nécessaire pour la conservation de la nature! Ces gens-là veulent être admirés, à force de déplaire. Ils cherchent à être supérieurs; et ils ne sont pas seulement égaux.

Hommes modestes, venez, que je vous embrasse. Vous faites la douceur et le charme de la vie. Vous croyez que vous n'avez rien; et moi, je vous dis que vous avez tout. Vous pensez que vous n'humiliez personne; et vous humiliez tout le monde. Et, quand je vous compare dans mon idée avec ces hommes absolus que je vois partout, je les précipite de leur tribunal, et je les mets à vos pieds.

11. Voltaire: *Zadig* (1748)

Au temps du roi Moabdar il y avait à Babylone un jeune homme nommé Zadig, né avec un beau naturel fortifié par l'éducation. Quoique riche et jeune, il savait modérer ses passions; il n'affectait rien; il ne voulait point toujours avoir raison, et savait respecter la faiblesse des hommes. On était étonné de voir qu'avec beaucoup d'esprit il n'insultât jamais par des railleries à ces propos si vagues, si rompus, si tumultueux, à ces médisances téméraires, à ces décisions ignorantes, à ces turlupinades grossières, à ce vain bruit de paroles, qu'on appelait *conversation* dans Babylone. Il avait appris, dans le premier livre de Zoroastre, que l'amour-propre est un ballon gonflé de vent, dont il sort des tempêtes quand on lui a fait une piqûre. Zadig surtout ne se vantait pas de mépriser les femmes et de les subjuguer. Il était généreux; il ne craignait point d'obliger des ingrats, suivant ce grand précepte de Zoroastre: *Quand tu manges, donne à manger aux chiens, dussent-ils te mordre.* Il était aussi sage qu'on peut l'être, car il cherchait à vivre avec des sages. Instruit dans les sciences des anciens Chaldéens, il n'ignorait pas les principes physiques de la nature tels qu'on les connaissait alors, et savait de la métaphysique ce qu'on en a su dans tous les âges, c'est-à-dire fort peu de chose. Il était fermement persuadé que l'année était de trois cent soixante et cinq jours et un quart, malgré la nouvelle philosophie de son temps, et que le soleil était au centre du monde; et quand les principaux mages lui disaient, avec une hauteur insultante, qu'il avait de mauvais sentiments, et que

I was quite taken with the first, because it means nothing at all to me if a man is opinionated, but I am very annoyed if he's impertinent. The first man is defending his opinions; they're his property. The second man is attacking the opinions of others, which are everybody's property.

Oh, my dear Usbek! How badly vanity serves those who have a stronger dose of it than is necessary for preserving one's health! Those people want to be admired by dint of being unpleasant. They seek to be superior, and aren't even equal to the others.

Modest men, come, let me embrace you! You create the sweetness and charm of life. You think you have nothing, but I tell you you have everything. You think that you humble no one, but you humble everyone. And when I compare you in my thoughts to those inflexible men I see everywhere, I cast them down from their seat of judgment and fling them at your feet.

11. Voltaire: *Zadig* (1748)

In the days of King Moabdar there lived in Babylon a young man named Zadig, born with a fine character strengthened by his upbringing. Though wealthy and young, he was able to moderate his passions; he was completely unaffected; he didn't always try to be right, and he knew how to respect human weakness. People were surprised to see that, though very intelligent, he never jeered in mockery at those most vague, choppy, and impetuous remarks, those rash slanders, those ignorant decisions, those vulgar clowneries, and that empty rattle of words which was called "conversation" in Babylon. He had learned from the first book of Zoroaster that conceit is a balloon swollen with wind, from which tempests issue when it's been punctured. Above all, Zadig didn't boast that he scorned women and subdued them. He was generous: he wasn't afraid to do favors for the ungrateful, but followed that great precept of Zoroaster's: "When you eat, feed the dogs, even if they should bite you." He was as wise as one can be, because he tried to live with sages. Educated in the sciences of the ancient Chaldaeans, he was familiar with the physical principles of nature as far as they were known at the time, and knew of metaphysics that which has been known of it in all epochs—in other words, very little. He was firmly convinced that there were three hundred sixty-five and a quarter days in a year, despite the new philosophy of his day, and that the sun was in the center of the world; and when the chief magi told him, with insulting haughtiness, that his notions were

c'était être ennemi de l'État que de croire que le soleil tournait sur
lui-même et que l'année avait douze mois, il se taisait sans colère et
sans dédain.

Zadig, avec de grandes richesses, et par conséquent avec des amis,
ayant de la santé, une figure aimable, un esprit juste et modéré, un
cœur sincère et noble, crut qu'il pouvait être heureux. Il devait se
marier à Sémire, que sa beauté, sa naissance et sa fortune rendaient
le premier parti de Babylone. Il avait pour elle un attachement solide
et vertueux, et Sémire l'aimait avec passion. Ils touchaient au moment
fortuné qui allait les unir, lorsque, se promenant ensemble vers une
porte de Babylone, sous les palmiers qui ornaient le rivage de
l'Euphrate, ils virent venir à eux des hommes armés de sabres et de
flèches. C'étaient les satellites du jeune Orcan, neveu d'un ministre, à
qui les courtisans de son oncle avaient fair accroire que tout lui était
permis. Il n'avait aucune des grâces ni des vertus de Zadig; mais, croyant valoir beaucoup mieux, il était désespéré de n'être pas préféré.
Cette jalousie, qui ne venait que de sa vanité, lui fit penser qu'il aimait
éperdument Sémire. Il voulait l'enlever. Les ravisseurs la saisirent, et
dans les emportements de leur violence ils la blessèrent, et firent
couler le sang d'une personne dont la vue aurait attendri les tigres du
mont Imaüs. Elle perçait le ciel de ses plaintes. Elle s'écriait: «Mon
cher époux! on m'arrache à ce que j'adore!» Elle n'était point occupée
de son danger; elle ne pensait qu'à son cher Zadig. Celui-ci, dans le
même temps, la défendait avec toute la force que donnent la valeur et
l'amour. Aidé seulement de deux esclaves, il mit les ravisseurs en fuite
et ramena chez elle Sémire, évanouie et sanglante, qui en ouvrant les
yeux vit son libérateur. Elle lui dit: «O Zadig! je vous aimais comme
mon époux; je vous aime comme celui à qui je dois l'honneur et la
vie.» Jamais il n'y eut un cœur plus pénétré que celui de Sémire.
Jamais bouche plus ravissante n'exprima des sentiments plus
touchants par ces paroles de feu qu'inspirent le sentiment du plus
grand des bienfaits et le transport le plus tendre de l'amour le plus
légitime. Sa blessure était légère; elle guérit bientôt. Zadig était blessé
plus dangereusement; un coup de flèche reçu près de l'œil lui avait
fait une plaie profonde. Sémire ne demandait aux dieux que la guéri-
son de son amant. Ses yeux étaient nuit et jour baignés de larmes: elle
attendait le moment où ceux de Zadig pourraient jouir de ses regards;
mais un abcès survenu à l'œil blessé fit tout craindre. On envoya
jusqu'à Memphis chercher le grand médecin Hermès, qui vint avec
un nombreux cortège. Il visita le malade, et déclara qu'il perdrait l'œil;
il prédit même le jour et l'heure où ce funeste accident devait arriver.

wrong, and that only an enemy of the state would believe that the sun rotated on its axis and the year had twelve months, he would keep his silence without getting angry or showing disdain.

Zadig, having great wealth and therefore possessing friends, enjoying good health, a pleasing presence, a sane, moderate mind, and a sincere and noble heart, thought he could be happy. He was supposed to marry Sémire, whose beauty, birth, and fortune made her the foremost match in Babylon. His attachment to her was solid and virtuous, and Sémire loved him passionately. They had almost reached the lucky moment that was to unite them when, walking together toward one of the gates of Babylon, beneath the palms that adorned the bank of the Euphrates, they saw approaching them men armed with sabers and arrows. They were henchmen of young Orcan, a minister's nephew, whose uncle's courtiers had made him believe he could get away with anything. He possessed none of Zadig's graces or virtues; but, thinking he was far superior, he was in despair at not being preferred. This jealousy, which arose only from his vanity, made him think he was madly in love with Sémire. He wanted to abduct her. The kidnappers seized her, and in the heat of their violence they wounded her, shedding the blood of a young woman the sight of whom would have softened the heart of the tigers of Mount Imaus. She rent the sky with her laments. She kept exclaiming: "My dear husband! I'm being torn away from what I adore!" She wasn't at all concerned with the danger to her; she was thinking only of her dear Zadig. He, at that same time, was defending her with the might that bravery and love lend. Aided only by two slaves, he put the abductors to rout and brought Sémire back to her home in a faint and bleeding; on opening her eyes she saw her rescuer. She said: "O Zadig! I formerly loved you as my husband; I now love you as the man to whom I owe my honor and my life." Never was there a heart so deeply moved as Sémire's. Never did more charming lips express more touching sentiments in those fiery words inspired by gratitude for the greatest of benefactions and the tenderest thrill of the most legitimate love. Her wound was slight; she soon recovered. Zadig was more seriously hurt; an arrow that had come near his eye had left him with a deep wound. Sémire asked of the gods nothing but her lover's recovery. Day and night her eyes were wet with tears: she awaited the moment when Zadig could rejoice in the sight of her, but an abscess that had formed in the injured eye gave cause for the worst fears. They sent as far away as Memphis in Egypt for the great physician Hermes, who came with a numerous retinue. He examined the patient, and declared that he'd lose that eye; he even predicted the day and hour when that sad event

«Si c'eût été l'œil droit, dit-il, je l'aurais guéri; mais les plaies de l'œil gauche sont incurables.» Tout Babylone, en plaignant la destinée de Zadig, admira la profondeur de la science d'Hermès. Deux jours après, l'abcès perça de lui-même. Zadig fut guéri parfaitement. Hermès écrivit un livre où il lui prouva qu'il n'avait pas dû guérir. Zadig ne le lut point; mais, dès qu'il put sortir, il se prépara à rendre visite à celle qui faisait l'espérance du bonheur de sa vie et pour qui seule il voulait avoir des yeux. Sémire était à la campagne depuis trois jours. Il apprit en chemin que cette belle dame, ayant déclaré hautement qu'elle avait une aversion insurmontable pour les borgnes, venait de se marier à Orcan la nuit même.

12. Prévost: *Manon Lescaut* (1731)

J'avais dix-sept ans, et j'achevais mes études de philosophie à Amiens, où mes parents, qui sont d'une des meilleures maisons de P., m'avaient envoyé. Je menais une vie si sage et si réglée, que mes maîtres me proposaient pour l'exemple du collège. Non que je fisse des efforts extraordinaires pour mériter cet éloge, mais j'ai l'humeur naturellement douce et tranquille: je m'appliquais à l'étude par inclination, et l'on me comptait pour des vertus quelques marques d'aversion naturelle pour le vice. Ma naissance, le succès de mes études et quelques agréments extérieurs m'avaient fait connaître et estimer de tous les honnêtes gens de la ville. J'achevai mes exercices publics avec une approbation si générale, que Monsieur l'Évêque, qui y assistait, me proposa d'entrer dans l'état ecclésiastique, où je ne manquerais pas, disait-il, de m'attirer plus de distinction que dans l'ordre de Malte, auquel mes parents me destinaient. Ils me faisaient déjà porter la croix, avec le nom de chevalier des Grieux. Les vacances arrivant, je me préparais à retourner chez mon père, qui m'avait promis de m'envoyer bientôt à l'Académie. Mon seul regret, en quittant Amiens, était d'y laisser un ami avec lequel j'avais toujours été tendrement uni. Il était de quelques années plus âgé que moi. Nous avions été élevés ensemble, mais le bien de sa maison étant des plus médiocres, il était obligé de prendre l'état ecclésiastique, et de demeurer à Amiens après moi, pour y faire les études qui conviennent à cette profession. Il avait mille bonnes qualités. Vous le connaîtrez par les meilleures dans la suite de mon histoire, et surtout, par un zèle et une générosité en amitié qui surpassent les plus célèbres exemples de l'antiquité. Si j'eusse alors suivi ses conseils, j'aurais toujours été sage et heureux. Si

would take place. "If it had been the right eye," he said, "I would have cured it; but wounds in the left eye are incurable." All Babylon, bemoaning Zadig's fate, marveled at the depth of Hermes's knowledge. Two days later, the abscess broke of its own accord. Zadig was completely cured. Hermes wrote a book in which he proved that he shouldn't have recovered. Zadig didn't read it, but, as soon as he could go out, he prepared to pay a visit to the woman who constituted the hope for his happiness in life and for whom alone he wished to have eyes. Sémire had been in the country for three days. He learned on the way that this beautiful lady, having proclaimed aloud that she had an insurmountable aversion to one-eyed people, had just married Orcan that very night.

12. Prévost: *Manon Lescaut* (1731)

I was seventeen and was finishing my studies in philosophy at Amiens, where my parents, who belong to one of the foremost families of P., had sent me. I was leading so well-behaved and moderate a life that my teachers held me up as a model for the school. Not that I made unusual efforts to deserve that praise, but my character is gentle and calm by nature: I was diligent in my studies because I liked them, and people credited to me as virtues a few signs of natural aversion to vice. My ancestry, my success in studies, and some outward attractiveness had made me familiar to and esteemed by all the respectable people in the city. I concluded my public examinations to such general approval that His Grace the Bishop, who was present, suggested I enter the Church, in which (he said) I wouldn't fail to acquire more distinction than in the Order of Malta, which my parents had in mind for me. They were already making me wear its cross, calling myself the Chevalier des Grieux. Vacation arriving, I was preparing to return to the home of my father, who had promised to send me to the Academy shortly. My sole regret on departing from Amiens was leaving behind there a friend with whom I had always been lovingly united. He was a few years older than I. We had been brought up together, but, his family's wealth being of the slightest, he was obliged to enter the Church and remain in Amiens after me, to pursue the studies necessary for that profession. He had a thousand good qualities. You'll recognize him by the best of them later on in my story, and especially by his zeal and generosity in friendship surpassing the most notable examples from antiquity. Had I followed his advice at the time, I would have always remained well behaved and happy. If I had at least prof-

j'avais, du moins, profité de ses reproches dans le précipice où mes passions m'ont entraîné, j'aurais sauvé quelque chose du naufrage de ma fortune et de ma réputation. Mais il n'a point recueilli d'autre fruit de ses soins que le chagrin de les voir inutiles et, quelquefois, durement récompensés par un ingrat qui s'en offensait, et qui les traitait d'importunités.

J'avais marqué le temps de mon départ d'Amiens. Hélas! que ne le marquais-je un jour plus tôt! j'aurais porté chez mon père toute mon innocence. La veille même de celui que je devais quitter cette ville, étant à me promener avec mon ami, qui s'appelait Tiberge, nous vîmes arriver le coche d'Arras, et nous le suivîmes jusqu'à l'hôtellerie où ces voitures descendent. Nous n'avions pas d'autre motif que la curiosité. Il en sortit quelques femmes, qui se retirèrent aussitôt. Mais il en resta une, fort jeune, qui s'arrêta seule dans la cour, pendant qu'un homme d'un âge avancé, qui paraissait lui servir de conducteur, s'empressait pour faire tirer son équipage des paniers. Elle me parut si charmante que moi, qui n'avais jamais pensé à la différence des sexes, ni regardé une fille avec un peu d'attention, moi, dis-je, dont tout le monde admirait la sagesse et la retenue, je me trouvai enflammé tout d'un coup jusqu'au transport. J'avais le défaut d'être excessivement timide et facile à déconcerter; mais loin d'être arrêté alors par cette faiblesse, je m'avançai vers la maîtresse de mon cœur. Quoiqu'elle fût encore moins âgée que moi, elle reçut mes politesses sans paraître embarrassée. Je lui demandai ce qui l'amenait à Amiens et si elle y avait quelques personnes de connaissance. Elle me répondit ingénument qu'elle y était envoyée par ses parents pour être religieuse. L'amour me rendait déjà si éclairé, depuis un moment qu'il était dans mon cœur, que je regardai ce dessein comme un coup mortel pour mes désirs. Je lui parlai d'une manière qui lui fit comprendre mes sentiments, car elle était bien plus expérimentée que moi. C'était malgré elle qu'on l'envoyait au couvent pour arrêter sans doute son penchant au plaisir qui s'était déjà déclaré et qui a causé, dans la suite, tous ses malheurs et les miens. Je combattis la cruelle intention de ses parents par toutes les raisons que mon amour naissant et mon éloquence scolastique purent me suggérer. Elle n'affecta ni rigueur ni dédain. Elle me dit, après un moment de silence, qu'elle ne prévoyait que trop qu'elle allait être malheureuse, mais que c'était apparemment la volonté du Ciel, puisqu'il ne lui laissait nul moyen de l'éviter. La douceur de ses regards, un air charmant de tristesse en prononçant ces paroles, ou plutôt, l'ascendant de ma destinée qui m'entraînait à ma perte, ne me permirent pas de balancer un moment sur ma

ited by his reproaches in the abyss into which my passions have dragged me, I would have saved something from the wreck of my fortune and reputation. But he gathered no other fruit of his care than the chagrin of finding it useless, and at times harshly repaid by an ingrate who took umbrage at it and called it an importunity.

I had scheduled the time for my departure from Amiens. Ah, why didn't I make it a day earlier! I would have brought home to my father all my innocence. The very day before the one when I was to leave that city, I was out walking with my friend, whose name was Tiberge, when we saw the coach from Arras arriving and we followed it all the way to the inn where those carriages stop. We had no motive other than curiosity. A few women got out of it and withdrew immediately. But one of them, very young, was left and remained in the courtyard alone, while a man of advanced years, who seemed to be serving her as an escort, hastened to have her luggage removed from the rack. She seemed so charming to me that I, who had never dwelt on the difference between the sexes nor looked at a girl with any special attention, I, I say, whose good behavior and restraint everyone admired, found myself suddenly inflamed to the point of rapture. I had the defect of being excessively timid and easily flustered; but, far from being hampered then by that weakness, I stepped up to my heart's mistress. Though she was even younger than I, she accepted my polite greeting without appearing embarrassed. I asked her what brought her to Amiens and whether she had any acquaintances there. She answered ingenuously that she had been sent there by her parents to become a nun. Love was already enlightening me so much, during the moment it had been in my heart, that I looked on that intention as a blow fatal to my desires. I spoke to her in a way that made her understand my feelings, for she was much more experienced than I. It was against her wishes that she was being sent to a convent, no doubt to put a stop to her inclination toward pleasure, which had already manifested itself, and which later on was the cause of all her misfortunes and mine. I fought her parents' cruel intention with all the reasons my burgeoning love and my scholastic eloquence could suggest to me. She made no show of either sternness or disdain. After a moment of silence she said that she foresaw all too clearly that she was going to be unhappy, but that it was evidently the will of heaven, since heaven left her with no means to avoid it. The sweetness of her glances, a charming air of sadness when uttering those words, or, rather, the influence of my destiny which was dragging me to my ruin, didn't allow me to hesitate for a moment as to my response. I assured her that, if she was willing

réponse. Je l'assurai que, si elle voulait faire quelque fond sur mon honneur et sur la tendresse infinie qu'elle m'inspirait déjà, j'emploierais ma vie pour la délivrer de la tyrannie de ses parents, et pour la rendre heureuse. Je me suis étonné mille fois, en y réfléchissant, d'où me venait alors tant de hardiesse et de facilité à m'exprimer; mais on ne ferait pas une divinité de l'Amour, s'il n'opérait souvent des prodiges. J'ajoutai mille choses pressantes. Ma belle inconnue savait bien qu'on n'est point trompeur à mon âge; elle me confessa que, si je voyais quelque jour à la pouvoir mettre en liberté, elle croirait m'être redevable de quelque chose de plus cher que la vie. Je lui répétai que j'étais prêt à tout entreprendre, mais, n'ayant point assez d'expérience pour imaginer tout d'un coup les moyens de la servir, je m'en tenais à cette assurance générale, qui ne pouvait être d'un grand secours pour elle et pour moi. Son vieil Argus étant venu nous rejoindre, mes espérances allaient échouer si elle n'eût eu assez d'esprit pour suppléer à la stérilité du mien.

13. Mme Leprince de Beaumont: "La Belle et la Bête" (1756)

— Ah! ma fille, dit le marchand en embrassant la Belle, je suis à demi mort de frayeur. Croyez-moi, laissez-moi ici.

— Non, mon père, lui dit la Belle avec fermeté, vous partirez demain matin, vous m'abandonnerez au secours du ciel; peut-être aura-t-il pitié de moi.»

Ils allèrent se coucher, et croyaient ne pas dormir de toute la nuit; mais à peine furent-ils dans leurs lits, que leurs yeux se fermèrent. Pendant son sommeil, la Belle vit une dame qui lui dit:

«Je suis contente de votre bon cœur, la Belle; la bonne action que vous faites en donnant votre vie pour sauver celle de votre père, ne demeurera point sans récompense.»

La Belle, s'éveillant, raconta ce songe à son père, et quoiqu'il le consolât un peu, cela ne l'empêcha pas de jeter de grands cris, quand il fallut se séparer de sa chère fille.

Lorsqu'il fut parti, la Belle s'assit dans la grande salle, et se mit à pleurer aussi; mais comme elle avait beaucoup de courage, elle se recommanda à Dieu, et résolut de ne se point chagriner, pour le peu de temps qu'elle avait à vivre; car elle croyait fermement que la Bête la mangerait le soir. Elle résolut de visiter ce beau château. Elle ne pouvait s'empêcher d'en admirer la beauté. Mais elle fut bien surprise

to place some reliance on my honor and the infinite affection she was already inspiring in me, I'd employ my life to deliver her from her parents' tyranny and make her happy. Thinking back on it, I've been astounded a thousand times at where I then derived so much boldness and facility in expressing myself; but people wouldn't make a deity of Love if it didn't often work miracles. I added a thousand urgent remarks. My lovely stranger was well aware that boys of that age aren't deceivers; she confessed to me that, if I saw some way to be able to set her free, she'd consider herself indebted to me for something dearer than life. I repeated to her that I was ready to undertake anything; but, not having sufficient experience to conceive all at once the means to be of service to her, I confined myself to that general assurance, which couldn't be much help to her or to me. Her old Argus having come to join us, my hopes were going to be wrecked if she hadn't had enough presence of mind to make up for the barrenness of mine.

13. Mme Leprince de Beaumont: "Beauty and the Beast" (1756)

"Ah, my daughter," said the merchant, embracing Beauty, "I'm half dead with fright. Take my word for it, leave me here."

"No, father," Beauty said firmly, "you shall depart tomorrow morning, you shall leave me in the hands of heaven; perhaps it will pity me."

They went to bed, thinking they'd stay awake all night; but scarcely had they reclined when their eyes closed. While she was sleeping, Beauty saw a lady who said to her:

"I am pleased with the goodness of your heart, Beauty; the good deed you are performing in giving your life to save your father's won't go unrewarded."

Beauty, awakening, told that dream to her father, and though it consoled him a little, it didn't keep him from uttering loud cries when he had to part from his dear daughter.

After he left, Beauty sat down in the great hall and began to weep also; but since she was very courageous, she commended herself to God and resolved not to be sorrowful during the brief time she had left to live; for she firmly believed that the Beast would devour her that evening. She decided to explore that lovely castle. She couldn't help admiring its beauty. But she was quite surprised to find a door on

de trouver une porte sur laquelle il y avait écrit: *Appartement de la Belle*. Elle ouvrit cette porte avec précipitation; elle fut éblouie de la magnificence qui y régnait; mais ce qui frappa le plus sa vue, fut une grande bibliothèque, un clavecin et plusieurs livres de musique.

«On ne veut pas que je m'ennuie», dit-elle tout bas; elle pensa ensuite: «Si je n'avais qu'un jour à demeurer ici, on n'aurait pas fait une telle provision.»

Cette pensée ranima son courage. Elle ouvrit la bibliothèque, et vit un livre où il y avait écrit en lettres d'or: *Souhaitez, commandez: vous êtes ici la reine et la maîtresse.*

«Hélas! dit-elle en soupirant, je ne souhaite rien que de voir mon pauvre père, et de savoir ce qu'il fait à présent.»

Elle avait dit cela en elle-même. Quelle fut sa surprise, en jetant les yeux sur un grand miroir, d'y voir sa maison où son père arrivait avec un visage extrêmement triste! Ses sœurs venaient au-devant de lui; et, malgré les grimaces qu'elles faisaient pour paraître affligées, la joie qu'elles avaient de la perte de leur sœur paraissait sur leur visage. Un moment après, tout cela disparut, et la Belle ne put s'empêcher de penser que la Bête était bien complaisante, et qu'elle n'avait rien à craindre. A midi, elle trouva la table mise et, pendant son dîner, elle entendit un charmant concert, quoiqu'elle ne vît personne. Le soir, comme elle allait se mettre à table, elle entendit le bruit que faisait la Bête, et ne put s'empêcher de frémir.

«La Belle, lui dit ce monstre, voulez-vous bien que je vous voie souper?

— Vous êtes le maître, répondit la Belle en tremblant.

— Non, reprit la Bête; il n'y a ici de maîtresse que vous. Vous n'avez qu'à me dire de m'en aller si je vous ennuie, je sortirai tout de suite. Dites-moi, n'est-ce pas que vous me trouvez bien laid?

— Cela est vrai, dit la Belle, car je ne sais pas mentir; mais je crois que vous êtes fort bon.

— Vous avez raison, dit le monstre; mais, outre que je suis laid, je n'ai point d'esprit: je sais bien que je ne suis qu'une bête.

— On n'est pas bête, reprit la Belle, quand on croit n'avoir point d'esprit. Un sot n'a jamais su cela.

— Mangez donc, la Belle, lui dit le monstre, et tâchez de ne point vous ennuyer dans votre maison; car tout ceci est à vous, et j'aurais du chagrin si vous n'étiez pas contente.

— Vous avez bien de la bonté, dit la Belle. Je vous avoue que je suis contente de votre cœur; quand j'y pense, vous ne me paraissez pas si laid.

which was written: "Beauty's Apartment." She opened that door impetuously; she was dazzled by the magnificence that reigned there; but what chiefly caught her sight was a large bookcase, a harpsichord, and several volumes of music.

"They don't want me to be bored," she said to herself; then she thought: "If I had only one day to stay here, they wouldn't have provided so many things."

That thought rekindled her courage. She opened the bookcase and saw a book on which writing in gold letters said: "Wish! Command! You are queen and mistress here."

"Alas!" she said with a sigh, "all I wish is to see my poor father and to know what he's doing right now."

She had said that to herself. What was her surprise, when she looked into a large mirror, to see in it her house, where her father was arriving with an extremely sad expression! Her sisters were coming to meet him; and, despite the grimaces they were making in order to seem grieved, the joy they felt at the loss of their sister was evident in their faces. A moment later, all of this disappeared, and Beauty couldn't help thinking that the Beast was most obliging, and that she had nothing to fear. At noon, she found the table set and, during her dinner, she heard a charming concert, though she saw no one. That evening, when she was about to sit down to table, she heard the sound that the Beast was making, and she couldn't keep from shuddering.

"Beauty," that monster said to her, "will you permit me to watch you eat supper?"

"You're the master," Beauty replied, trembling.

"No," the Beast retorted, "you are the sole mistress here. You have only to tell me to go away if I annoy you and I'll leave at once. Tell me, don't you find me really ugly?"

"It's true," said Beauty, "because I cannot tell a lie; but I think you're very kind."

"You're right," said the monster; "but besides being ugly, I'm not at all intelligent; I'm well aware I'm only a stupid animal."

"No one is stupid," Beauty retorted, "if he thinks he isn't intelligent. That would never occur to a fool."

"Go on and eat, Beauty," the monster said to her, "and try not to be bored in this house of yours; for everything here belongs to you, and I'd be sad if you weren't contented."

"You're really kind," said Beauty. "I confess to you that I'm contented with your heart; when I think about it, you don't look so ugly to me."

— Oh! dame, oui, répondit la Bête, j'ai le cœur bon, mais je suis un monstre.

— Il y a bien des hommes qui sont plus monstres que vous, dit la Belle, et je vous aime mieux, avec votre figure, que ceux qui, avec la figure d'homme, cachent un cœur faux, corrompu, ingrat.

— Si j'avais de l'esprit, reprit la Bête, je vous ferais un grand compliment pour vous remercier; mais tout ce que je puis vous dire, c'est que je vous suis bien obligé.»

La Belle soupa de bon appétit. Elle n'avait presque plus peur du monstre, mais elle manqua mourir de frayeur, lorsqu'il lui dit:

«La Belle, voulez-vous être ma femme?»

Elle fut quelque temps sans répondre: elle avait peur d'exciter la colère du monstre en le refusant; elle lui dit pourtant en tremblant: "Non, la Bête.»

14. Rousseau: *La nouvelle Héloïse* (1761)

Il faut vous fuir, Mademoiselle, je le sens bien: j'aurais dû beaucoup moins attendre, ou plutôt il fallait ne vous voir jamais. Mais que faire aujourd'hui? Comment m'y prendre? Vous m'avez promis de l'amitié; voyez mes perplexités, et conseillez-moi.

Vous savez que je ne suis entré dans votre maison que sur l'invitation de Madame votre mère. Sachant que j'avais cultivé quelques talents agréables, elle a cru qu'ils ne seraient pas inutiles, dans un lieu dépourvu de maîtres, à l'éducation d'une fille qu'elle adore. Fier, à mon tour, d'orner de quelques fleurs un si beau naturel, j'osai me charger de ce dangereux soin sans en prévoir le péril, ou du moins sans le redouter. Je ne vous dirai point que je commence à payer le prix de ma témérité: j'espère que je ne m'oublierai jamais jusqu'à vous tenir des discours qu'il ne vous convient pas d'entendre, et manquer au respect que je dois à vos mœurs, encore plus qu'à votre naissance et à vos charmes. Si je souffre, j'ai du moins la consolation de souffrir seul, et je ne voudrais pas d'un bonheur qui pût coûter au vôtre.

Cependant je vous vois tous les jours; et je m'aperçois que sans y songer vous aggravez innocemment des maux que vous ne pouvez plaindre, et que vous devez ignorer. Je sais, il est vrai, le parti que dicte en pareil cas la prudence au défaut de l'espoir, et je me serais efforcé de le prendre, si je pouvais accorder en cette occasion la prudence avec l'honnêteté; mais comment me retirer décemment d'une maison dont la maîtresse elle-même m'a offert l'entrée, où elle m'ac-

"Oh my, yes," the Beast replied, "I have a kind heart, but I'm a monster."

"There are many men who are more monstrous than you," Beauty said, "and I like you better, with your looks, than those who have the shape of men but conceal a false, corrupt, and ungrateful heart beneath it."

"If I had a ready wit," the Beast countered, "I'd pay you a great compliment to thank you; but all I can tell you is that I'm much obliged to you."

Beauty ate supper with a hearty appetite. She had almost no fear of the monster by this time, but she nearly died of fright when he said to her:

"Beauty, will you be my wife?"

It was some time before she replied: she was afraid of arousing the monster's anger by refusing him; nevertheless, she said, trembling:

"No, Beast."

14. Rousseau: *The New Héloïse* (1761)

I must flee from you, Mademoiselle, I feel it clearly; I should have waited much less time, or, rather, I should never have beheld you. But what am I to do today? How shall I go about things? You promised me friendship; behold my perplexity, and advise me.

You know that I only entered your household at your mother's invitation. Knowing that I had cultivated some agreeable talents, she thought they might not be without use, in a place lacking in teachers, for the education of a daughter she adores. Proud, in my turn, to adorn such fine natural qualities with a few flowers of culture, I dared to undertake this dangerous charge without foreseeing its peril, or at least without dreading it. I won't declare to you that I'm beginning to pay the price for my rashness; I hope I shall never forget myself so far as to speak to you of things unfit for you to hear, and fail in the respect I owe to your morals, even more than to your ancestry and your charms. If I suffer, I at least have the consolation of suffering alone, and I wouldn't want a happiness that might be gained at the expense of yours.

Meanwhile, I see you every day; and I observe that, without meaning to, you innocently increase sorrows which you cannot pity and which you must be unaware of. I know, it's true, the course dictated in such cases by prudence, where hope is lacking, and I would have forced myself to follow it, if in this situation I could reconcile prudence with honor; but how can I decently withdraw from a household the entry to which was offered to me by its mistress herself, in which she overwhelms me with

cable de bontés, où elle me croit de quelque utilité à ce qu'elle a de plus cher au monde? Comment frustrer cette tendre mère du plaisir de surprendre un jour son époux par vos progrès dans des études qu'elle lui cache à ce dessein? Faut-il quitter impoliment sans lui rien dire? Faut-il lui déclarer le sujet de ma retraite, et cet aveu même ne l'offensera-t-il pas de la part d'un homme dont la naissance et la fortune ne peuvent lui permettre d'aspirer à vous?

Je ne vois, Mademoiselle, qu'un moyen de sortir de l'embarras où je suis; c'est que la main qui m'y plonge m'en retire, que ma peine ainsi que ma faute me vienne de vous, et qu'au moins par pitié pour moi vous daigniez m'interdire votre présence. Montrez ma lettre à vos parents; faites-moi refuser votre porte; chassez-moi comme il vous plaira; je puis tout endurer de vous; je ne puis vous fuir de moi-même.

Vous, me chasser! moi, vous fuir! et pourquoi? Pourquoi donc est-ce un crime d'être sensible au mérite, et d'aimer ce qu'il faut qu'on honore? Non, belle Julie; vos attraits avaient ébloui mes yeux, jamais ils n'eussent égaré mon cœur, sans l'attrait plus puissant qui les anime. C'est cette union touchante d'une sensibilité si vive et d'une inaltérable douceur, c'est cette pitié si tendre à tous les maux d'autrui, c'est cet esprit juste et ce goût exquis qui tirent leur pureté de celle de l'âme, ce sont, en un mot, les charmes des sentiments bien plus que ceux de la personne, que j'adore en vous. Je consens qu'on vous puisse imaginer plus belle encore; mais plus aimable et plus digne du cœur d'un honnête homme, non Julie, il n'est pas possible.

J'ose me flatter quelquefois que le Ciel a mis une conformité secrète entre nos affections, ainsi qu'entre nos goûts et nos âges. Si jeunes encore, rien n'altère en nous les penchants de la nature, et toutes nos inclinations semblent se rapporter. Avant que d'avoir pris les uniformes préjugés du monde, nous avons des manières uniformes de sentir et de voir, et pourquoi n'oserais-je imaginer dans nos cœurs ce même concert que j'aperçois dans nos jugements? Quelquefois nos yeux se rencontrent; quelques soupirs nous échappent en même temps; quelques larmes furtives . . . ô Julie! si cet accord venait de plus loin . . . si le Ciel nous avait destinés . . . toute la force humaine . . . ah, pardon! je m'égare: j'ose prendre mes vœux pour de l'espoir: l'ardeur de mes desirs prête à leur objet la possibilité qui lui manque.

Je vois avec effroi quel tourment mon cœur se prépare. Je ne cherche point à flatter mon mal; je voudrais le haïr s'il était possible. Jugez si mes sentiments sont purs, par la sorte de grâce que je viens vous demander. Tarissez s'il se peut la source du poison qui me nour-

kindness, in which she believes me to be of some use to her dearest possession in the world? How can I cheat this loving mother of the pleasure of surprising her husband one day with the progress you have made in studies she is concealing from him for that purpose? Am I to depart rudely, telling her nothing? Am I to proclaim to her my reason for withdrawing, and won't that very avowal insult her, coming from a man whose birth and fortune can't allow him to aspire to you?

I see, Mademoiselle, only one way out of the entanglement I'm in; it is that the hand that sinks me into it must pull me out again, that my penalty as well as my crime must come from you, and that at least out of pity for me you deign to forbid me your company. Show my letter to your parents; have your door closed to me; drive me away however you please; I can take anything coming from you; I can't flee from you of my own accord.

You driving me away! I fleeing from you! And why? Why is it a crime to be responsive to merit, and to love what one must honor? No, fair Julie; your charms had dazzled my eyes, but they would never have led my heart astray without that more powerful charm which enlivens them. It's that affecting combination of a sensitivity so keen and an unfailing gentleness, it's that pity so tender to all the woes of others, it's that correct judgment and exquisite taste which derive their purity from that of your soul—in a word, it's the charms of your sentiments much more than those of your person that I adore in you. I agree that you may be imagined even more beautiful, but more lovable and more worthy of an honest man's heart—no, Julie, that's impossible.

I dare to flatter myself at times that heaven has created a secret conformity in our affections, as it has in our tastes and ages. Though we're still so young, nothing corrupts our natural leanings, and all our inclinations seem to match. Before we have adopted the uniform prejudices of society, we possess uniform ways of feeling and seeing, and why shouldn't I dare to imagine our hearts have the same concord I observe in our judgments? At times our eyes meet; some sighs escape us at the same time; some furtive tears . . . O Julie! If that harmony were coming from farther away . . . if heaven had destined us . . . all of human power . . . Ah, forgive me! I'm rambling: I'm daring to take my wishes for hopes: the ardor of my desires lends their object the possibility which it lacks.

I see with fear what torment my heart is preparing for itself. I'm not trying to delude my misfortune; I'd like to hate it if that were possible. Judge whether my sentiments are pure by the sort of favor I have just asked of you. Dry up, if possible, the source of the poison that

rit et me tue. Je ne veux que guérir ou mourir, et j'implore vos rigueurs comme un amant implorerait vos bontés.

Oui, je promets, je jure de faire de mon côté tous mes efforts pour recouvrer ma raison, ou concentrer au fond de mon âme le trouble que j'y sens naître: mais par pitié, détournez de moi ces yeux si doux qui me donnent la mort; dérobez aux miens vos traits, votre air, vos bras, vos mains, vos blonds cheveux, vos gestes; trompez l'avide imprudence de mes regards; retenez cette voix touchante qu'on n'entend point sans émotion: soyez, hélas, une autre que vous même, pour que mon cœur puisse revenir à lui.

Vous le dirai-je sans détour? Dans ces jeux que l'oisiveté de la soirée engendre, vous vous livrez devant tout le monde à des familiarités cruelles; vous n'avez pas plus de réserve avec moi qu'avec un autre.

15. Diderot: *Le neveu de Rameau* (c. 1760)

MOI. — Si l'expédient que je vous suggère ne vous convient pas, ayez donc le courage d'être gueux.

LUI. — Il est dur d'être gueux, tandis qu'il y a tant de sots opulents aux dépens desquels on peut vivre. Et puis le mépris de soi; il est insupportable.

MOI. — Est-ce que vous connaissez ce sentiment-là?

LUI. — Si je le connais! Combien de fois je me suis dit: Comment, Rameau, il y a dix mille bonnes tables à Paris, à quinze ou vingt couverts chacune, et de ces couverts-là il n'y en a pas un pour toi! Il y a des bourses pleines d'or qui se versent de droite et de gauche, et il n'en tombe pas une pièce sur toi! Mille petits beaux esprits, sans talent, sans mérite; mille petites créatures sans charmes; mille petits plats intrigants sont bien vêtus, et tu irais tout nu! Et tu serais imbécile à ce point? Est-ce que tu ne saurais pas flatter comme un autre? Est-ce que tu ne saurais pas mentir, jurer, parjurer, promettre, tenir ou manquer comme un autre? Est-ce que tu ne saurais pas te mettre à quatre pattes comme un autre? Est-ce que tu ne saurais pas favoriser l'intrigue de Madame, et porter le billet doux de Monsieur, comme un autre? Est-ce que tu ne saurais pas encourager ce jeune homme à parler à Mademoiselle et persuader à Mademoiselle de l'écouter, comme un autre? Est-ce que tu ne saurais pas faire entendre à la fille d'un de nos bourgeois qu'elle est mal mise; que de belles boucles d'oreilles, un peu de rouge, des dentelles, une robe à la polonaise lui siéraient à ravir? que ces petits pieds-là ne sont pas faits pour

feeds me and kills me. I wish only to get well or to die, and I beg for your sternness the way a lover would beg for your kindness.

Yes, I promise, I swear to make every effort on my part to recover my reason, or to contain within the depths of my soul the turmoil I feel arising there: but, for pity's sake, turn away from me those most sweet eyes which kill me; snatch from *my* eyes your features, your bearing, your arms, your hands, your blonde hair, your gestures; deceive the avid imprudence of my glances; hold back that touching voice which can't be heard without emotion: be, alas, someone other than yourself, so that my heart can return to itself!

Shall I tell you this without circumlocutions? During those games engendered by evening leisures, you indulge in cruel familiarities in front of everybody; you show no more reserve with me than with anyone else.

15. Diderot: *Rameau's Nephew* (c. 1760)

I: If the expedient I suggest to you doesn't suit you, well, have the courage to be a beggar!

HE: It's hard to be a beggar when there are so many wealthy fools at whose expense you can live. And then there's the self-contempt; it's unbearable.

I: Do you know that feeling?

HE: Do I know it?! How many times have I said to myself: "What, Rameau, there are ten thousand good tables in Paris, each with fifteen or twenty settings, and out of all those settings there's not one for you! There are gold-filled purses spilling right and left, and not one coin falls on you! A thousand little would-be wits, without talent, without merit; a thousand little creatures without charm; a thousand little insipid intriguers are well dressed, and you are to go around naked! And can you be so big an imbecile? Couldn't you be a flatterer as well as the next man? Couldn't you lie, swear, perjure yourself, make promises and keep or break them as well as the next man? Couldn't you crawl on all fours as well as the next man? Couldn't you further Madame's intrigue and carry Monsieur's love note as well as the next man? Couldn't you encourage that young fellow to speak to Mademoiselle and persuade Mademoiselle to give him a hearing, as well as the next man? Couldn't you give the daughter of one of our citizens to understand that she's badly dressed; that beautiful earrings, a little rouge, lace, and a fashionable gown with open overskirt would become her no end? That her dainty little feet weren't meant to walk

marcher dans la rue? qu'il y a un beau monsieur, jeune et riche, qui a un habit galonné d'or, un superbe équipage, six grands laquais, qui l'a vue en passant, qui la trouve charmante, et qui depuis ce jour-là en a perdu le boire et le manger, qu'il n'en dort plus, et qu'il en mourra? «Mais mon papa? — Bon, bon; votre papa! Il s'en fâchera d'abord un peu. — Et maman qui me recommande tant d'être honnête fille, qui me dit qu'il n'y a rien dans ce monde que l'honneur? — Vieux propos qui ne signifient rien. — Et mon confesseur? — Vous ne le verrez plus; ou si vous persistez dans la fantaisie d'aller lui faire l'histoire de vos amusements, il vous en coûtera quelques livres de sucre et de café. — C'est un homme sévère qui m'a déjà refusé l'absolution pour la chanson *Viens dans ma cellule.* — C'est que vous n'aviez rien à lui donner . . . Mais quand vous lui apparaîtrez en dentelles . . . — J'aurai donc des dentelles? — Sans doute, et de toutes les sortes . . . en belles boucles de diamants . . . — J'aurai donc de belles boucles de diamants? — Oui. — Comme celles de cette marquise qui vient quelquefois prendre des gants dans notre boutique? — Précisément. Dans un bel équipage, avec des chevaux gris pommelés, deux grands laquais, un petit nègre, et le coureur en avant, du rouge, des mouches, la queue portée. — Au bal? — Au bal . . . à l'Opéra, à la Comédie . . . (Déjà le cœur lui tressaillit de joie. Tu joues avec un papier entre tes doigts . . .) — Qu'est cela? — Ce n'est rien. — Il me semble que si. — C'est un billet. — Et pour qui? — Pour vous, si vous étiez un peu curieuse. — Curieuse, je le suis beaucoup. Voyons . . . (Elle lit . . .) Une entrevue, cela ne se peut. — En allant à la messe. — Maman m'accompagne toujours; mais s'il venait ici, un peu matin; je me lève la première et je suis au comptoir avant qu'on soit levé . . .» Il vient, il plaît; un beau jour, à la brune, la petite disparaît, et l'on me compte mes deux mille écus . . . Eh quoi! tu possèdes ce talent-là, et tu manques de pain? N'as-tu pas de honte, malheureux? Je me rappelais un tas de coquins qui ne m'allaient pas à la cheville et qui regorgeaient de richesses. J'étais en surtout de baracan et ils étaient couverts de velours; ils s'appuyaient sur la canne à pomme d'or et en bec de corbin, et ils avaient l'Aristote ou le Platon au doigt. Qu'étaient-ce pourtant? La plupart de misérables croquenotes; aujourd'hui ce sont des espèces de seigneurs. Alors je me sentais du courage, l'âme élevée, l'esprit subtil, et capable de tout. Mais ces heureuses dispositions apparemment ne duraient pas; car, jusqu'à présent, je n'ai pu faire un certain chemin. Quoi qu'il en soit, voilà le texte de mes fréquents soliloques que vous pouvez paraphraser à votre fantaisie, pourvu que vous en concluiez que je connais le mépris de soi-même,

in the street? That there's a handsome fellow, young and rich, with a gold-braided coat, a superb team of horses, and six tall footmen, who saw her passing by, who finds her charming, and who ever since that day has lost all his appetite for food and drink because of her; that he can't sleep any more, and that he'll die of it? 'But what about my dad?' 'Sure, sure, your dad. He'll be a little angry at first.' 'And mom, who urges me so hard to be a good girl, who tells me there's nothing in this world but honor?' 'Old-fashioned talk that doesn't mean a thing.' 'And my confessor?' 'You won't see him any more; or if you persist in the notion of going to tell him the story of your amusements, it'll cost you a few pounds of sugar and coffee.' 'He's a severe man who has already refused me absolution for singing the song "Come to my monastic cell."' 'It was because you had nothing to give him . . . But when you show up before him in lace . . .' 'So I'll have lace?' 'Of course, and of all kinds . . . and in beautiful diamond earrings . . .' 'So I'll have beautiful diamond earrings?' 'Yes.' 'Like those that marquise has who sometimes comes to our shop to buy gloves?' 'Exactly. In a fine carriage, with dapple-gray horses, two tall footmen, a little black page, and a servant running ahead of you, wearing rouge and beauty spots, with train bearers.' 'At the ball?' 'At the ball . . . at the opera, at the play . . .' (Her heart is already jumping with joy. You are playing with a piece of paper in your fingers . . .) 'What's that?' 'It's nothing.' 'It looks like something.' 'It's a note.' 'And for whom?' 'For you, if you had any curiosity.' 'Curiosity, I've got a lot. Let's see it.' (She reads.) 'A meeting, that's out of the question.' 'On your way to mass.' 'Mom always accompanies me; but if he came here, rather early in the morning; I'm the first one up and I'm at the counter before the others are up.' He comes, he finds favor; one fine day, at dusk, the girl disappears and they count out my two thousand *écus* . . . What! You possess that talent and you lack bread? Aren't you ashamed, you scoundrel?" I remembered a lot of rogues who didn't come up to my ankle, but were glutted with money. I was wearing an overcoat of coarse cloth and they were covered with velvet; they were leaning on walking sticks with gold heads and crutch handles, and they had rings with engraved stones on their fingers. And yet what were they? Most of them were wretched musicians; today they're sorts of lords. Then I felt courage within me, a lofty soul, a subtle mind; I felt capable of anything. But those happy dispositions obviously didn't last; because at present I haven't been able to make my way. However that may be, there you have the text of my frequent soliloquies, which you can paraphrase as you like, just so long as you conclude from it that I'm familiar with self-

ou ce tourment de la conscience qui naît de l'inutilité des dons que le Ciel nous a départis; c'est le plus cruel de tous. Il vaudrait presque autant que l'homme ne fût pas né.

Je l'écoutais; et à mesure qu'il faisait la scène du proxénète et de la jeune fille qu'il séduisait, l'âme agitée de deux mouvements opposés, je ne savais si je m'abandonnerais à l'envie de rire ou au transport de l'indignation. Je souffrais. Vingt fois un éclat de rire empêcha ma colère d'éclater; vingt fois la colère qui s'élevait au fond de mon cœur se termina par un éclat de rire. J'étais confondu de tant de sagacité et de tant de bassesse; d'idées si justes et alternativement si fausses; d'une perversité si générale de sentiments, d'une turpitude si complète, et d'une franchise si peu commune. Il s'aperçut du conflit qui se passait en moi: «Qu'avez-vous? me dit-il.

16. D'Alembert: "Collège" (*Encyclopédie*, c. 1764)

Il résulte de ce détail, qu'un jeune homme après avoir passé dans un *collège* dix années, qu'on doit mettre au nombre des plus précieuses de sa vie, en sort, lorsqu'il a le mieux employé son temps, avec la connaissance très imparfaite d'une langue morte, avec des préceptes de rhétorique et des principes de philosophie qu'il doit tâcher d'oublier; souvent avec une corruption de mœurs dont l'altération de la santé est la moindre suite; quelquefois avec des principes d'une dévotion mal entendue; mas plus ordinairement avec une connaissance de la religion si superficielle, qu'elle succombe à la première conversation impie, ou à la première lecture dangereuse.

Je sais que les maîtres les plus sensés déplorent ces abus avec encore plus de force que nous ne faisons ici; presque tous désirent passionnément qu'on donne à l'éducation des *collèges* une autre forme: nous ne faisons qu'exposer ici ce qu'ils pensent, et ce que personne d'entre eux n'ose écrire: mais le train une fois établi a sur eux un pouvoir dont ils ne sauraient s'affranchir; et en matière d'usage, ce sont les gens d'esprit qui reçoivent la loi des sots. Je n'ai donc garde dans ces réflexions sur l'éducation publique, de faire la satire de ceux qui enseignent; ces sentiments seraient bien éloignés de la reconnaissance dont je fais profession pour mes maîtres: je conviens avec eux que l'autorité supérieure du gouvernement est seule capable d'arrêter

contempt, or that torment of the conscience which arises from the
uselessness of the gifts that heaven has allotted to us; it's the cruelest
torment of all. It would almost be better if a man had never been born.

I was listening to him; and while he was enacting the scene of the
go-between and the girl he was seducing, my mind being torn between two contrary impulses, I didn't know whether to abandon myself to the urge to laugh or to the heat of indignation. I was suffering.
Twenty times a burst of laughter kept my anger from bursting forth;
twenty times the anger that was welling up at the bottom of my heart
ended in a burst of laughter. I was confounded by so much wisdom
and so much vileness; by notions that were so correct and then again
so false; by such a complete perversity of sentiments, by so total a
turpitude, and by a frankness so unusual. He observed the conflict
going on inside me, and said: "What's wrong with you?"

16. D'Alembert: "Secondary Education" (*Encyclopaedia*, c. 1764)

It results from this detail that after a young man has spent ten years
in a secondary school, years that must be counted among the most
precious in his life, he leaves, even if he has spent his time to the
greatest advantage, with the very imperfect knowledge of a dead language, with precepts in rhetoric and principles of philosophy that he
must try to forget; often with a corruption of morals the least result of
which is the ruin of his health; sometimes with the rudiments of mis-
understood piety; but more usually with so superficial a knowledge of
religion that it succumbs to his first acquaintance with impious people
or to the first dangerous book he reads.

I know that the most sensible teachers deplore these abuses with
even more violence than we are showing here; they almost all desire
passionately that secondary education be given a different shape: all
we are doing here is exposing what they think, but what none of them
dares to write: for, once established, routine has such a hold over them
that they can't free themselves of it; and in matters of custom, it's the
intelligent people who receive the law from the fools. Therefore, far
be it from me in these reflections on public education to satirize those
who teach; such sentiments would be very far from the gratitude I
profess toward my instructors: I agree with them that the higher authority of government is alone capable of halting the advance of so

les progrès d'un si grand mal; je dois même avouer que plusieurs professeurs de l'université de Paris s'y opposent autant qu'il leur est possible, et qu'ils osent s'écarter en quelque chose de la routine ordinaire, au risque d'être blâmés par le plus grand nombre. S'ils osaient encore davantage, et si leur exemple était suivi, nous verrions peut-être enfin les études changer de face parmi nous: mais c'est un avantage qu'il ne faut attendre que du temps, si même le temps est capable de nous le procurer. La vraie philosophie a beau se répandre en France de jour en jour, il lui est bien plus difficile de pénétrer chez les corps que chez les particuliers: ici elle ne trouve qu'une tête à forcer, si on peut parler ainsi, là elle en trouve mille. L'université de Paris, composée de particuliers qui ne forment d'ailleurs entre eux aucun corps régulier ni ecclésiastique, aura moins de peine à secouer le joug des préjugés dont les écoles sont encore pleines.

Il me semble qu'il ne serait pas impossible de donner une autre forme à l'éducation des *collèges*: pourquoi passer six ans à apprendre, tant bien que mal, une langue morte? Je suis bien éloigné de désapprouver l'étude d'une langue dans laquelle les Horaces et les Tacites ont écrit; cette étude est absolument nécessaire pour connaître leurs admirables ouvrages: mais je crois qu'on devrait se borner à les entendre, et que le temps qu'on emploie à composer en latin est un temps perdu. Ce temps serait bien mieux employé à apprendre par principes sa propre langue, qu'on ignore toujours au sortir du *collège*, et qu'on ignore au point de la parler très mal. Une bonne grammaire française serait tout à la fois une excellente logique, et une excellente métaphysique, et vaudrait bien les rapsodies qu'on lui substitue. D'ailleurs, quel latin que celui de certains *collèges*! nous en appelons au jugement des connaisseurs.

Je sais que le latin étant une langue morte dont presque toutes les finesses nous échappent, ceux qui passent aujourd'hui pour écrire le mieux en cette langue, écrivent peut-être fort mal; mais du moins les vices de leur diction nous échappent aussi; et combien doit être ridicule une latinité qui nous fait rire? Certainement un étranger peu versé dans la langue française, s'apercevrait facilement que la diction de Montaigne, c'est-à-dire du XVIe siècle, approche plus de celle des bons écrivains du siècle de Louis XIV, que celle de Geoffroi de Villehardouin, qui écrivait dans le XIIIe siècle.

Au reste, quelque estime que j'aie pour quelques-uns de nos humanistes modernes, je les plains d'être forcés à se donner tant de peine pour parler fort élégamment une autre langue que la leur. Ils se trompent s'ils s'imaginent en cela avoir le mérite de la difficulté vain-

great an evil; I must even admit that several professors at the University of Paris oppose it as much as they can and dare to deviate to some extent from the usual routine, at the risk of being blamed by the majority. If they were a little more daring, and if their example were followed, we would perhaps finally see the curriculum changing its aspect among us: but this is a benefit that can only be expected after some time—if even time is able to procure it for us. It's in vain that true philosophy is becoming more widespread in France every day, it's much harder for it to penetrate institutions than individuals: in the latter, it finds only one head to be forced open, so to speak; in the former case it finds a thousand. The University of Paris, made up of individuals who otherwise comprise no monastic or canonical body among themselves, will have less trouble shaking off the yoke of prejudices of which the schools are still full.

It seems to me that it wouldn't be impossible to give a different shape to secondary education: why spend six years learning a dead language more or less well? I'm quite far from discountenancing the study of a language in which men like Horace and Tacitus wrote; such study is absolutely necessary if one is to appreciate their wonderful works: but I think that we should confine ourselves to understanding them, and that the time spent in Latin composition is time wasted. That time would be much better employed in learning the rudiments of our own language, which we still don't know when we leave secondary school, being ignorant of it to the point of speaking it very badly. A good French grammar would be, at one and the same time, an excellent book of logic and an excellent book of metaphysics, and would be much better than the disjointed items that are substituted for it. Moreover, what a Latin is taught in some schools! In this we appeal to the judgment of experts.

I know that, Latin being a dead language of which nearly all the subtleties elude us, those who are today reputed to be the best writers of that language may perhaps write it very badly; but at least the faults in their style elude us, too; and how ridiculous must a Latin style be that makes us laugh? Surely, a foreigner little conversant in the French language would easily observe that the style of Montaigne— that is, of the sixteenth century—is closer to that of the good authors of the age of Louis XIV than is that of Geoffroi de Villehardouin, who wrote in the thirteenth century.

Besides, no matter how much esteem I have for some of our modern humanists, I pity them for being compelled to take so much trouble in order to speak very elegantly in a language not their own. They are mistaken if they imagine that thereby they have the merit of a

cue: il est plus difficile d'écrire et de parler bien sa langue, que de parler et d'écrire bien une langue morte; la preuve en est frappante. Je vois que les Grecs et les Romains, dans le temps que leur langue était vivante, n'ont pas eu plus de bons écrivains que nous n'en avons dans la nôtre; je vois qu'ils n'ont eu, ainsi que nous, qu'un très petit nombre d'excellents poètes, et qu'il en est de même de toutes les nations. Je vois au contraire que le renouvellement des lettres a produit une quantité prodigieuse de poètes latins, que nous avons la bonté d'admirer: d'où peut venir cette différence? et si Virgile ou Horace revenaient au monde pour juger ces héros modernes du Parnasse latin, ne devrions-nous pas avoir grand peur pour eux? Pourquoi, comme l'a remarqué un auteur moderne, telle compagnie, fort estimable d'ailleurs, qui a produit une nuée de versificateurs latins, n'a-t-elle pas un seul poète français qu'on puisse lire?

17. Bernardin de Saint-Pierre: *Paul et Virginie* (1788)

Sur le côté oriental de la montagne qui s'élève derrière le Port-Louis de l'Ile-de-France, on voit, dans un terrain jadis cultivé, les ruines de deux petites cabanes. Elles sont situées presque au milieu d'un bassin formé par de grands rochers, qui n'a qu'une seule ouverture tournée au nord. On aperçoit à gauche la montagne appelée le morne de la Découverte, d'où l'on signale les vaisseaux qui abordent dans l'île, et au bas de cette montagne la ville nommée le Port-Louis; à droite, le chemin qui mène du Port-Louis au quartier des Pamplemousses; ensuite l'église de ce nom, qui s'élève avec ses avenues de bambous au milieu d'une grande plaine; et plus loin une forêt qui s'étend jusqu'aux extrémités de l'île. On distingue devant soi, sur les bords de la mer, la baie du Tombeau; un peu sur la droite, le cap Malheureux; et au-delà, la pleine mer, où paraissent à fleur d'eau quelques îlots inhabités, entre autres le coin de Mire, qui ressemble à un bastion au milieu des flots.

A l'entrée de ce bassin, d'où l'on découvre tant d'objets, les échos de la montagne répètent sans cesse le bruit des vents qui agitent les forêts voisines, et le fracas des vagues qui brisent au loin sur les récifs; mais au pied même des cabanes on n'entend plus aucun bruit, et on ne voit autour de soi que de grands rochers escarpés comme des murailles. Des bouquets d'arbres croissent à leurs bases, dans leurs fentes, et jusque sur leurs cimes, où s'arrêtent les nuages. Les pluies que leurs pitons attirent peignent souvent les couleurs de l'arc-en-ciel

difficulty overcome: it's harder to write and speak one's own language well than to speak and write a dead language well; the proof of this is clearcut. I see that the Greeks and Romans, at the time when their languages were living, didn't have more good writers than we have in ours; I see that, like us, they had only a very small number of excellent poets, and that the same holds for all nations. I see, on the other hand, that the rebirth of letters has produced a prodigious quantity of poets in Latin whom we are kind enough to admire: what can be the reason for that difference? And if Vergil or Horace were to return to the world to sit in judgment on these modern heroes of the Latin Parnassus, shouldn't we harbor great fear on their account? As a modern author has noted, why does such a throng, very estimable, too, who have produced a host of Latin versifiers, not include a single poet in French who's readable?

17. Bernardin de Saint-Pierre: *Paul and Virginie* (1788)

On the eastern side of the mountain that rises behind Port-Louis on the isle of Mauritius, there can be seen, on land formerly cultivated, the ruins of two little huts. They are located almost in the center of a basin, enclosed by great crags, which has only one outlet, facing north. To the left is seen the mountain called Mount Discovery, from which the ships that land at the island are signaled, and, at the foot of that mountain, the city called Port-Louis; to the right, the road leading from Port-Louis to the Grapefruit Quarter; then the church of that name, standing with its avenues of bamboo in the midst of a great plain; and, farther off, a forest reaching to the very ends of the island. In front of his eyes the viewer can make out, on the seacoast, Tomb Bay; a little to the right, Cape Misfortune; and beyond it, the open sea, where a few uninhabited islets peer above the surface of the water, among them the Sighting Angle, which resembles a fort in the midst of the waves.

At the entrance to that basin, from which so many objects are discerned, the mountain echoes repeat unendingly the sound of the winds that stir the neighboring forests, and the noise of the waves that break on the reefs in the distance; but at the very foot of the huts you no longer hear any sound, and you see around you only great crags as sheer as city walls. Clumps of trees grow at their bases, in their chinks, and even on their summits, where the clouds come to a halt. The rains that their peaks attract often paint the colors of the rainbow on their

sur leurs flancs verts et bruns, et entretiennent à leurs pieds les sources dont se forme la petite rivière des Lataniers. Un grand silence règne dans leur enceinte, où tout est paisible, l'air, les eaux et la lumière. A peine l'écho y répète le murmure des palmistes qui croissent sur leurs plateaux élevés, et dont on voit les longues flèches toujours balancées par les vents. Un jour doux éclaire le fond de ce bassin, où le soleil ne luit qu'à midi; mais dès l'aurore ses rayons en frappent le couronnement, dont les pics s'élevant au-dessus des ombres de la montagne, paraissent d'or et de pourpre sur l'azur des cieux.

J'aimais à me rendre dans ce lieu où l'on jouit à la fois d'une vue immense et d'une solitude profonde. Un jour que j'étais assis au pied de ces cabanes, et que j'en considérais les ruines, un homme déjà sur l'âge vint à passer aux environs. Il était, suivant la coutume des anciens habitants, en petite veste et en long caleçon. Il marchait nu-pieds, et s'appuyait sur un bâton de bois d'ébène. Ses cheveux étaient tout blancs, et sa physionomie noble et simple. Je le saluai avec respect. Il me rendit mon salut, et m'ayant considéré un moment, il s'approcha de moi, et vint se reposer sur le tertre où j'étais assis. Excité par cette marque de confiance, je lui adressai la parole: «Mon père, lui dis-je, pourriez-vous m'apprendre à qui ont appartenu ces deux cabanes?» Il me répondit: «Mon fils, ces masures et ce terrain inculte étaient habités, il y a environ vingt ans, par deux familles qui y avaient trouvé le bonheur. Leur histoire est touchante: mais dans cette île, située sur la route des Indes, quel Européen peut s'intéresser au sort de quelques particuliers obscurs? qui voudrait même y vivre heureux, mais pauvre et ignoré? Les hommes ne veulent connaître que l'histoire des grands et des rois, qui ne sert à personne. — Mon père, repris-je, il est aisé de juger à votre air et à votre discours que vous avez acquis une grande expérience. Si vous en avez le temps, racontez-moi, je vous prie, ce que vous savez des anciens habitants de ce désert, et croyez que l'homme même le plus dépravé par les préjugés du monde aime à entendre parler du bonheur que donnent la nature et la vertu.» Alors, comme quelqu'un qui cherche à se rappeler diverses circonstances, après avoir appuyé quelque temps ses mains sur son front, voici ce que ce vieillard me raconta.

En 1726 un jeune homme de Normandie, appelé M. de la Tour, après avoir sollicité en vain du service en France et des secours dans sa famille, se détermina à venir dans cette île pour y chercher fortune. Il avait avec lui une jeune femme qu'il aimait beaucoup et dont il était également aimé. Elle était d'une ancienne et riche maison de sa province; mais il l'avait épousée en secret et sans dot, parce que les

green and brown flanks, and nourish at their feet the springs that feed the little Stream of the Latania Palms. A great silence reigns in their precinct, where all is peaceful, the air, the water, and the light. There the echo scarcely repeats the murmur of the cabbage palms that grow on their high plateaux and whose long spires are seen always rocked by the winds. A soft daylight illuminates the bottom of that basin, where the sun shines only at noon; but from dawn on, its beams strike its capping, whose peaks, looming above the shadows of the mountain, look like gold and purple against the blue of the sky.

I used to love visiting that spot where, at the same time, you enjoy an immense view and a profound solitude. One day, when I was seated at the foot of those huts, contemplating their ruins, a man already elderly happened to pass nearby. As was the custom of the former inhabitants, he wore a short jacket and long pants. He was walking barefoot, leaning on a stick of ebony wood. His hair was all white, and his face noble and simple. I greeted him respectfully. He returned my greeting and, after contemplating me for a moment, he came up to me and rested on the mound that I was sitting on. Stirred by that sign of trust, I spoke to him: "Father," I said, "could you tell me to whom these two huts belonged?" He answered: "Son, these hovels and this uncultivated land were occupied, some twenty years ago, by two families who had found happiness here. Their story is moving: but on this island, located on the route to India, what European can take an interest in the fate of a few obscure individuals? Who'd even want to live here happily, but poor and unknown? Men wish to know only the history of the great and of kings, which is of no use to anyone." "Father," I resumed, "it's easy to tell by your appearance and speech that you have acquired much experience. If you have the time, please recount to me what you know about the former dwellers in this wilderness; believe me, even the man most corrupted by social prejudices likes to hear tales about the happiness which nature and virtue bestow." Then, like a man trying to recall various circumstances, after resting his hands on his brow for a time, this is what that old man told me.

In 1726 a young man from Normandy named M. de la Tour, after asking in vain for employment in France and aid from his family, made up his mind to come to this island to seek his fortune here. He had with him a young wife whom he loved very dearly and who loved him just as much. She was from an old, wealthy family in his province; but he had wed her secretly and without a dowry, because his wife's

parents de sa femme s'étaient opposés à son mariage, attendu qu'il n'était pas gentilhomme. Il la laissa au Port-Louis de cette île, et il s'embarqua pour Madagascar dans l'espérance d'y acheter quelques noirs, et de revenir promptement ici former une habitation. Il débarqua à Madagascar vers la mauvaise saison qui commence à la mi-octobre; et peu de temps après son arrivée il y mourut des fièvres pestilentielles qui y règnent pendant six mois de l'année, et qui empêcheront toujours les nations européennes d'y faire des établissements fixes.

18. Laclos: *Les liaisons dangereuses* (1782)

LA MARQUISE DE MERTEUIL AU VICOMTE DE VALMONT: Revenez, mon cher Vicomte, revenez: que faites-vous, que pouvez-vous faire chez une vieille tante dont tous les biens vous sont substitués? Partez sur-le-champ; j'ai besoin de vous. Il m'est venu une excellente idée, et je veux bien vous en confier l'exécution. Ce peu de mots devrait suffire; et, trop honoré de mon choix, vous devriez venir, avec empressement, prendre mes ordres à genoux: mais vous abusez de mes bontés, même depuis que vous n'en usez plus; et dans l'alternative d'une haine éternelle ou d'une excessive indulgence, votre bonheur veut que ma bonté l'emporte. Je veux donc bien vous instruire de mes projets: mais jurez-moi qu'en fidèle Chevalier vous ne courrez aucune aventure que vous n'ayez mis celle-ci à fin. Elle est digne d'un Héros: vous servirez l'amour et la vengeance; ce sera enfin une *rouerie* de plus à mettre dans vos Mémoires: oui, dans vos Mémoires, car je veux qu'ils soient imprimés un jour, et je me charge de les écrire. Mais laissons cela, et revenons à ce qui m'occupe.

Madame de Volanges marie sa fille: c'est encore un secret; mais elle m'en a fait part hier. Et qui croyez-vous qu'elle ait choisi pour gendre? le Comte de Gercourt. Qui m'aurait dit que je deviendrais la cousine de Gercourt? J'en suis dans une fureur! . . . Eh bien! vous ne devinez pas encore? oh! l'esprit lourd! Lui avez-vous donc pardonné l'aventure de l'Intendante? Et moi, n'ai-je pas encore plus à me plaindre de lui, monstre que vous êtes? Mais je m'apaise, et l'espoir de me venger rassérène mon âme.

Vous avez été ennuyé cent fois, ainsi que moi, de l'importance que met Gercourt à la femme qu'il aura, et de la sotte présomption qui lui fait croire qu'il évitera le sort inévitable. Vous connaissez ses ridicules préventions pour les éducations cloîtrées, et son préjugé, plus ridicule encore, en faveur de la retenue des blondes. En effet, je gagerais que,

parents had opposed their marriage, seeing that he wasn't a nobleman. He left her in Port-Louis on this island and set sail for Madagascar in hopes of buying some blacks there and returning soon to set up a plantation here. He landed in Madagascar toward the bad season, which begins in mid-October; and shortly after his arrival he died there of the pestilential fevers which prevail there for six months of the year and which will always prevent the European nations from making lasting establishments there.

18. Laclos: *Dangerous Connections* (1782)

FROM THE MARQUISE DE MERTEUIL TO THE VISCOUNT DE VALMONT: Come back, dear Viscount, come back! What are you doing, what *can* you do in the home of an old aunt all of whose property is entailed to you? Leave at once, I need you! I've had a wonderful idea, and I want to entrust the execution of it to you. These few words should suffice; and, all too honored by my choice of you, you ought to come hastily and receive my orders on your knees: but you take unfair advantage of my kindness even now that you no longer benefit by it directly; and, given the choice I have between eternal hatred and excessive indulgence, it's your good luck that my kindness prevails. So then, I wish to inform you of my plans: but swear to me that, like a faithful chevalier, you won't get involved in any other adventure before you conclude this one. It's worthy of a hero: you'll be serving both love and revenge; lastly, it will be one more "knavery" to put in your memoirs: yes, in your memoirs, because I want them to be printed some day, and I take it upon myself to write them. But let that go, and let's get back to what's on my mind.

Madame de Volanges is marrying off her daughter: it's still a secret, but she confided it to me yesterday. And whom do you think she's chosen for a son-in-law? The Count de Gercourt! Who would have told me that I'd become Gercourt's cousin? It's put me into such a rage! . . . Well, can't you guess yet? Oh, what dull wits! Have you forgiven him for that adventure with the provincial administrator's wife? And as for me, don't I have even greater reason to complain of him, monster that you are? But I'm calming down, and the hopes of avenging myself soothe my soul.

You've been irritated, like me, a hundred times by the importance Gercourt sets on the wife he'll choose, and by that foolish presumption which makes him believe that he'll avoid the inevitable fate. You know his ridiculous prepossession in favor of a convent education, and his prejudice, more ridiculous still, in favor of the chastity of

malgré les soixante mille livres de rente de la petite Volanges, il n'aurait jamais fait ce mariage, si elle eût été brune, ou si elle n'eût pas été au Couvent. Prouvons-lui donc qu'il n'est qu'un sot: il le sera sans doute un jour; ce n'est pas là ce qui m'embarrasse: mais le plaisant serait qu'il débutât par là. Comme nous nous amuserions le lendemain en l'entendant se vanter! car il se vantera; et puis, si une fois vous formez cette petite fille, il y aura bien du malheur si le Gercourt ne devient pas, comme un autre, la fable de Paris.

Au reste, l'Héroïne de ce nouveau Roman mérite tous vos soins: elle est vraiment jolie; cela n'a que quinze ans, c'est le bouton de rose; gauche, à la vérité, comme on ne l'est point, et nullement maniérée: mais, vous autres hommes, vous ne craignez pas cela; de plus, un certain regard langoureux qui promet beaucoup en vérité: ajoutez-y que je vous la recommande; vous n'avez plus qu'à me remercier et m'obéir.

Vous recevrez cette Lettre demain matin. J'exige que demain à sept heures du soir, vous soyez chez moi. Je ne recevrai personne qu'à huit, pas même le régnant Chevalier: il n'a pas assez de tête pour une aussi grande affaire. Vous voyez que l'amour ne m'aveugle pas. A huit heures je vous rendrai votre liberté, et vous reviendrez à dix souper avec le bel objet; car la mère et la fille souperont chez moi. Adieu, il est midi passé: bientôt je ne m'occuperai plus de vous.

CÉCILE VOLANGES A SOPHIE CARNAY: Je ne sais encore rien, ma bonne amie. Maman avait hier beaucoup de monde à souper. Malgré l'intérêt que j'avais à examiner, les hommes surtout, je me suis fort ennuyée. Hommes et femmes, tout le monde m'a beaucoup regardée, et puis on se parlait à l'oreille; et je voyais bien qu'on parlait de moi: cela me faisait rougir; je ne pouvais m'en empêcher. Je l'aurais bien voulu, car j'ai remarqué que quand on regardait les autres femmes, elles ne rougissaient pas; ou bien c'est le rouge qu'elles mettent, qui empêche de voir celui que l'embarras leur cause; car il doit être bien difficile de ne pas rougir quand un homme vous regarde fixement.

Ce qui m'inquiétait le plus, était de ne pas savoir ce qu'on pensait sur mon compte. Je crois avoir entendu pourtant deux ou trois fois le mot de *jolie:* mais j'ai entendu bien distinctement celui de *gauche;* et il faut que cela soit bien vrai, car la femme qui le disait est parente et amie de ma mère; elle paraît même avoir pris tout de suite de l'amitié pour moi. C'est la seule personne qui m'ait un peu parlé dans la soirée. Nous souperons demain chez elle.

J'ai encore entendu, après souper, un homme que je suis sûre qui

blonde girls. In fact, I'd bet that, despite the Volanges girl's sixty thousand *livres* of annual income, he'd never have agreed to this marriage if she'd been a brunette or hadn't been in the convent. So, let's prove to him that he's merely a fool: he surely will be some day— it's not that that worries me—but the joke would be if he started off being one. What fun we'd have the next day hearing him boast! Because he *will* boast; and then, if you once train that young girl, it will be very bad luck if Gercourt doesn't become, like the next man, the talk of Paris.

Besides, the heroine of this new novel deserves all your attentions: she's really pretty; she's only fifteen, she's a rosebud; awkward, it's true, more than anyone should be, and completely unmannered; but you men aren't afraid of that; furthermore, she has a certain languorous look in her eyes that's really very promising. Add to that that *I* recommend her to you; you need only thank me and obey me.

You'll receive this letter tomorrow morning. I demand that at seven tomorrow evening you be at my place. I won't receive anyone till eight, not even my current lover: he isn't smart enough for such important business. You see that love doesn't blind me. At eight I'll set you free again, and you'll return at ten for supper with the little charmer; because mother and daughter will sup with me. Good-bye, it's past noon: soon I'll no longer be occupied with you.

FROM CÉCILE VOLANGES TO SOPHIE CARNAY: I don't know anything yet, my dear friend. Mother had many people over for supper last night. Despite my interest in examining them, especially the men, I was terrifically bored. Men and women, everyone kept looking at me and then whispering in one another's ears; and I saw clearly that they were talking about *me:* it made me blush; I couldn't help it. I'd have liked not to, because I observed that when the other women were looked at they didn't blush; or maybe it's the rouge they put on that prevents you from seeing the redness that embarrassment causes in them; because it must be very hard not to blush when a man stares at you.

What troubled me most was not knowing what people were thinking about me. I think, though, that two or three times I heard the word "pretty": but I did very distinctly hear the word "awkward"; and that must be true because the woman who said it is a relative and friend of my mother's; she even seems to have taken an immediate liking to me. She was the only person all evening who spoke to me a little. Tomorrow we're having supper at her place.

Also, after supper, I heard a man who I'm sure was talking about

parlait de moi, et qui disait à un autre: «Il faut laisser mûrir cela, nous verrons cet hiver.» C'est peut-être celui-là qui doit m'épouser; mais alors ce ne serait donc que dans quatre mois! Je voudrais bien savoir ce qui en est.

Voilà Joséphine, et elle me dit qu'elle est pressée. Je veux pourtant te raconter encore une de mes *gaucheries*. Oh! je crois que cette dame a raison!

19. Mme de Staël: *Corinne* (1807)

Oswald se réveilla dans Rome. Un soleil éclatant, un soleil d'Italie frappa ses premiers regards, et son âme fut pénétrée d'un sentiment d'amour et de reconnaissance pour le ciel qui semblait se manifester par ces beaux rayons. Il entendit résonner les cloches des nombreuses églises de la ville; des coups de canon, de distance en distance, annonçaient quelque grande solennité: il demanda quelle en était la cause; on lui répondit qu'on devait couronner, le matin même, au Capitole, la femme la plus célèbre de l'Italie, Corinne, poète, écrivain, improvisatrice, et l'une des plus b elles personnes de Rome. Il fit quelques questions sur cette cérémonie, consacrée par les noms de Pétrarque et du Tasse, et toutes les réponses qu'il reçut, excitèrent vivement sa curiosité.

Il n'y avait certainement rien de plus contraire aux habitudes et aux opinions d'un Anglais, que cette grande publicité donnée à la destinée d'une femme; mais l'enthousiasme qu'inspirent aux Italiens tous les talents de l'imagination, gagne, au moins momentanément, les étrangers; et l'on oublie les préjugés même de son pays, au milieu d'une nation si vive dans l'expression des sentiments qu'elle éprouve. Les gens du peuple, à Rome, connaissent les arts, raisonnent avec goût sur les statues; les tableaux, les monuments, les antiquités et le mérite littéraire, porté à un certain degré, sont pour eux un intérêt national.

Oswald sortit pour aller sur la place publique; il y entendit parler de Corinne, de son talent, de son génie. On avait décoré les rues par lesquelles elle devait passer. Le peuple, qui ne se rassemble d'ordinaire que sur les pas de la fortune ou de la puissance, était là presque en rumeur, pour voir une personne dont l'esprit était la seule distinction. Dans l'état actuel des Italiens, la gloire des beaux-arts est l'unique qui leur soit permise; et ils sentent le génie en ce genre avec une vivacité qui devrait faire naître beaucoup de grands hommes, s'il suffisait de l'applaudissement pour les produire, s'il ne fallait pas une vie forte, de grands intérêts, et une existence indépendante, pour alimenter la pensée.

me; he was saying to another man: "You've got to let her ripen, we'll see this winter." Maybe it's that man who's to marry me; but then it wouldn't be for four months yet! I'd really like to know the truth of the matter.

Here comes Joséphine, and she says she's in a hurry. And yet I want to tell you about another one of my "awkward" acts. Oh, I think that lady is right!

19. Mme de Staël: *Corinna* (1807)

Oswald awoke in Rome. A blazing sun, a real Italian sun, met his first gaze, and his soul was pervaded by a feeling of love and gratitude for the heaven that seemed to manifest itself in those beautiful beams. He heard the pealing of the bells of the city's numerous churches; cannon shots, at varying distances, were announcing some great festivity: he asked the reason for them; the answer was that, that very morning, on the Capitol, they were going to bestow a wreath on the most famous woman in Italy, Corinna, a poet, writer, reciter of impromptu verse, and one of the most beautiful ladies in Rome. He asked a few questions about that ceremony, which had been consecrated by the names of Petrarch and Tasso, and all the replies he received excited his curiosity keenly.

There was certainly nothing more contrary to an Englishman's habits and opinions than this great publicity given to a woman's destiny; but the enthusiasm inspired in Italians by all the talents of the imagination affects foreigners, at least for the moment; and they forget the very prejudices of their country amid a nation so lively in the expression of the feelings it experiences. Even commoners in Rome are acquainted with the arts, and discuss statues with taste; paintings, monuments, antiquities, and literary merit, to some degree, are a national interest for them.

Oswald went out to reach the public square; there he heard talk about Corinna and her talent and genius. The streets through which she was to pass had been decorated. The populace, who usually only throng in the footsteps of wealth or power, was there almost in an uproar to see a woman whose mind was her sole distinction. In the present condition of the Italians, the glory of the fine arts is the only one allowed to them; and they sense genius in this area with a vivacity that ought to engender many great men, if applause were enough to produce them and if it weren't necessary to have a strong life, high interests, and an independent income in order to foster thought.

Oswald se promenait dans les rues de Rome en attendant l'arrivée de Corinne. A chaque instant on la nommait, on racontait un trait nouveau d'elle, qui annonçait la réunion de tous les talents qui captivent l'imagination. L'un disait que sa voix était la plus touchante d'Italie, l'autre que personne ne jouait la tragédie comme elle, l'autre qu'elle dansait comme une nymphe, et qu'elle dessinait avec autant de grâce que d'invention; tous disaient qu'on n'avait jamais écrit ni improvisé d'aussi beaux vers, et que, dans la conversation habituelle, elle avait tour à tour une grâce et une éloquence qui charmaient tous les esprits. On se disputait pour savoir quelle ville d'Italie lui avait donné la naissance; mais les Romains soutenaient vivement qu'il fallait être né à Rome pour parler l'italien avec cette pureté. Son nom de famille était ignoré. Son premier ouvrage avait paru cinq ans auparavant, et portait seulement le nom de Corinne. Personne ne savait où elle avait vécu, ni ce qu'elle avait été avant cette époque; elle avait maintenant à peu près vingt-six ans. Ce mystère et cette publicité tout à la fois, cette femme dont tout le monde parlait, et dont on ne connaissait pas le véritable nom, parurent à lord Nelvil l'une des merveilles du singulier pays qu'il venait voir. Il aurait jugé très sévèrement une telle femme en Angleterre, mais il n'appliquait à l'Italie aucune des convenances sociales; et le couronnement de Corinne lui inspirait d'avance l'intérêt que ferait naître une aventure de l'Arioste.

Une musique très belle et très éclatante précéda l'arrivée de la marche triomphale. Un événement, quel qu'il soit, annoncé par la musique, cause toujours de l'émotion. Un grand nombre de seigneurs romains et quelques étrangers précédaient le char qui conduisait Corinne. *C'est le cortège de ses admirateurs,* dit un Romain. — *Oui,* répondit l'autre, *elle reçoit l'encens de tout le monde, mais elle n'accorde à personne une préférence décidée; elle est riche, indépendante; l'on croit même, et certainement elle en a bien l'air, que c'est une femme d'une illustre naissance, qui ne veut pas être connue. — Quoi qu'il en soit,* reprit un troisième, *c'est une divinité entourée de nuages.* Oswald regarda l'homme qui parlait ainsi, et tout désignait en lui le rang le plus obscur de la société; mais, dans le midi, l'on se sert si naturellement des expressions les plus poétiques, qu'on dirait qu'elles se puisent dans l'air, et sont inspirées par le soleil.

Enfin les quatre chevaux blancs qui traînaient le char de Corinne se firent place au milieu de la foule. Corinne était assise sur ce char, construit à l'antique, et de jeunes filles, vêtues de blanc, marchaient à côté d'elle.

Oswald was strolling through the streets of Rome while awaiting Corinna's arrival. At every instant, someone would mention her by name or recount some new saying of hers that proclaimed the combination of all the talents that captivate the imagination. One man said her voice was the most moving in Italy; another, that no one acted tragedy the way she did; another, that she danced like a nymph and that she drew with as much grace as invention; everyone said that no one had ever written or improvised such beautiful verse, and that in her ordinary conversation she had, by turns, a grace and an eloquence that charmed every mind. They argued as to which city in Italy had been her birthplace; but the Romans staunchly maintained that one must be born in Rome to speak Italian with that purity. No one knew her family name. Her first book had appeared five years earlier, and bore only the name Corinna. No one knew where she had lived or what she had been before that time; she was now about twenty-six. That mystery and that notoriety at the same time, that woman whom everyone spoke of but whose real name was unknown, seemed to Lord Nelvil one of the marvels of the peculiar country he had come to see. In England he would have judged such a woman very harshly, but he didn't apply any of the social proprieties to Italy; and the crowning of Corinna inspired him in advance with the interest that an adventure by Ariosto would arouse.

A very fine and very loud band preceded the arrival of the triumphal procession. An event of any kind that's announced by music always causes emotion. A large number of Roman lords and a few foreigners preceded the chariot that bore Corinna. "It's the cortege of her admirers," a Roman said. "Yes," another replied, "she receives incense from everyone, but she grants no one a marked preference; she's rich, independent; it's even thought (and certainly she looks like it) that she's a woman of illustrious birth who doesn't wish to be known." "However that may be," a third man added, "she's a goddess surrounded by clouds." Oswald looked at the man who had said that, and by all indications he was of the most obscure rank in society; but in the South people use the most poetic expressions so naturally that you'd think they are drawn from the air and inspired by the sunshine.

Finally the four white horses that drew Corinna's chariot made their way through the midst of the crowd. Corinna was seated on that chariot, which was built on ancient lines, while young girls, dressed in white, walked beside her.

20. Constant: *Adolphe* (1816)

Je venais de finir à vingt-deux ans mes études à l'université de Göttingue. L'intention de mon père, ministre de l'électeur de ***, était que je parcourusse les pays les plus remarquables de l'Europe. Il voulait ensuite m'appeler auprès de lui, me faire entrer dans le département dont la direction lui était confiée, et me préparer à le remplacer un jour. J'avais obtenu, par un travail assez opiniâtre, au milieu d'une vie très dissipée, des succès qui m'avaient distingué de mes compagnons d'étude, et qui avaient fait concevoir à mon père sur moi des espérances probablement fort exagérées.

Ces espérances l'avaient rendu très indulgent pour beaucoup de fautes que j'avais commises. Il ne m'avait jamais laissé souffrir des suites de ces fautes. Il avait toujours accordé, quelquefois prévenu mes demandes à cet égard.

Malheureusement sa conduite était plutôt noble et généreuse que tendre. J'étais pénétré de tous ses droits à ma reconnaissance et à mon respect. Mais aucune confiance n'avait existé jamais entre nous. Il avait dans l'esprit je ne sais quoi d'ironique qui convenait mal à mon caractère. Je ne demandais alors qu'à me livrer à ces impressions primitives et fougueuses qui jettent l'âme hors de la sphère commune, et lui inspirent le dédain de tous les objets qui l'environnent. Je trouvais dans mon père, non pas un censeur, mais un observateur froid et caustique, qui souriait d'abord de pitié, et qui finissait bientôt la conversation avec impatience. Je ne me souviens pas, pendant mes dix-huit premières années, d'avoir eu jamais un entretien d'une heure avec lui. Ses lettres étaient affectueuses, pleines de conseils, raisonnables et sensibles; mais à peine étions-nous en présence l'un de l'autre qu'il y avait en lui quelque chose de contraint que je ne pouvais m'expliquer, et qui réagissait sur moi d'une manière pénible. Je ne savais pas alors ce que c'était que la timidité, cette souffrance intérieure qui nous poursuit jusque dans l'âge le plus avancé, qui refoule sur notre cœur les impressions les plus profondes, qui glace nos paroles, qui dénature dans notre bouche tout ce que nous essayons de dire, et ne nous permet de nous exprimer que par des mots vagues ou une ironie plus ou moins amère, comme si nous voulions nous venger sur nos sentiments mêmes de la douleur que nous éprouvons à ne pouvoir les faire connaître. Je ne savais pas que, même avec son fils, mon père était timide, et que souvent, après avoir longtemps attendu de moi quelques témoignages d'affection que sa froideur apparente semblait m'interdire, il me quittait les yeux mouillés de larmes, et se plaignait à d'autres de ce que je ne l'aimais pas.

20. Constant: *Adolphe* (1816)

At the age of twenty-two I had just completed my studies at the University of Göttingen. The intention of my father, a minister to the Elector of ——, was for me to travel through the most noteworthy European countries. After that, he wanted to summon me to his side and have me enter the department whose direction had been entrusted to him, where he could prepare me to replace him some day. By very dogged work in the course of a very dissipated existence, I had obtained successes that set me apart from my fellow students, and that had made my father conceive hopes on my account which were probably greatly exaggerated.

Those hopes had made him very indulgent toward many faults I had been guilty of. He had never let me suffer the consequences of those faults. He had always granted, sometimes even forestalled, my requests on such matters.

Unfortunately, his conduct was noble and generous rather than loving. I was fully aware of all his rights to my gratitude and respect. But no confidence had ever existed between us. There was something ironic in his mentality that didn't agree with my nature. At the time I asked only to be able to surrender myself to those pristine, stormy impressions that cast the soul outside of its regular sphere and inspire it with disdain for all the objects that surround it. In my father I found, not a censor, but a cold and caustic observer who would first smile with pity and soon would terminate the conversation with impatience. During my first eighteen years I don't recall ever having an hour's talk with him. His letters were affectionate, full of advice, rational and sensible; but as soon as we were in each other's presence, there was something constrained in him which I could never explain to myself, but which reacted on me in a painful manner. I didn't know then what shyness was, that inner suffering which pursues us to our latest years, which represses the deepest feelings in our heart, which chills our words, which denatures on our lips all that we try to say, and which only allows us to express ourselves with vague words or a more or less bitter irony, as if we wanted to avenge ourselves on our very sentiments for the pain we experience at being unable to communicate them. I didn't know that, even with his son, my father was shy, and that frequently, after having long awaited from me some tokens of affection, which his apparent coldness seemed to prevent me from showing, he'd leave me with tears in his eyes and complain to others that I didn't love him.

Ma contrainte avec lui eut une grande influence sur mon caractère. Aussi timide que lui, mais plus agité, parce que j'étais plus jeune, je m'accoutumai à renfermer en moi-même tout ce que j'éprouvais, à ne former que des plans solitaires, à ne compter que sur moi pour leur exécution, à considérer les avis, l'intérêt, l'assistance et jusqu'à la seule présence des autres comme une gêne et comme un obstacle. Je contractai l'habitude de ne jamais parler de ce qui m'occupait, de ne me soumettre à la conversation que comme à une nécessité importune et de l'animer alors par une plaisanterie perpétuelle qui me la rendait moins fatigante, et qui m'aidait à cacher mes véritables pensées. De là une certaine absence d'abandon qu'aujourd'hui encore mes amis me reprochent, et une difficulté de causer sérieusement que j'ai toujours peine à surmonter. Il en résulta en même temps un désir ardent d'indépendance, une grande impatience des liens dont j'étais environné, une terreur invincible d'en former de nouveaux. Je ne me trouvais à mon aise que tout seul, et tel est même à présent l'effet de cette disposition d'âme que, dans les circonstances les moins importantes, quand je dois choisir entre deux partis, la figure humaine me trouble, et mon mouvement naturel est de la fuir pour délibérer en paix. Je n'avais point cependant la profondeur d'égoïsme qu'un tel caractère paraît annoncer: tout en ne m'intéressant qu'à moi, je m'intéressais faiblement à moi-même. Je portais au fond de mon cœur un besoin de sensibilité dont je ne m'apercevais pas, mais qui, ne trouvant point à se satisfaire, me détachait successivement de tous les objets qui tour à tour attiraient ma curiosité. Cette indifférence sur tout s'était encore fortifiée par l'idée de la mort, idée qui m'avait frappé très jeune, et sur laquelle je n'ai jamais conçu que les hommes s'étourdissent si facilement. J'avais à l'âge de dix-sept ans vu mourir une femme âgée, dont l'esprit, d'une tournure remarquable et bizarre, avait commencé à développer le mien. Cette femme, comme tant d'autres, s'était, à l'entrée de sa carrière, lancée vers le monde, qu'elle ne connaissait pas, avec le sentiment d'une grande force d'âme et de facultés vraiment puissantes. Comme tant d'autres aussi, faute de s'être pliée à des convenances factices, mais nécessaires, elle avait vu ses espérances trompées, sa jeunesse passer sans plaisir; et la vieillesse enfin l'avait atteinte sans la soumettre. Elle vivait dans un château voisin d'une de nos terres, mécontente et retirée, n'ayant que son esprit pour ressource, et analysant tout avec son esprit. Pendant près d'un an, dans nos conversations inépuisables nous avions envisagé la vie sous toutes ses faces, et la mort toujours pour terme de tout; et après avoir tant causé de la mort avec elle, j'avais vu la mort la frapper à mes yeux.

My constraint with him had a great influence on my character. As shy as he, but more animated because I was younger, I became accustomed to lock away all my feelings inside myself, to make none but solitary plans, to count only on myself to realize them, and to look on other people's advice, interest, aid, and even their very presence, as a hindrance and obstacle. I formed the habit of never speaking about things that were on my mind, of submitting to conversation solely as a bothersome necessity, and then to keep it going with a perpetual facetiousness which made it less tiring to me and helped me hide my real thoughts. Hence, a certain absence of openness which my friends reproach me for even today, and a difficulty in speaking seriously which I still have trouble in overcoming. At the same time, this resulted in an ardent desire for independence, a great impatience with the bonds I was surrounded with, and an insurmountable dread of creating new ones. I only felt comfortable when all alone, and even now such is the effect of that cast of mind that, in the least important situations, when I have to choose between two courses to pursue, a human face upsets me and my natural impulse is to avoid it in order to deliberate in peace. And yet I didn't possess that depth of selfishness which such a nature seems to indicate: while remaining interested only in myself, I was only slightly interested in myself. At the bottom of my heart I bore a need for sensitivity which I was unaware of, but which, finding nothing to satisfy it, successively detached me from every object that, in its turn, attracted my curiosity. That indifference to everything had been further strengthened by the thought of death, a thought which had struck me while very young, and concerning which I have never understood how people numb their minds to it so easily. At the age of seventeen I had watched an elderly woman die, one whose mind, unusual and odd in its makeup, had begun to develop mine. That woman, like so many others, had, at the outset of her career, launched herself into the world, which she didn't know, with the feeling of a great strength of soul and truly powerful faculties. Like so many others also, for want of submitting to artificial but necessary proprieties, she had seen her hopes deluded and her youth gone by without pleasure; and age had finally overtaken her without subduing her. She lived in a château near one of our estates, dissatisfied and withdrawn, having only her mind as a resource, and analyzing everything with her mind. For nearly a year, in our inexhaustible conversations we confronted life in all its aspects, and death always as the end of it all; and after discussing death with her so often, I had seen death smite her before my very eyes.

21. Chateaubriand: *René* (1805)

«Je ne puis, en commençant mon récit, me défendre d'un mouvement de honte. La paix de vos cœurs, respectables vieillards, et le calme de la nature autour de moi, me font rougir du trouble et de l'agitation de mon âme.

«Combien vous aurez pitié de moi! Que mes éternelles inquiétudes vous paraîtront misérables! Vous qui avez épuisé tous les chagrins de la vie, que penserez-vous d'un jeune homme sans force et sans vertu, qui trouve en lui-même son tourment, et ne peut guère se plaindre que des maux qu'il se fait à lui-même? Hélas, ne le condamnez pas; il a été trop puni!

«J'ai coûté la vie à ma mère en venant au monde; j'ai été tiré de son sein avec le fer. J'avais un frère que mon père bénit, parce qu'il voyait en lui son fils aîné. Pour moi, livré de bonne heure à des mains étrangères, je fus élevé loin du toit paternel.

«Mon humeur était impétueuse, mon caractère inégal. Tour à tour bruyant et joyeux, silencieux et triste, je rassemblais autour de moi mes jeunes compagnons; puis, les abandonnant tout à coup, j'allais m'asseoir à l'écart, pour contempler la nue fugitive, ou entendre la pluie tomber sur le feuillage.

«Chaque automne, je revenais au château paternel, situé au milieu des forêts, près d'un lac, dans une province reculée.

«Timide et contraint devant mon père, je ne trouvais l'aise et le contentement qu'auprès de ma sœur Amélie. Une douce conformité d'humeur et de goûts m'unissait étroitement à cette sœur; elle était un peu plus âgée que moi. Nous aimions à gravir les coteaux ensemble, à voguer sur le lac, à parcourir les bois à la chute des feuilles: promenades dont le souvenir remplit encore mon âme de délices. O illusions de l'enfance et de la patrie, ne perdez-vous jamais vos douceurs?

«Tantôt nous marchions en silence, prêtant l'oreille au sourd mugissement de l'automne, ou au bruit des feuilles séchées, que nous traînions tristement sous nos pas; tantôt, dans nos jeux innocents, nous poursuivions l'hirondelle dans la prairie, l'arc-en-ciel sur les collines pluvieuses; quelquefois aussi nous murmurions des vers que nous inspirait le spectacle de la nature. Jeune, je cultivais les Muses; il n'y a rien de plus poétique, dans la fraîcheur de ses passions, qu'un cœur de seize années. Le matin de la vie est comme le matin du jour, plein de pureté, d'images et d'harmonies.

«Les dimanches et les jours de fête, j'ai souvent entendu, dans le

21. Chateaubriand: *René* (1805)

"In commencing my narrative, I cannot help feeling a gust of shame. The peace in your hearts, venerable elders, and the calm of nature around me, make me blush at the turmoil and agitation in my soul.

"How you will pity me! How wretched my eternal worries will seem to you! You who have exhausted every chagrin in life, what will you think of a young man without strength or virtue who finds his torment within himself and can scarcely complain of woes other than those he creates for himself? Alas, don't condemn him; he has been punished too severely!

"On entering the world I cost my mother her life; I was pulled from her womb with iron tools. I had a brother whom my father blessed because he saw in him his eldest son. As for me, consigned early on to the hands of strangers, I was raised far from my father's roof.

"My nature was impetuous, my temperament uneven. By turns noisy and merry, silent and sad, I would gather my young companions around me and then, suddenly deserting them, I'd go and sit apart in order to observe a passing cloud or listen to the rain falling on the leaves.

"Every autumn I'd return to my father's château, located in the midst of forests, near a lake, in a remote province.

"Shy and constrained in my father's presence, I was comfortable and contented only when with my sister Amélie. A sweet conformity of mood and tastes bound me tightly to that sister; she was a little older than I. We liked to climb the hills together, to row on the lake, to roam through the woods when the leaves were falling: strolls whose memory still fills my soul with delight. O illusions of childhood and homeland, do you never lose your sweetness?

"At times we'd walk in silence, lending our ear to the muffled bellow of autumn or to the crackling of the dry leaves that we sadly dragged beneath our footsteps; at times, in our innocent games, we'd pursue the swallow in the meadow, the rainbow on the rainy hills; sometimes, too, we'd murmur the verses inspired in us by the sight of nature. When young I cultivated the Muses; there's nothing more poetic, in the freshness of its passions, than a heart of sixteen years. The morning of life is like the morning of day, full of purity, images, and harmonies.

"On Sundays and holidays I often heard in the great woods, through the trees, the sounds of the distant bell summoning the rural

grand bois, à travers les arbres, les sons de la cloche lointaine qui appelait au temple l'homme des champs. Appuyé contre le tronc d'un ormeau, j'écoutais en silence le pieux murmure. Chaque frémissement de l'airain portait à mon âme naïve l'innocence des mœurs champêtres, le calme de la solitude, le charme de la religion, et la délectable mélancolie des souvenirs de ma première enfance. Oh! quel cœur si mal fait n'a tressailli au bruit des cloches de son lieu natal, de ces cloches qui frémirent de joie sur son berceau, qui annoncèrent son avènement à la vie, qui marquèrent le premier battement de son cœur, qui publièrent dans tous les lieux d'alentour la sainte allégresse de son père, les douleurs et les joies encore plus ineffables de sa mère! Tout se trouve dans les rêveries enchantées où nous plonge le bruit de la cloche natale: religion, famille, patrie, et le berceau et la tombe, et le passé et l'avenir.

«Il est vrai qu'Amélie et moi nous jouissions plus que personne de ces idées graves et tendres, car nous avions tous les deux un peu de tristesse au fond du cœur: nous tenions cela de Dieu ou de notre mère.

«Cependant mon père fut atteint d'une maladie qui le conduisit en peu de jours au tombeau. Il expira dans mes bras. J'appris à connaître la mort sur les lèvres de celui qui m'avait donné la vie. Cette impression fut grande; elle dure encore. C'est la première fois que l'immortalité de l'âme s'est présentée clairement à mes yeux. Je ne pus croire que ce corps inanimé était en moi l'auteur de la pensée: je sentis qu'elle me devait venir d'une autre source; et dans une sainte douleur qui approchait de la joie, j'espérai me rejoindre un jour à l'esprit de mon père.

«Un autre phénomène me confirma dans cette haute idée. Les traits paternels avaient pris au cercueil quelque chose de sublime. Pourquoi cet étonnant mystère ne serait-il pas l'indice de notre immortalité? Pourquoi la mort qui sait tout, n'aurait-elle pas gravé sur le front de sa victime les secrets d'un autre univers? Pourquoi n'y aurait-il pas dans la tombe quelque grande vision de l'éternité?

«Amélie accablée de douleur, était retirée au fond d'une tour, d'où elle entendit retentir, sous les voûtes du château gothique, le chant des prêtres du convoi et les sons de la cloche funèbre.

«J'accompagnai mon père à son dernier asile; la terre se referma sur sa dépouille; l'éternité et l'oubli le pressèrent de tout leur poids; le soir même l'indifférent passait sur sa tombe; hors pour sa fille et pour son fils, c'était déjà comme s'il n'avait jamais été.»

parishioners to church. Leaning against the trunk of a young elm, I'd listen in silence to the pious murmur. Each vibration of the bronze conveyed to my naive soul the innocence of rural ways, the calm of solitude, the charm of religion, and the pleasant melancholy of the recollections of my early childhood. Oh, what man's heart, however evil, has not leaped up at the sound of the churchbells of his birthplace, those bells which vibrated in joy over his cradle, which announced his arrival in life, which noted his first heartbeat, which proclaimed to every place round about his father's holy happiness, and the even more indescribable pains and joys of his mother! Everything is found in the enchanted daydreams in which we are immersed by the sound of our native bell: religion, family, homeland, both cradle and tomb, both past and future.

"It's true that Amélie and I rejoiced more than anyone else in those solemn and tender thoughts because we both had a little sadness at the bottom of our heart: we had received it from God or our mother.

"Meanwhile my father was stricken with an ailment that carried him off in a few days. He died in my arms. I learned how to recognize death on the lips of the man who had given me life. That impression was powerful; it's still with me. It was the first time that the immortality of the soul showed itself clearly to my eyes. I was unable to believe that that lifeless body had been the giver of thought to me: I felt that it must have come to me from some other source; and in a holy grief that was nearly like joy, I had the hope of being reunited some day with my father's spirit.

"Another phenomenon confirmed that lofty idea for me. In the coffin my father's features had taken on something of sublimity. Why shouldn't that astonishing mystery be the sign of our immortality? Why should death, which knows everything, not have engraved on its victim's brow the secrets of another universe? Why should there not be in the tomb some great vision of eternity?

"Amélie, bowed down with grief, had withdrawn to the recesses of a tower, from which she heard resounding, beneath the vaults of the Gothic castle, the chanting of the priests in the funeral procession and the sounds of the passing bell.

"I accompanied my father to his last resting place; the earth reclosed over his remains; eternity and oblivion bore down on him with all their weight; that very evening, unconcerned people were walking over his grave; except for his daughter and his son, it was already as if he had never existed."

22. Stendhal: *Le rouge et le noir* (1830)

La petite ville de Verrières peut passer pour l'une des plus jolies de la Franche-Comté. Ses maisons blanches avec leurs toits pointus de tuiles rouges s'étendent sur la pente d'une colline, dont les touffes de vigoureux châtaigniers marquent les moindres sinuosités. Le Doubs coule à quelques centaines de pieds au-dessous de ses fortifications, bâties jadis par les Espagnols, et maintenant ruinées. Verrières est abritée du côté du nord par une haute montagne, c'est une des branches du Jura. Les cimes brisées du Verra se couvrent de neige dès les premiers froids d'octobre. Un torrent, qui se précipite de la montagne, traverse Verrières avant de se jeter dans le Doubs, et donne le mouvement à un grand nombre de scies à bois, c'est une industrie fort simple et qui procure un certain bien-être à la majeure partie des habitants plus paysans que bourgeois. Ce ne sont pas cependant les scies à bois qui ont enrichi cette petite ville. C'est à la fabrique des toiles peintes, dites de Mulhouse, que l'on doit l'aisance générale qui, depuis la chute de Napoléon, a fait rebâtir les façades de presque toutes les maisons de Verrières.

A peine entre-t-on dans la ville que l'on est étourdi par le fracas d'une machine bruyante et terrible en apparence. Vingt marteaux pesants, et retombant avec un bruit qui fait trembler le pavé, sont élevés par une roue que l'eau du torrent fait mouvoir. Chacun de ces marteaux fabrique, chaque jour, je ne sais combien de milliers de clous. Ce sont de jeunes filles fraîches et jolies qui présentent aux coups de ces marteaux énormes les petits morceaux de fer qui sont rapidement transformés en clous. Ce travail, si rude en apparence, est un de ceux qui étonnent le plus le voyageur qui pénètre pour la première fois dans les montagnes qui séparent la France de l'Helvétie. Si, en entrant à Verrières, le voyageur demande à qui appartient cette belle fabrique de clous qui assourdit les gens qui montent la grande rue, on lui répond avec un accent traînard: *Eh! elle est à M. le maire.*

Pour peu que le voyageur s'arrête quelques instants dans cette grande rue de Verrières, qui va en montant depuis la rive du Doubs jusque vers le sommet de la colline, il y a cent à parier contre un qu'il verra paraître un grand homme à l'air affairé et important.

A son aspect tous les chapeaux se lèvent rapidement. Ses cheveux sont grisonnants, et il est vêtu de gris. Il est chevalier de plusieurs ordres, il a un grand front, un nez aquilin, et au total sa figure ne manque pas d'une certaine régularité: on trouve même, au premier

22. Stendhal: *The Red and the Black* (1830)

The little town of Verrières can count as one of the prettiest in Franche-Comté. Its white houses with their pointed, red-tiled roofs cover the slope of a hill whose clumps of hardy chestnut trees follow its slightest curves. The Doubs flows a few hundred feet below its fortifications, once built by the Spanish and now in ruins.

Verrières is sheltered on the north by a high mountain, one of the branches of the Jura. The broken summits of the Verra are covered with snow as soon as the first October chill sets in. A torrent, hurtling down from the mountain, crosses Verrières before emptying itself into the Doubs, and sets in motion a large number of sawmills; this is a very simple industry which gives a little prosperity to most of the inhabitants, who are more peasants than townsmen. Yet it isn't the sawmills that have enriched this small town. It's to the factory of printed cloth, called Mulhouse cloth, that is owed the general well-being which, since the fall of Napoleon, has seen the facade of nearly every house in Verrière rebuilt.

Scarcely have you entered the town when you're deafened by the racket made by a noisy machine of a terrifying aspect. Twenty heavy hammers, falling with a noise that makes the pavement tremble, are lifted by a wheel moved by the water of the torrent. Each of those hammers, every day, manufactures I don't know how many thousands of nails. Pretty, blooming young girls feed to the blows of those enormous hammers the little pieces of iron that are rapidly transformed into nails. That labor, which looks so rough, is one of those which most surprise the traveler who enters for the first time the mountains that separate France from Switzerland. If, on arriving in Verrières, the traveler asks who owns that fine nail factory which deafens the folks ascending the main street, the drawling answer is: "Oh, it belongs to the mayor."

No matter how brief a while the traveler halts on this main street of Verrières, which ascends from the bank of the Doubs to almost the summit of the hill, it's a hundred to one that he'll see, making his appearance, a little man with a busy, important look about him.

When he's sighted, all hats are quickly raised. His hair is getting gray, and he's dressed in gray. He's a knight of several orders; he has a big forehead and an aquiline nose; and altogether his face isn't lacking in a certain regularity; at first glance you'd even say it combines with

aspect, qu'elle réunit à la dignité du maire de village cette sorte d'a-
grément qui peut encore se rencontrer avec quarante-huit ou
cinquante ans. Mais bientôt le voyageur parisien est choqué d'un certain air de contentement de soi et de suffisance mêlée à je ne sais quoi
de borné et de peu inventif. On sent enfin que le talent de cet
homme-là se borne à se faire payer bien exactement ce qu'on lui doit,
et à payer lui-même le plus tard possible quand il doit.

Tel est le maire de Verrières, M. de Rênal. Après avoir traversé la
rue d'un pas grave, il entre à la mairie et disparaît aux yeux du
voyageur. Mais, cent pas plus haut, si celui-ci continue sa promenade,
il aperçoit une maison d'assez belle apparence, et, à travers une grille
de fer attenante à la maison, des jardins magnifiques. Au delà, c'est
une ligne d'horizon formée par les collines de la Bourgogne, et qui
semble faite à souhait pour le plaisir des yeux. Cette vue fait oublier
au voyageur l'atmosphère empestée des petits intérêts d'argent dont
il commence à être asphyxié.

On lui apprend que cette maison appartient à M. de Rênal. C'est
aux bénéfices qu'il a faits sur sa grande fabrique de clous que le maire
de Verrières doit cette belle habitation en pierres de taille qu'il achève
en ce moment. Sa famille, dit-on, est espagnole, antique, et, à ce
qu'on prétend, établie dans le pays bien avant la conquête de Louis
XIV.

Depuis 1815, il rougit d'être industriel: 1815 l'a fait maire de
Verrières. Les murs en terrasse qui soutiennent les diverses parties de
ce magnifique jardin qui, d'étage en étage, descend jusqu'au Doubs,
sont aussi la récompense de la science de M. de Rênal dans le commerce du fer.

Ne vous attendez point à trouver en France ces jardins pittoresques
qui entourent les villes manufacturières de l'Allemagne, Leipsick,
Francfort, Nuremberg, etc. En Franche-Comté, plus on bâtit de
murs, plus on hérisse sa propriété de pierres rangées les unes au-
dessus des autres, plus on acquiert de droits aux respects de ses
voisins. Les jardins de M. de Rênal, remplis de murs, sont encore admirés parce qu'il a acheté, au poids de l'or, certains petits morceaux
du terrain qu'ils occupent. Par exemple, cette scie à bois, dont la position singulière sur la rive du Doubs vous a frappé en entrant à
Verrières, et où vous avez remarqué le nom de SOREL, écrit en caractères gigantesques sur une planche qui domine le toit, elle occupait, il
y a six ans, l'espace sur lequel on élève en ce moment le mur de la
quatrième terrasse des jardins de M. de Rênal.

the dignity of a village mayor that sort of pleasingness which can still be found in a man of forty-eight or fifty. But soon the Parisian visitor is shocked by a certain air of self-satisfaction and conceit mingled with something circumscribed and uninventive. Finally, you realize that that man's talent is limited to getting himself paid every penny owed to him, while he himself, when in debt, repays it at the last possible moment.

Such is the mayor of Verrières, M. de Rênal. After crossing the street with a serious gait, he enters the town hall and disappears from the traveler's view. But, a hundred paces farther up, if the visitor continues his stroll, he'll catch sight of a very nice-looking house and, seen through an iron gate adjacent to the house, magnificent gardens. Beyond, there's a horizon line formed by the hills of Burgundy, which seems tailor-made for the delight of the eyes. That view makes the traveler forget the pestilential atmosphere of the petty monetary interests that are beginning to asphyxiate him.

He's informed that that house belongs to M. de Rênal. It's to the profit made from his big nail factory that the mayor of Verrières owes that fine ashlar home which he's now completing. His family, it's said, is Spanish and very old, and (it's claimed) it was settled in the region well before it was conquered by Louis XIV.

Since 1815 he has blushed at being a manufacturer: 1815 made him mayor of Verrières. The terraced walls that support the various parts of that magnificent garden which, tier by tier, descends all the way to the Doubs, are also the reward for M. de Rênal's knowledge of the iron trade.

Don't expect to find in France those picturesque gardens which surround the manufacturing cities in Germany: Leipzig, Frankfurt, Nuremberg, etc. In Franche-Comté, the more walls you build, and the more you spike your property with stones piled one above the other, the more rights you acquire to your neighbors' respect. M. de Rênal's gardens, filled with walls, are further admired because he has purchased, at a vast price, certain little plots of land that they occupy. For example, that sawmill, whose odd positioning on the bank of the Doubs caught your attention when you entered Verrières, and on which you noticed the name "Sorel," written in gigantic letters on a board surmounting its roof, occupied six years ago the area on which at this very moment they're building the wall of the fourth terrace of M. de Rênal's gardens.

23. Vigny: *Servitude et grandeur militaires* (1835)

Il y avait, au fond de la chambre, un petit piano de bois d'acajou, garni de vieux ornements de cuivre. L'Adjudant (tout âgé et tout modeste qu'il nous avait paru d'abord) était assis devant le clavier, et jouait une suite d'accords, d'accompagnements et de modulations simples, mais harmonieusement unies entre elles. Il tenait les yeux élevés au ciel, et n'avait point de musique devant lui; sa bouche était entr'ouverte avec délices sous l'épaisseur de ses longues moustaches blanches. Sa fille, debout à sa droite, allait chanter, ou venait de s'interrompre; car elle le regardait avec inquiétude, la bouche entr'ouverte encore, comme lui. A sa gauche, un jeune sous-officier d'artillerie légère de la Garde, vêtu de l'uniforme sévère de ce beau corps, regardait cette jeune personne comme s'il n'eût pas cessé de l'écouter.

Rien de si calme que leurs poses, rien de si décent que leur maintien, rien de si heureux que leurs visages. Le rayon qui tombait d'en haut sur ces trois fronts n'y éclairait pas une expression soucieuse; et le doigt de Dieu n'y avait écrit que bonté, amour et pudeur.

Le froissement de nos épées sur le mur les avertit que nous étions là. Le brave homme nous vit, et son front chauve en rougit de surprise et, je pense aussi, de satisfaction. Il se leva avec empressement et, prenant un des trois chandeliers qui l'éclairaient, vint nous ouvrir et nous fit asseoir. Nous le priâmes de continuer son concert de famille; et avec une simplicité noble, sans s'excuser et sans demander indulgence, il dit à ces enfants:

— Où en étions-nous?

Et les trois voix s'élevèrent en chœur avec une indicible harmonie.

Timoléon écoutait et restait sans mouvement; pour moi, cachant ma tête et mes yeux, je me mis à rêver avec un attendrissement qui, je ne sais pourquoi, était douloureux. Ce qu'ils chantaient emportait mon âme dans les régions de larmes et de mélancoliques félicités, et, poursuivi peut-être par l'importune idée de mes travaux du soir, je changeais en mobiles images les mobiles modulations des voix. Ce qu'ils chantaient était un de ces chœurs écossais, une des anciennes mélodies des Bardes que chante encore l'écho sonore des Orcades. Pour moi, ce chœur mélancolique s'élevait lentement et s'évaporait tout à coup comme les brouillards des montagnes d'Ossian; ces brouillards qui se forment sur l'écume mousseuse des torrents de l'Arven, s'épaississent lentement et semblent se gonfler et se grossir, en mon-

23. Vigny: *Constraints and Grandeur of the Military Life* (1835)

At the far end of the room there was a little mahogany piano trimmed with old copper ornament. The sergeant-major (though he had first struck us as old and modest) was seated at the keyboard playing a series of chords, accompaniments, and modulations which were simple but harmoniously joined together. His eyes were raised upward, and there was no sheet music in front of him; his lips were slightly parted with pleasure beneath the thickness of his long white mustache. His daughter, standing at his right, was about to sing, or had just left off; for she was looking at him apprehensively, her lips still slightly parted, like his. To his left, a young noncommissioned officer of light artillery of the Guards, dressed in the severe uniform of that fine corps, was looking at that young lady as if he hadn't ceased listening to her.

Nothing was as calm as their poses, nothing was as respectable as their bearing, nothing as happy as their faces. The beam that fell from above onto those three brows didn't illuminate a worried expression on them; and the finger of God had inscribed on them nothing but kindness, love, and modesty.

The rattling of our swords against the wall informed them of our presence. The good man saw us, and his bald forehead flushed with surprise thereat and, I also think, with contentment. He arose eagerly and, picking up one of the three candlesticks that were giving him light, he came to let us in and showed us seats. We begged him to continue his family concert; and with noble simplicity, without apologizing or asking for indulgence, he said to those youngsters:

"Where were we?"

And the three voices arose in chorus with an indescribable harmony.

Timoléon was listening, remaining immobile; as for me, hiding my face and my eyes, I began to dream with a tender feeling which, I don't know why, was painful. What they were singing carried my soul off into realms of tears and melancholy happiness, and, perhaps pursued by the troublesome thought of my duties that evening, I transformed the supple modulations of their voices into supple images. What they were singing was one of those Scottish choruses, one of those ancient melodies of the Bards still sung by the sonorous echo of the Orkneys. To me that melancholy chorus rose slowly and suddenly dissolved like the mists on Ossian's mountains; those mists which form

tant, d'une foule innombrable de fantômes tourmentés et tordus par les vents. Ce sont des guerriers qui rêvent toujours, le casque appuyé sur la main, et dont les larmes et le sang tombent goutte à goutte dans les eaux noires des rochers; ce sont des beautés pâles dont les cheveux s'allongent en arrière, comme les rayons d'une lointaine comète, et se fondent dans le sein humide de la lune: elles passent vite, et leurs pieds s'évanouissent enveloppés dans les plis vaporeux de leurs robes blanches; elles n'ont pas d'ailes, et volent. Elles volent en tenant des harpes, elles volent les yeux baissés et la bouche entr'ouverte avec innocence; elles jettent un cri en passant et se perdent, en montant, dans la douce lumière qui les appelle. Ce sont des navires aériens qui semblent se heurter contre des rives sombres, et se plonger dans les flots épais; les montagnes se penchent pour les pleurer, et les dogues noirs élèvent leurs têtes difformes et hurlent longuement, en regardant le disque qui tremble au ciel, tandis que la mer secoue les colonnes blanches des Orcades qui sont rangées comme les tuyaux d'un orgue immense, et répandent, sur l'Océan, une harmonie déchirante et mille fois prolongée dans la caverne où les vagues sont enfermées.

La musique se traduisait ainsi en sombres images dans mon âme, bien jeune encore, ouverte à toutes les sympathies et comme amoureuse de ses douleurs fictives.

C'était, d'ailleurs, revenir à la pensée de celui qui avait inventé ces chants tristes et puissants, que de les sentir de la sorte. La famille heureuse éprouvait elle-même la forte émotion qu'elle donnait, et une vibration profonde faisait quelquefois trembler les trois voix.

Le chant cessa, et un long silence lui succéda. La jeune personne, comme fatiguée, s'était appuyée sur l'épaule de son père; sa taille était élevée et un peu ployée, comme par faiblesse; elle était mince, et paraissait avoir grandi trop vite, et sa poitrine, un peu amaigrie, en paraissait affectée. Elle baisait le front chauve, large et ridé de son père, et abandonnait sa main au jeune sous-officier, qui la pressait sur ses lèvres.

Comme je me serais bien gardé, par amour-propre, d'avouer tout haut mes rêveries intérieures, je me contentai de dire froidement:

— Que le Ciel accorde de longs jours et toutes sortes de bénédictions à ceux qui ont le don de traduire la musique littéralement! Je ne puis trop admirer un homme qui trouve à une symphonie le défaut d'être trop cartésienne, et à une autre de pencher vers le système de Spinoza; qui se récrie sur le panthéisme d'un trio et l'utilité d'une ouverture à l'amélioration de la classe la plus nombreuse. Si j'avais le

on the frothing foam of the torrents of the Arven, slowly thicken, and seem to grow larger as they rise, swelling with an innumerable throng of phantoms tormented and twisted by the winds. They're warriors who are still dreaming, their helmets resting on their hands, and whose tears and blood fall drop by drop into the black waters of the crags; they're pale beauties whose hair billows out behind them like the rays of a distant comet and melts into the damp bosom of the moon: they pass quickly, and their feet vanish, shrouded in the vaporous folds of their white gowns; they have no wings, yet they fly. As they fly they hold harps, they fly with downcast eyes and their lips slightly parted in their innocence; they utter a cry as they pass and, rising, are lost in the soft light which calls to them. They're airships that seem to jostle against somber shores and sink into the dense waters; the mountains bend down to lament them, and the black mastiffs raise their misshapen heads and utter long howls, gazing at the disk trembling in the sky, while the sea shakes the white columns of the Orkneys that are aligned like the pipes of a gigantic organ and spread across the ocean a wrenching harmony prolonged a thousand times in the cavern where the waves are imprisoned.

The music was thus translated into somber images in my soul, which was still very young, open to every sympathetic note, and as if enamored of its fictional sorrows.

Besides, to listen in that way to those sad, powerful songs was to return to the thought of the man who had created them. The happy family itself was feeling the strong emotion it was fueling, and a profound vibration made the three voices tremble at times.

The song ended, and was followed by a long silence. The young lady, as if fatigued, had leaned against her father's shoulder; she was tall and a little stooped, as if by weakness; she was thin and seemed to have grown too quickly, and her bosom, a little scrawny, seemed affected by this. She was kissing her father's bald, wide, wrinkled forehead, and abandoning her hand to the young noncom, who was pressing it to his lips.

Since, out of self-esteem, I would never have admitted my inner dreams out loud, I contented myself with saying coolly:

"May heaven grant length of days and all sorts of blessings to those who have the gift to translate music literally! I cannot too much marvel at a man who finds in one symphony the fault of being too Cartesian, and, in another, that of inclining toward Spinoza's system; who exclaims about the pantheism of a trio or the usefulness of an overture in improving the most numerous class. If I were so lucky as

bonheur de savoir comme quoi un bémol de plus à la clef peut rendre
un quatuor de flûtes et de bassons plus partisan du Directoire que du
Consulat et de l'Empire, je ne parlerais plus, je chanterais éternellement; je foulerais aux pieds des mots et des phrases, qui ne sont bons
tout au plus que pour une centaine de départements, tandis que j'aurais le bonheur de dire mes idées fort clairement à tout l'univers avec
mes sept notes. Mais, dépourvu de cette science comme je suis, ma
conversation musicale serait si bornée que mon seul parti à prendre
est de vous dire, en langue vulgaire, la satisfaction que me cause
surtout votre vue et le spectacle de l'accord plein de simplicité et de
bonhomie qui règne dans votre famille. C'est au point que ce qui me
plaît le plus dans votre petit concert, c'est le plaisir que vous y prenez;
vos âmes me semblent plus belles encore que la plus belle musique
que le Ciel ait jamais entendue monter à lui, de notre misérable terre,
toujours gémissante.

24. Balzac: *Le lys dans la vallée* (1836)

A quel talent nourri de larmes devrons-nous un jour la plus émou-
vante élégie, la peinture des tourments subis en silence par les âmes
dont les racines tendres encore ne rencontrent que de durs cailloux
dans le sol domestique, dont les premières frondaisons sont déchirées
par des mains haineuses, dont les fleurs sont atteintes par la gelée au
moment où elles s'ouvrent? Quel poète nous dira les douleurs de l'enfant dont les lèvres sucent un sein amer, et dont les sourires sont
réprimés par le feu dévorant d'un œil sévère? La fiction, qui représen-
terait ces pauvres cœurs opprimés par les êtres placés autour d'eux
pour favoriser les développements de leur sensibilité, serait la véritable histoire de ma jeunesse. Quelle vanité pouvais-je blesser, moi
nouveau-né? quelle disgrâce physique ou morale me valait la froideur
de ma mère? étais-je donc l'enfant du devoir, celui dont la naissance
est fortuite, ou celui dont la vie est un reproche?

Mis en nourrice à la campagne, oublié par ma famille pendant trois
ans, quand je revins à la maison paternelle, j'y comptai pour si peu de
chose que j'y subissais la comparaison des gens. Je ne connais ni le
sentiment, ni l'heureux hasard à l'aide desquels j'ai pu me relever de
cette première déchéance: chez moi l'enfant ignore, et l'homme ne
sait rien. Loin d'adoucir mon sort, mon frère et mes deux sœurs s'a-
musèrent à me faire souffrir. Le pacte en vertu duquel les enfants
cachent leurs peccadilles et qui leur apprend déjà l'honneur, fut nul à

to know how adding a flat to a key signature can make a flute and bassoon quartet more partisan to the Directorate than to the Consulate and the Empire, I wouldn't speak any more, I'd sing eternally; I'd trample underfoot words and sentences, which are understood in a hundred or so *départements* at most, while I'd have the luck to express my ideas very clearly to the entire universe with my seven notes. But, deficient in that science as I am, my musical conversation would be so limited that the only course I can follow is to tell you, in common parlance, the satisfaction given me above all by the sight of you and the spectacle of the concord, full of simplicity and good nature, which reigns in your family. To such an extent that what I like best about your little concert is the pleasure you take in it; your souls seem to me even more beautiful than the most beautiful music heaven has ever heard ascending to it from our wretched, evermoaning earth."

24. Balzac: *The Lily in the Valley* (1836)

To what talent nourished on tears shall we some day owe the most moving elegy, the depiction of torments borne in silence by souls whose still tender roots find only hard stones in their domestic soil, whose earliest leaves are torn by hate-filled hands, whose flowers are stricken by frost at the moment of opening? What poet will tell us the sorrows of the child whose lips suckle a bitter breast, and whose smiles are repressed by the devouring fire of a harsh eye? That fiction, which would portray those poor hearts oppressed by the beings placed around them to foster the development of their emotions, would be the true story of my youth. What vanity could I have been injuring, as a newborn infant? What physical or mental defect won me my mother's coldness? Was I, then, a child of duty, whose birth was an accident or whose existence was a reproach?

Sent to a wetnurse in the country, forgotten by my family for three years, when I returned to my parents' home I counted for so little there that I sensed people making comparisons about me. I don't know by the aid of what feelings or lucky chance I was able to raise myself out of that first decline: in me, the child is ignorant and the man knows nothing. Far from relieving my lot, my brother and two sisters enjoyed making me suffer. The pact whereby children hide each other's little faults, and which already teaches them honor, was

mon égard; bien plus, je me vis souvent puni pour les fautes de mon
frère, sans pouvoir réclamer contre cette injustice; la courtisanerie, en
germe chez les enfants, leur conseillait-elle de contribuer aux persé-
cutions qui m'affligeaient, pour se ménager les bonnes grâces d'une
mère également redoutée par eux? était-ce un effet de leur penchant
à l'imitation? était-ce besoin d'essayer leurs forces, ou manque de
pitié? Peut-être ces causes réunies me privèrent-elles des douceurs
de la fraternité. Déjà déshérité de toute affection, je ne pouvais rien
aimer, et la nature m'avait fait aimant! Un ange recueille-t-il les
soupirs de cette sensibilité sans cesse rebutée? Si dans quelques âmes
les sentiments méconnus tournent en haine, dans la mienne ils se con-
centrèrent et s'y creusèrent un lit d'où, plus tard, ils jaillirent sur ma
vie. Suivant les caractères, l'habitude de trembler relâche les fibres,
engendre la crainte, et la crainte oblige à toujours céder. De là vient
une faiblesse qui abâtardit l'homme et lui communique je ne sais quoi
d'esclave. Mais ces continuelles tourmentes m'habituèrent à déployer
une force qui s'accrut par son exercice et prédisposa mon âme aux ré-
sistances morales. Attendant toujours une douleur nouvelle, comme
les martyrs attendaient un nouveau coup, tout mon être dut exprimer
une résignation morne sous laquelle les grâces et les mouvements de
l'enfance furent étouffés, attitude qui passa pour un symptôme d'i-
diotie et justifia les sinistres pronostics de ma mère. La certitude de
ces injustices excita prématurément dans mon âme la fierté, ce fruit
de la raison, qui sans doute arrêta les mauvais penchants qu'une semblable éducation encourageait.

Quoique délaissé par ma mère, j'étais parfois l'objet de ses
scrupules, parfois elle parlait de mon instruction et manifestait le
désir de s'en occuper; il me passait alors des frissons horribles en
songeant aux déchirements que me causerait un contact journalier
avec elle. Je bénissais mon abandon, et me trouvais heureux de pouvoir rester dans le jardin à jouer avec des cailloux, à observer des in-
sectes, à regarder le bleu du firmament. Quoique l'isolement dût me
porter à la rêverie, mon goût pour les contemplations vint d'une aventure qui vous peindra mes premiers malheurs. Il était si peu question
de moi que souvent la gouvernante oubliait de me faire coucher. Un
soir, tranquillement blotti sous un figuier, je regardais une étoile avec
cette passion curieuse qui saisit les enfants, et à laquelle ma précoce
mélancolie ajoutait une sorte d'intelligence sentimentale. Mes sœurs
s'amusaient et criaient, j'entendais leur lointain tapage comme un ac-
compagnement à mes idées. Le bruit cessa, la nuit vint. Par hasard,
ma mère s'aperçut de mon absence. Pour éviter un reproche, notre

null and void where I was concerned; even more, I often found myself punished for my brother's misdeeds, without being able to complain about that injustice; did obsequiousness, already latent in children, counsel them to contribute to the afflictions that dogged me, in order to gain the good graces of a mother whom they, too, feared? Was it a result of their leaning toward imitation? Was it a need to try their strength, or a lack of pity? Perhaps all these causes together deprived me of the sweetness of brotherhood. Already cast out from all affection, I was unable to love anything, and nature had made me loving! Does an angel collect the sighs of that ever-rebuffed sensitivity? If in some souls unrecognized feelings turn to hatred, in mine they were consecrated and dug a channel from which they later gushed forth onto my life. Depending on one's nature, the habit of trembling weakens the moral fiber and begets fear, and fear makes you always give in. That results in a weakness which debases a man and makes him something of a slave. But those constant torments accustomed me to develop a strength that grew by being exercised and conditioned my soul for mental resistance. Always expecting some new grief, just as the martyrs expected another blow, my whole being must have expressed a gloomy resignation under which the graces and impulses of childhood were smothered, an attitude which was perceived as a symptom of idiocy and justified my mother's sinister predictions. The certainty of those acts of injustice awoke prematurely in my soul a sense of pride, that fruit of reason, which no doubt halted those evil inclinations which that kind of upbringing encouraged.

Though neglected by my mother, I was at times the object of her scruples; sometimes she spoke about my education and indicated a desire to take charge of it; at such times I'd have terrible chills thinking about the heartbreak I'd be caused by daily contact with her. I blessed my state of abandonment, and found myself lucky to be able to stay in the garden playing with pebbles, watching insects, and looking at the blue of the sky. Though isolation must have made me a dreamer, my taste for meditation stemmed from an adventure that will depict my early sorrows to you. People were so little concerned about me that our governess often forgot to put me to bed. One evening, calmly huddled under a fig tree, I was looking at a star with that curious passion which comes over children, and to which my premature melancholy added a sort of emotional understanding. My sisters were having fun and yelling; I heard their distant racket as an accompaniment to my thoughts. The noise stopped, night fell. By chance my mother noticed my absence. To avoid a reproach, our

gouvernante, une terrible mademoiselle Caroline légitima les fausses
appréhensions de ma mère en prétendant que j'avais la maison en
horreur; que si elle n'eût pas attentivement veillé sur moi, je me serais
enfui déjà; je n'étais pas imbécile, mais sournois; parmi tous les enfants commis à ses soins, elle n'en avait jamais rencontré dont les dispositions fussent aussi mauvaises que les miennes. Elle feignit de me
chercher et m'appela, je répondis; elle vint au figuier où elle savait
que j'étais. — Que faisiez-vous donc là? me dit-elle. — Je regardais
une étoile. — Vous ne regardiez pas une étoile, dit ma mère qui nous
écoutait du haut de son balcon, connaît-on l'astronomie à votre âge?
— Ah! madame, s'écria mademoiselle Caroline, il a lâché le robinet
du réservoir, le jardin est inondé. Ce fut une rumeur générale. Mes
sœurs s'étaient amusées à tourner ce robinet pour voir couler l'eau;
mais, surprises par l'écartement d'une gerbe qui les avait arrosées de
toutes parts, elles avaient perdu la tête et s'étaient enfuies sans avoir
pu fermer le robinet. Atteint et convaincu d'avoir imaginé cette es-
pièglerie, accusé de mensonge quand j'affirmais mon innocence, je
fus sévèrement puni. Mais châtiment horrible! je fus persiflé sur mon
amour pour les étoiles, et ma mère me défendit de rester au jardin le
soir. Les défenses tyranniques aiguisent encore plus une passion chez
les enfants que chez les hommes; les enfants ont sur eux l'avantage de
ne penser qu'à la chose défendue, qui leur offre alors des attraits ir-
résistibles. J'eus donc souvent le fouet pour mon étoile. Ne pouvant
me confier à personne, je lui disais mes chagrins dans ce délicieux ra-
mage intérieur par lequel un enfant bégaie ses premières idées,
comme naguère il a bégayé ses premières paroles. A l'âge de douze
ans, au collège, je la contemplais encore en éprouvant d'indicibles
délices, tant les impressions reçues au matin de la vie laissent de profondes traces au cœur.

25. Hugo: *Les misérables* (1862)

L'hôte, entendant la porte s'ouvrir et entrer un nouveau venu, dit sans
lever les yeux de ses fourneaux:

— Que veut monsieur?

— Manger et coucher, dit l'homme.

— Rien de plus facile, reprit l'hôte. En ce moment il tourna la tête,
embrassa d'un coup d'œil tout l'ensemble du voyageur, et ajouta: . . .
en payant.

governess, a terrible Miss Caroline, justified my mother's false apprehensions by claiming that I loathed the house; that if she hadn't watched over me carefully, I'd have already run away; I wasn't an imbecile, I was sly; among all the children entrusted to her care, she had never met one whose nature was as bad as mine. She pretended to go looking for me; when she called, I replied; she came to the fig tree where she knew I was. "Well, what were you doing there?" she said. "I was looking at a star." "You weren't looking at a star," said my mother, who was listening to us up on her balcony; "who knows astronomy at your age?" "Oh, ma'am," Miss Caroline exclaimed, "he left the cistern faucet open, the garden is flooded!" There was a general hubbub. My sisters had amused themselves by turning that faucet to see the water flow; but, caught off guard by the force of a spurt that had wet them all over, thy had lost their head and had run away without having been able to shut the faucet. Found guilty "in fact and in law" of having thought up that mischief, accused of lying when I asserted my innocence, I was severely punished. But what an awful punishment! I was derided for my love of stars, and my mother forbade me to stay in the garden in the evening. Tyrannical prohibitions sharpen a passion in children even more than in adults; children have the advantage over them of thinking of nothing but the forbidden thing, which then presents them with irresistible allurements. So I was often whipped because of my star. Unable to confide in any one, I'd tell it of my sorrows in that delightful inner prattling with which a child stammers his first thoughts, just as, a while back, he stammered his first words. At the age of twelve, at school, I was still contemplating it, experiencing indescribable delight, so deep are the marks left in the heart by impressions received in the morning of life.

25. Hugo: *The Wretched of the Earth* (1862)

The innkeeper, hearing the door open and a newcomer enter, said, without raising his eyes from his cook-stove:

"What do you wish, sir?"

"Food and a bed," the man said.

"Nothing easier," replied the innkeeper. Then he turned his head, took in the traveler's entire aspect in one glance, and added: "If you can pay."

L'homme tira une grosse bourse de cuir de la poche de sa blouse et répondit:

— J'ai de l'argent.

— En ce cas on est à vous, dit l'hôte.

L'homme remit sa bourse en poche, se déchargea de son sac, le posa à terre près de la porte, garda son bâton à la main, et alla s'asseoir sur une escabelle basse près du feu. Digne est dans la montagne. Les soirées d'octobre y sont froides.

Cependant, tout en allant et venant, l'hôte considérait le voyageur.

— Dîne-t-on bientôt? dit l'homme.

— Tout à l'heure, dit l'hôte.

Pendant que le nouveau venu se chauffait, le dos tourné, le digne aubergiste Jacquin Labarre tira un crayon de sa poche, puis il déchira le coin d'un vieux journal qui traînait sur une petite table près de la fenêtre. Sur la marge blanche il écrivit une ligne ou deux, plia sans cacheter et remit ce chiffon de papier à un enfant qui paraissait lui servir tout à la fois de marmiton et de laquais. L'aubergiste dit un mot à l'oreille du marmiton, et l'enfant partit en courant dans la direction de la mairie.

Le voyageur n'avait rien vu de tout cela.

Il demanda encore une fois: — Dîne-t-on bientôt?

— Tout à l'heure, dit l'hôte.

L'enfant revint. Il rapportait le papier. L'hôte le déplia avec empressement, comme quelqu'un qui attend une réponse. Il parut lire attentivement, puis il hocha la tête, et resta un moment pensif. Enfin il fit un pas vers le voyageur qui semblait plongé dans des réflexions peu sereines.

— Monsieur, dit-il, je ne puis vous recevoir.

L'homme se dressa à demi sur son séant.

— Comment! avez-vous peur que je ne paye pas? voulez-vous que je paye d'avance? J'ai de l'argent, vous dis-je.

— Ce n'est pas cela.

— Quoi donc?

— Vous avez de l'argent . . .

— Oui, dit l'homme.

— Et moi, dit l'hôte, je n'ai pas de chambre.

L'homme reprit tranquillement: — Mettez-moi à l'écurie.

— Je ne puis.

— Pourquoi?

— Les chevaux prennent toute la place.

The man drew a big leather purse from the pocket of his smock and answered:

"I have money."

"In that case I'm all yours," the innkeeper said.

The man put the purse back in his pocket, unburdened himself of his bag, setting it on the floor near the door, kept his stick in his hand, and went to sit down on a low stool near the fire. Digne is in the mountains. October evenings are cold there.

Meanwhile, as he moved to and fro, the innkeeper was observing the traveler.

"Will dinner be ready soon?" the man asked.

"In a little while," the innkeeper said.

While the newcomer was getting warm, his back turned, the worthy innkeeper Jacquin Labarre drew a pencil from his pocket, then he tore off the corner of an old newspaper that was lying around on a little table near the window. On the white margin he wrote a line or two, folded it without sealing it, and handed that scrap of paper to a child who seemed to serve him as kitchen help and footman at the same time. The innkeeper spoke a word into the ear of the cook's helper, and the boy dashed off in the direction of the town hall.

The traveler had seen none of that.

He asked again: "Will dinner be ready soon?"

"In a little while," the innkeeper said.

The boy returned. He was bringing back the paper. The innkeeper unfolded it hastily, like someone waiting for an answer. He seemed to read it attentively, then he nodded his head, and stopped a moment to think. Finally he took a step toward the traveler, who seemed immersed in worrisome thoughts.

"Sir," he said, "I can't welcome you."

The man straightened up halfway on his seat.

"What! Are you afraid I won't pay? Do you want me to pay in advance? I have money, I tell you."

"It's not that."

"What, then?"

"You have money . . ."

"Yes," said the man.

"But I," said the innkeeper, "don't have a room."

The man replied calmly: "Put me in the stable."

"I can't."

"Why not?"

"The horses take up all the space."

— Eh bien, repartit l'homme, un coin dans le grenier. Une botte de paille. Nous verrons cela après dîner.

— Je ne puis vous donner à dîner.

Cette déclaration, faite d'un ton mesuré, mais ferme, parut grave à l'étranger. Il se leva.

— Ah bah! mais je meurs de faim, moi. J'ai marché dès le soleil levé. J'ai fait douze lieues. Je paye. Je veux manger.

— Je n'ai rien, dit l'hôte.

L'homme éclata de rire et se tourna vers la cheminée et les fourneaux.

— Rien! et tout cela?

— Tout cela m'est retenu.

— Par qui?

— Par ces messieurs les rouliers.

— Combien sont-ils?

— Douze.

— Il y a là à manger pour vingt.

— Ils ont tout retenu et tout payé d'avance.

L'homme se rassit et dit sans hausser la voix:

— Je suis à l'auberge, j'ai faim et je reste.

L'hôte alors se pencha à son oreille, et lui dit d'un accent qui le fit tressaillir: — Allez-vous-en.

Le voyageur était courbé en cet instant et poussait quelques braises dans le feu avec le bout ferré de son bâton, il se retourna vivement, et, comme il ouvrait la bouche pour répliquer, l'hôte le regarda fixement et ajouta toujours à voix basse: — Tenez, assez de paroles comme cela. Voulez-vous que je vous dise votre nom? Vous vous appelez Jean Valjean. Maintenant voulez-vous que je vous dise qui vous êtes? En vous voyant entrer, je me suis douté de quelque chose, j'ai envoyé à la mairie, et voici ce qu'on m'a répondu. Savez-vous lire?

En parlant ainsi il tendait à l'étranger, tout déplié, le papier qui venait de voyager de l'auberge à la mairie et de la mairie à l'auberge. L'homme y jeta un regard. L'aubergiste reprit après un silence:

— J'ai l'habitude d'être poli avec tout le monde. Allez-vous-en.

L'homme baissa la tête, ramassa le sac qu'il avait déposé à terre, et s'en alla.

Il prit la grande rue. Il marchait devant lui au hasard, rasant de près les maisons, comme un homme humilié et triste. Il ne se retourna pas une seule fois. S'il s'était retourné, il aurait vu l'aubergiste de *la Croix-de-Colbas* sur le seuil de sa porte, entouré de tous les voyageurs de

"All right," the man retorted, "a corner of the attic. A bundle of straw. We'll see about that after dinner."

"I can't give you any dinner."

That declaration, made in a measured but firm tone, seemed serious to the stranger. He stood up.

"Nonsense! I'm dying of hunger. I've been walking since sunrise. I've walked twelve leagues. I can pay. I want to eat."

"I have nothing," the innkeeper said.

The man burst out laughing and turned toward the fireplace and the stove.

"Nothing! And all that?"

"It's all reserved."

"By whom?"

"By those gentlemen, the wagoners."

"How many are there of them?"

"Twelve."

"There's enough food here for twenty."

"They've reserved it all, and paid for it all in advance."

The man sat down again and said, without raising his voice:

"I'm at the inn, I'm hungry, and I'm staying."

Then the innkeeper leaned over to his ear and said in a tone that made him jump: "Go away."

At that moment the traveler was bent over and was shoving some embers into the fire with the iron-tipped end of his stick; he turned around briskly and, as he was opening his mouth to reply, the innkeeper glared at him and added, still in low tones: "Stop! Enough chitchat! Do you want me to tell you your name? You're called Jean Valjean. Now do you want me to tell you what you are? When I saw you come in I suspected something; I sent to the town hall, and this is their answer. Can you read?"

Saying this, he handed the stranger the completely unfolded paper that had just journeyed from the inn to the town hall and from the town hall to the inn. The man glanced at it. After a silence the innkeeper resumed:

"It's my habit to be polite to everyone. Go away."

The man lowered his head, picked up the bag he had placed on the floor, and left.

He went by the main street. He walked straight ahead at random, brushing against the houses, like a humiliated, sad man. He didn't look back once. Had he looked back, he'd have seen the innkeeper of the Colbas Cross on the threshold of his door, surrounded by all the

son auberge et de tous les passants de la rue, parlant vivement en le désignant du doigt, et, aux regards de défiance et d'effroi du groupe, il aurait deviné qu'avant peu son arrivée serait l'événement de toute la ville.

26. Dumas *père*: *Les trois mousquetaires* (1844)

Porthos et Aramis se levèrent.

— Un moment, s'écria d'Artagnan en leur faisant signe de repousser au fourreau leurs épées à demi tirées; un moment, ce n'est pas du courage qu'il faut ici, c'est de la prudence.

— Cependant, s'écria Porthos, nous ne laisserons pas . . .

— Vous laisserez faire d'Artagnan, dit Athos, c'est, je le répète, la forte tête de nous tous, et moi, pour mon compte, je déclare que je lui obéis. Fais ce que tu voudras, d'Artagnan.

En ce moment, les quatre gardes apparurent à la porte de l'antichambre, et voyant quatre mousquetaires debout et l'épée au côté, hésitèrent à aller plus loin.

— Entrez, Messieurs, entrez, cria d'Artagnan, vous êtes ici chez moi, et nous sommes tous de fidèles serviteurs du roi et de M. le cardinal.

— Alors, Messieurs, vous ne vous opposerez pas à ce que nous exécutions les ordres que nous avons reçus? demanda celui qui paraissait le chef de l'escouade.

— Au contraire, Messieurs, et nous vous prêterions main-forte, si besoin était.

— Mais que dit-il donc? marmotta Porthos.

— Tu es un niais, dit Athos, silence!

— Mais vous m'avez promis . . . , dit tout bas le pauvre mercier.

— Nous ne pouvons vous sauver qu'en restant libres, répondit rapidement et tout bas d'Artagnan, et si nous faisons mine de vous défendre, on nous arrête avec vous.

— Il me semble, cependant . . .

— Venez, Messieurs, venez, dit tout haut d'Artagnan, je n'ai aucun motif de défendre Monsieur. Je l'ai vu aujourd'hui pour la première fois, et encore à quelle occasion, il vous le dira lui-même, pour me venir réclamer le prix de mon loyer. Est-ce vrai, Monsieur Bonacieux? Répondez!

— C'est la vérité pure, s'écria le mercier, mais Monsieur ne vous dit pas . . .

travelers in his hostelry and all the passersby in the street, speaking briskly and pointing at him; and from the mistrustful and frightened glances of that group he'd have guessed that, before long, his arrival would be the talk of the whole city.

26. Dumas *père*: *The Three Musketeers* (1844)

Porthos and Aramis stood up:

"One moment!" D'Artagnan exclaimed, signaling to them to thrust back in their scabbards their half-drawn swords. "One moment! It's not courage that's needed here, it's prudence."

"And yet," Porthos exclaimed, "we're not going to let . . ."

"You'll let D'Artagnan take charge," said Athos. "I repeat, he's the brainy one among us all, and for my part, I declare that I'll obey him. Do whatever you like, D'Artagnan."

At that moment, the four guards appeared at the door to the antechamber and, seeing four musketeers on their feet with their swords at their sides, they hesitated to advance.

"Come in, gentlemen, come in," D'Artagnan cried, "you're in my home here, and we're all loyal servants of the king and His Eminence the cardinal."

"In that case, gentlemen, you won't hinder us from carrying out the orders we've received?" asked the man who seemed to be in charge of the squad.

"By no means, gentlemen, and we'll lend you a hand if necessary."

"But what's he saying?" Porthos muttered.

"You're a fool," said Athos. "Keep quiet!"

"But you promised me . . . ," the poor haberdasher said very quietly.

"We can't save you unless we remain at liberty," D'Artagnan replied rapidly and very quietly, "and if we look as if we're defending you, we'll be arrested along with you."

"But it seems to me . . ."

"Come, gentlemen, come," D'Artagnan said aloud, "I have no reason to defend this man. I saw him today for the first time, and on what an occasion! He'll tell you himself: he came to dun me for my rent. True, Monsieur Bonacieux? Answer!"

"It's absolutely true," the haberdasher exclaimed, "but this gentleman isn't telling you . . ."

— Silence sur moi, silence sur mes amis, silence sur la reine surtout, ou vous perdrez tout le monde sans vous sauver. Allez, allez, Messieurs, emmenez cet homme!

Et d'Artagnan poussa le mercier tout étourdi aux mains des gardes, en lui disant:

— Vous êtes un maraud, mon cher; vous venez me demander de l'argent, à moi! à un mousquetaire! En prison, Messieurs, encore une fois, emmenez-le en prison, et gardez-le sous clef le plus longtemps possible, cela me donnera du temps pour payer.

Les sbires se confondirent en remerciements et emmenèrent leur proie.

Au moment où ils descendaient, d'Artagnan frappa sur l'épaule du chef:

— Ne boirai-je pas à votre santé et vous à la mienne? dit-il, en remplissant deux verres de vin de Beaugency qu'il tenait de la libéralité de M. Bonacieux.

— Ce sera bien de l'honneur pour moi, dit le chef des sbires, et j'accepte avec reconnaissance.

— Donc, à la vôtre, Monsieur . . . comment vous nommez-vous?

— Boisrenard.

— Monsieur Boisrenard!

— A la vôtre, mon gentilhomme; comment vous nommez-vous, à votre tour, s'il vous plaît?

— D'Artagnan.

— A la vôtre, Monsieur d'Artagnan!

— Et par-dessus toutes celles-là, s'écria d'Artagnan comme emporté par son enthousiasme, à celle du roi et du cardinal.

Le chef des sbires eût peut-être douté de la sincérité de d'Artagnan si le vin eût été mauvais, mais le vin était bon, il fut convaincu.

— Mais quelle diable de vilenie avez-vous donc faite là? dit Porthos lorsque l'alguazil en chef eut rejoint ses compagnons et que les quatre amis se retrouvèrent seuls. Fi donc! quatre mousquetaires laisser arrêter au milieu d'eux un malheureux qui crie à l'aide! Un gentil-homme trinquer avec un recors!

— Porthos, dit Aramis, Athos t'a déjà prévenu que tu étais un niais, et je me range de son avis. D'Artagnan, tu es un grand homme, et quand tu seras à la place du M. de Tréville, je te demande ta protection pour me faire avoir une abbaye.

— Ah çà! je m'y perds, dit Porthos, vous approuvez ce que d'Artagnan vient de faire?

"Keep quiet about me, keep quiet about my friends, keep quiet above all about the queen, or you'll ruin everybody without saving yourself! Go on, go on, gentlemen, take this man away!"

And D'Artagnan shoved the dumbfounded haberdasher into the hands of the guards, saying to him:

"You're a rogue, my dear fellow; you come to ask money of me! Of a musketeer! To jail, gentlemen, once more, take him to jail, and keep him locked up as long as possible; that'll give me time to pay up."

The bailiffs thanked him profusely and took away their prey.

Just as they were going downstairs, D'Artagnan tapped the leader's shoulder:

"Am I not to drink your health, and you mine?" he said, while filling two glasses with Beaugency wine he owed to M. Bonacieux's generosity.

"It will be a great honor for me," said the chief bailiff, "and I accept gratefully."

"So, then, to your health, sir . . . what's your name?"

"Boisrenard."

"Monsieur Boisrenard!"

"To yours, gentleman; please now tell me *your* name."

"D'Artagnan."

"To yours, Monsieur D'Artagnan!"

"And over and above all those healths," D'Artagnan exclaimed as if carried away by his enthusiasm, "to that of the king and the cardinal!"

The chief bailiff might have doubted D'Artagnan's sincerity if the wine had been bad, but the wine was good, and he was persuaded.

"But what sort of devilish villainy have you just done!" said Porthos after the chief constable had rejoined his companions and the four friends were alone again. "For shame! That four musketeers should allow an unfortunate man pleading for aid to be arrested before their eyes! That a nobleman should exchange toasts with a bumbailiff!"

"Porthos," said Aramis, "Athos has already informed you that you're a fool, and I concur with his opinion. D'Artagnan, you're a great man, and when you take over M. de Tréville's job, I request your patronage for getting me an abbey."

"Oh, my! I'm all at sea," said Porthos. "You approve of what D'Artagnan has just done?"

— Je le crois parbleu bien, dit Athos; non seulement j'approuve ce qu'il vient de faire, mais encore je l'en félicite.

— Et maintenant, Messieurs, dit d'Artagnan sans se donner la peine d'expliquer sa conduite à Porthos, tous pour un, un pour tous, c'est notre devise, n'est-ce pas?

— Cependant, dit Porthos.

— Étends la main et jure! s'écrièrent à la fois Athos et Aramis.

Vaincu par l'exemple, maugréant tout bas, Porthos étendit la main, et les quatre amis répétèrent d'une seule voix la formule dictée par d'Artagnan:

«Tous pour un, un pour tous.»

— C'est bien, que chacun se retire maintenant chez soi, dit d'Artagnan comme s'il n'avait fait autre chose que de commander toute sa vie, et attention, car, à partir de ce moment, nous voilà aux prises avec le cardinal.

27. Mérimée: *Carmen* (1852)

Je suis né, dit-il, à Elizondo, dans la vallée de Baztan. Je m'appelle don José Lizzarrabengoa, et vous connaissez assez l'Espagne, monsieur, pour que mon nom vous dise aussitôt que je suis Basque et vieux chrétien. Si je prends le *don*, c'est que j'en ai le droit, et si j'étais à Elizondo, je vous montrerais ma généalogie sur un parchemin. On voulait que je fusse d'Église, et l'on me fit étudier, mais je ne profitais guère. J'aimais trop à jouer à la paume, c'est ce qui m'a perdu. Quand nous jouons à la paume, nous autres Navarrais, nous oublions tout. Un jour que j'avais gagné, un gars de l'Alava me chercha querelle; nous prîmes nos *maquilas*, et j'eus encore l'avantage; mais cela m'obligea de quitter le pays. Je rencontrai des dragons, et je m'engageai dans le régiment d'Almanza, cavalerie. Les gens de nos montagnes apprennent vite le métier militaire. Je devins bientôt brigadier, et on me promettait de me faire maréchal des logis, quand, pour mon malheur, on me mit de garde à la manufacture de tabacs à Séville. Si vous êtes allé à Séville, vous aurez vu ce grand bâtiment-là, hors des remparts, près du Guadalquivir. Il me semble en voir encore la porte et le corps de garde auprès. Quand ils sont de service, les Espagnols jouent aux cartes, ou dorment; moi, comme un franc Navarrais, je tâchais toujours de m'occuper. Je faisais une chaîne avec du fil de laiton, pour tenir mon épinglette. Tout d'un coup les camarades disent: Voilà la cloche qui sonne; les filles vont rentrer à l'ouvrage. Vous saurez, mon-

"I'll damn well say I do," said Athos. "Not only do I approve of what he's just done, but I congratulate him on it, as well."

"And now, gentlemen," said D'Artagnan, without troubling to explain his behavior to Porthos, "all for one and one for all—that's our motto, isn't it?"

"But . . . but . . . ." Porthos said.

"Hold out your hand and swear!" Athos and Aramis exclaimed simultaneously.

Subdued by their example, though muttering under his breath, Porthos held out his hand, and the four friends repeated with one voice the formula D'Artagnan had enunciated:

"All for one and one for all!"

"Good! Now everyone go home," said D'Artagnan, as if he had done nothing but give orders all his life, "and watch out, because from this moment on we're at grips with the cardinal!"

27. Mérimée: *Carmen* (1852)

"I was born," he said, "at Elizondo, in the valley of Baztan. My name is Don José Lizzarrabengoa, and you're well enough acquainted with Spain, sir, for my name to tell you at once that I'm a Basque and of pure Christian blood. If I assume the title Don, I have a right to it, and if I were in Elizondo, I'd show you my genealogy on a parchment. My parents wanted me to be a priest and made me study for it, but I wasn't much good at it. I enjoyed playing pelota too much; that's what ruined me. When we Navarrese play pelota, we forget ourselves completely. One day, when I had won, a fellow from the Alava picked a fight with me; we took our iron-tipped sticks, and I was the victor again; but that compelled me to leave my homeland. I met some dragoons, and I enlisted in the Almanza cavalry regiment. People from our mountains learn the soldier's trade quickly. I soon became a corporal, and they were promising to make me a sergeant when, to my misfortune, I was ordered to guard the cigar factory in Seville. If you've been to Seville, you've probably seen that big building, outside the ramparts, near the Guadalquivir. I feel as if I still see its entrance and the guardhouse near it. When they're on duty, the Spaniards play cards or sleep; but I, like an honest Navarrese, always tried to keep busy. I was making a chain out of brass wire to hold the pin I cleaned my rifle barrel with. All at once my buddies said: 'There goes the bell ringing; the girls will be coming back to work.' You probably know, sir,

sieur, qu'il y a bien quatre à cinq cents femmes occupées dans la manufacture. Ce sont elles qui roulent les cigares dans une grande salle, où les hommes n'entrent pas sans une permission du *Vingt-quatre*, parce qu'elles se mettent à leur aise, les jeunes surtout, quand il fait chaud. A l'heure où les ouvrières rentrent, après leur dîner, bien des jeunes gens vont les voir passer, et leur en content de toutes les couleurs. Il y a peu de ces demoiselles qui refusent une mantille de taffetas, et les amateurs, à cette pêche-là, n'ont qu'à se baisser pour prendre le poisson. Pendant que les autres regardaient, moi, je restais sur mon banc, près de la porte. J'étais jeune alors; je pensais toujours au pays, et je ne croyais pas qu'il y eût de jolies filles sans jupes bleues et sans nattes tombant sur les épaules. D'ailleurs, les Andalouses me faisaient peur; je n'étais pas encore fait à leurs manières: toujours à railler, jamais un mot de raison. J'étais donc le nez sur ma chaîne, quand j'entends des bourgeois qui disaient: Voilà la gitanilla! Je levai les yeux, et je la vis. C'était un vendredi, et je ne l'oublierai jamais. Je vis cette Carmen que vous connaissez, chez qui je vous ai rencontré il y a quelques mois.

Elle avait un jupon rouge fort court qui laissait voir des bas de soie blancs avec plus d'un trou, et des souliers mignons de maroquin rouge attachés avec des rubans couleur de feu. Elle écartait sa mantille afin de montrer ses épaules et un gros bouquet de cassie qui sortait de sa chemise. Elle avait encore une fleur de cassie dans le coin de la bouche, et elle s'avançait en se balançant sur ses hanches comme une pouliche du haras de Cordoue. Dans mon pays, une femme en ce costume aurait obligé le monde à se signer. A Séville, chacun lui adressait quelque compliment gaillard sur sa tournure; elle répondait à chacun, faisant les yeux en coulisse, le poing sur la hanche, effrontée comme une vrai bohémienne qu'elle était. D'abord elle ne me plut pas, et je repris mon ouvrage; mais elle, suivant l'usage des femmes et des chats qui ne viennent pas quand on les appelle et qui viennent quand on ne les appelle pas, s'arrêta devant moi et m'adressa la parole:

— Compère, me dit-elle à la façon andalouse, veux-tu me donner ta chaîne pour tenir les clefs de mon coffre-fort?

— C'est pour attacher mon épinglette, lui répondis-je.

— Ton épinglette! s'écria-t-elle en riant. Ah! monsieur fait de la dentelle, puisqu'il a besoin d'épingles!

Tout le monde qui était là se mit à rire, et moi je me sentais rougir, et je ne pouvais trouver rien à lui répondre.

— Allons, mon cœur, reprit-elle, fais-moi sept aunes de dentelle noire pour une mantille, épinglier de mon âme!

that there are a good four or five hundred women employed in the factory. They're the ones who roll the cigars in a large hall which men can't enter without a pass from the police chief, because the women make themselves comfortable, especially the young ones, when it's hot. At the time when the working girls come back, after their meal, many young fellows go and watch them pass by, and say all kinds of wild things to them. There aren't many of those young ladies who refuse a taffeta mantilla, and the fanciers of that kind of fishing have only to bend over to catch a fish. While the others were looking, I stayed on my bench, near the entrance. I was young at the time; I was still thinking about my homeland, and I didn't believe a girl could be pretty unless she wore a blue skirt and had braids hanging down her back. Besides, the Andalusian women scared me; I wasn't used to their ways yet: always kidding around, never a sensible word. So, I had my nose to my chain when I heard some townsmen say: 'There's the Gypsy girl!' I raised my eyes, and I saw her. It was a Friday, and I'll never forget it. I saw that Carmen whom you've met, at whose place I made your acquaintance a few months ago.

"She had on a very short red skirt that revealed white silk stockings with more than one hole in them, and cute little shoes of red morocco tied with flame-colored ribbons. She was pulling aside her mantilla to show her shoulders and a big bunch of acacia protruding from her blouse. She had one more acacia flower in the corner of her mouth, and she was walking along swaying her hips like a filly from the Córdoba stud farm. In my homeland, a woman dressed like that would have made everybody cross themselves. In Seville, every man paid her some ribald compliment on her turn-out; she answered each one, ogling them, her hand on her hip, brazen as the real Gypsy that she was. At first I didn't like her, and I resumed my task; but she, in accordance with the ways of women and cats, who don't come when you call them and come when you don't call them, halted in front of me and addressed me:

"'Pal,' she said in Andalusian style, 'wanna give me your chain to hold the keys to my safe?'

"'It's for attaching my pin,' I replied.

"'Your pin!' she exclaimed with a laugh. 'Oh, this gentleman is a lacemaker, since he needs pins!'

"Everyone there started laughing, and I felt myself blushing, while I could find nothing to say in reply.

"'Come on, sweetheart,' she continued, 'make me seven ells of black lace for a mantilla, pinmaker of my heart!'

Et prenant la fleur de cassie qu'elle avait à la bouche, elle me la lança, d'un mouvement du pouce, juste entre les deux yeux. Monsieur, cela me fit l'effet d'une balle qui m'arrivait . . . Je ne savais où me fourrer, je demeurais immobile comme une planche. Quand elle fut entrée dans la manufacture, je vis la fleur de cassie qui était tombée à terre entre mes pieds; je ne sais ce qui me prit, mais je la ramassai sans que mes camarades s'en aperçussent et je la mis précieusement dans ma veste. Première sottise!

28. Sand: *La mare au diable* (1846)

«Germain, lui dit un jour son beau-père, il faut pourtant te décider à reprendre femme. Voilà bientôt deux ans que tu es veuf de ma fille, et ton aîné a sept ans. Tu approches de la trentaine, mon garçon, et tu sais que, passé cet âge-là, dans nos pays, un homme est réputé trop vieux pour rentrer en ménage. Tu as trois beaux enfants, et jusqu'ici ils ne nous ont point embarrassés. Ma femme et ma bru les ont soignés de leur mieux, et les ont aimés comme elles le devaient. Voilà Petit-Pierre quasi élevé; il pique déjà les bœufs assez gentiment; il est assez sage pour garder les bêtes au pré, et assez fort pour mener les chevaux à l'abreuvoir. Ce n'est donc pas celui-là qui nous gêne; mais les deux autres, que nous aimons pourtant, Dieu le sait, les pauvres innocents nous donnent cette année beaucoup de souci. Ma bru est près d'accoucher, et elle en a encore un tout petit sur les bras. Quand celui que nous attendons sera venu, elle ne pourra plus s'occuper de ta petite Solange et surtout de ton Sylvain, qui n'a pas quatre ans et qui ne se tient guère en repos ni le jour ni la nuit. C'est un sang vif comme toi: ça fera un bon ouvrier, mais ça fait un terrible enfant, et ma vieille ne court plus assez vite pour le rattraper quand il se sauve du côté de la fosse, ou quand il se jette sous les pieds des bêtes. Et puis, avec cet autre que ma bru va mettre au monde, son avant-dernier va retomber pendant un an au moins sur les bras de ma femme. Donc tes enfants nous inquiètent et nous surchargent. Nous n'aimons pas à voir des enfants mal soignés; et quand on pense aux accidents qui peuvent leur arriver, faute de surveillance, on n'a pas la tête en repos. Il te faut donc une autre femme et à moi une autre bru. Songes-y, mon garçon. Je t'ai déjà averti plusieurs fois, le temps se passe, les années ne t'attendront point. Tu dois à tes enfants et à nous autres, qui voulons que tout aille bien dans la maison, de te marier au plus tôt.

"And taking the acacia flower she held in her mouth, she flung it at me with a flick of her thumb, hitting me right between the eyes. Sir, it felt like a bullet striking me . . . I didn't know where to hide, I remained as motionless as a board. After she entered the factory, I saw the acacia flower lying on the ground between my feet; I don't know what came over me, but I picked it up, without my buddies noticing, and put it in my jacket like a treasure. My first folly!"

28. Sand: *The Devil's Pool* (1846)

"Germain," his father-in-law said to him one day, "you really must make up your mind to get married again. It's almost two years now that you've been my daughter's widower, and your eldest is seven. You're getting on for thirty, my boy, and you know that, after that age, where we live, a man is considered too old to remarry. You have three fine children, and until now they haven't been a burden to us. My wife and my daughter-in-law have done their best to look after them, and have loved them as they should have. Now little Pierre is almost fully raised; he already goads the oxen quite nicely; he's smart enough to watch over the animals in the meadow, and strong enough to take the horses to water. So he's not the one who worries us; but the other two, whom we love all the same, God knows, those poor innocents are giving us a lot of trouble this year. My daughter-in-law is approaching her confinement, and she still has a tiny infant on her hands. When the one we're expecting arrives, she'll no longer be able to take care of your little Solange and especially your Sylvain, who isn't even four and hardly keeps still for a moment day and night. He's a lively fellow like you: he'll make a good worker, but he's a devilish child, and my missus doesn't run fast enough to catch him when he dashes away toward the cesspit, or when he throws himself under the animals' feet. And then, with this new one my daughter-in-law will give birth to, her next-youngest will be on my wife's hands for at least a year. And so, your children worry us and are a heavy burden on us. We don't like to see children neglected; and when we think about the accidents that can happen to them, for lack of supervision, our minds can't rest. So you need another wife and I need another daughter-in-law. Think it over, my boy. I've already called it to your attention on several occasions; time is going by, the years won't wait for you. You owe it to your children and to us, who want everything to go well in the house, to get married as soon as possible."

— Eh bien, mon père, répondit le gendre, si vous le voulez absolument, il faudra donc vous contenter. Mais je ne veux pas vous cacher que cela me fera beaucoup de peine, et que je n'en ai guère plus envie que de me noyer. On sait qui on perd et on ne sait pas qui l'on trouve. J'avais une brave femme, une belle femme, douce, courageuse, bonne à ses père et mère, bonne à son mari, bonne à ses enfants, bonne au travail, aux champs comme à la maison, adroite à l'ouvrage, bonne à tout enfin; et quand vous me l'avez donnée, quand je l'ai prise, nous n'avions pas mis dans nos conditions que je viendrais à l'oublier si j'avais le malheur de la perdre.

— Ce que tu dis là est d'un bon cœur, Germain, reprit le père Maurice; je sais que tu as aimé ma fille, que tu l'as rendue heureuse, et que si tu avais pu contenter la mort en passant à sa place, Catherine serait en vie à l'heure qu'il est, et toi dans le cimetière. Elle méritait bien d'être aimée de toi à ce point-là, et si tu ne t'en consoles pas, nous ne nous en consolons pas non plus. Mais je ne te parle pas de l'oublier. Le bon Dieu a voulu qu'elle nous quittât, et nous ne passons pas un jour sans lui faire savoir par nos prières, nos pensées, nos paroles et nos actions, que nous respectons son souvenir et que nous sommes fâchés de son départ. Mais si elle pouvait te parler de l'autre monde et te donner à connaître sa volonté, elle te commanderait de chercher une mère pour ses petits orphelins. Il s'agit donc de rencontrer une femme qui soit digne de la remplacer. Ce ne sera pas bien aisé; mais ce n'est pas impossible; et quand nous te l'aurons trouvée, tu l'aimeras comme tu aimais ma fille, parce que tu es un honnête homme, et que tu lui sauras gré de nous rendre service et d'aimer tes enfants.

— C'est bien, père Maurice, dit Germain, je ferai votre volonté comme je l'ai toujours faite.

— C'est une justice à te rendre, mon fils, que tu as toujours écouté l'amitié et les bonnes raisons de ton chef de famille. Avisons donc ensemble au choix de ta nouvelle femme. D'abord je ne suis pas d'avis que tu prennes une jeunesse. Ce n'est pas ce qu'il te faut. La jeunesse est légère; et comme c'est un fardeau d'élever trois enfants, surtout quand ils sont d'un autre lit, il faut une bonne âme bien sage, bien douce et très portée au travail. Si ta femme n'a pas environ le même âge que toi, elle n'aura pas assez de raison pour accepter un pareil devoir. Elle te trouvera trop vieux et tes enfants trop jeunes. Elle se plaindra et tes enfants pâtiront.

— Voilà justement ce qui m'inquiète, dit Germain. Si ces pauvres petits venaient à être maltraités, haïs, battus?

"All right, father," the son-in-law replied, "if you insist on it, I'll have to satisfy you. But I don't want to conceal from you all the grief it will cause me, since I hardly feel more like doing that than drowning myself. People know whom they've lost but don't know whom they'll find. I had a fine woman, a beautiful woman, gentle, brave, good to her parents, good to her husband, good to her children, a good worker, in the field and house alike, skilled at needlework; in short, good in all ways; and when you gave her to me, when I took her, we hadn't included in our terms that I'd go ahead and forget her if I had the misfortune to lose her."

"What you're saying shows your good heart, Germain," old Maurice went on. "I know you loved my daughter, that you made her happy, and that if you could have satisfied Death by going in her place, Catherine would be alive right now, and you in the graveyard. She richly deserved to be loved by you that much, and if you still aren't consoled for her loss, we aren't consoled, either. But I'm not telling you to forget her. It was the Lord's will that she should leave us, and a day doesn't go by without our informing her in our prayers, our thoughts, our words, and our actions that we revere her memory and are saddened by her departure. But if she could speak to you from the other world and make you understand her wishes, she'd order you to look for a mother for her little orphans. So it's a matter of finding a woman who's worthy to take her place. It won't be easy; but it isn't impossible; and when we've found her for you, you'll love her as you loved my daughter, because you're an honorable man, and you'll be grateful to her for being of service to us and for loving your children."

"All right, father Maurice," Germain said, "I'll do what you want just as I've always done."

"It's only being fair to you, my son, to admit that you've always heeded the friendship and kindly reasoning of the head of your family. So let's discuss the choice of your new wife. First of all, I don't think you should take a youngster. That's not what you need. Young people are frivolous; and since it's a burden to bring up three children, especially when they're not your own, what's needed is a good soul who's very level-headed, very gentle, and very much addicted to working. If your wife isn't about the same age as you, she won't have enough of a reason to take on such duties. She'll find you too old and your children too young. She'll complain and your children will suffer."

"That's exactly what worries me," Germain said. "What if those poor little ones came to be mistreated, hated, beaten?"

— A Dieu ne plaise! reprit le vieillard. Mais les méchantes femmes sont plus rares dons notre pays que les bonnes, et il faudrait être fou pour ne pas mettre la main sur celle qui convient.

— C'est vrai, mon père; il y a de bonnes filles dans notre village. Il y a la Louise, la Sylvaine, la Claudie, la Marguerite . . . enfin, celle que vous voudrez.

29. Sainte-Beuve: *Volupté* (1834)

Dans le trajet de ces fréquentes allées et venues, et durant mes courses à cheval de chaque jour à la campagne, je m'étais accoutumé volontiers à rabattre par la Gastine, grande et vieille ferme à deux petites lieues de chez nous. La famille de Greneuc, qui en était propriétaire, y habitait depuis quelques années, et son bon accueil m'y ramenait toujours. Je n'oserais dire toutefois que l'attrait de cette compagnie dût être uniquement attribué à M. et à madame de Greneuc, vénérable couple, éprouvé par le malheur, offrant le spectacle d'antiques et sérieuses vertus, bon à entendre sur quelques chapitres des choses d'autrefois, la femme sur Mesdames Royales auxquelles, dans le temps, elle avait été présentée, le mari sur M. de Penthièvre, qu'il avait servi en qualité de second écuyer, et dont il érigeait en culte la sainte mémoire. M. de Greneuc, du reste, avec sa haute taille parfaitement conservée, sa tête de loup blanc qui fléchissait à peine, son coup d'œil ferme et la justesse encore vive de ses mouvements, faisait un excellent compagnon de chasse qui redressait à merveille mon inexpérience et lassait souvent mes jeunes jambes. Mais ce qui me le faisait surtout rechercher, je le sens bien, c'est que dans sa maison, sous la tutelle du digne gentilhomme et de sa femme, habitait, âgée de dix-sept ans, leur petite-fille, mademoiselle Amélie de Liniers. Il y avait aussi une autre petite fille, cousine germaine de celle-ci, mais tout enfant encore, la gentille Madeleine de Guémio, ayant de six à sept ans au plus, à laquelle sa jeune cousine servait de gouvernante et de mère. Les parents de ces orphelines étaient tombés victimes de l'affreuse tourmente, les deux pères, ainsi que madame de Guémio elle-même, sur l'échafaud: madame de Liniers avait survécu deux ans à son mari, et ses yeux mourants s'étaient du moins reposés sur sa fille déjà éclose et à l'abri de l'orage. Ainsi deux vieillards et deux enfants composaient cette maison; entre ces âges extrêmes une révolution avait passé, et la florissante génération destinée à les unir s'était engloutie: quatre têtes dans une famille, et les mieux affermies

"God forbid!" the old man interjected. "But spiteful women are rarer where we live than kindly ones, and you'd have to be crazy not to lay your hand on a suitable one."

"That's true, father: there are good girls in our village. There's Louise, Sylvaine, Claudie, Marguerite . . . in short, any one you like."

29. Sainte-Beuve: *Sensual Pleasure* (1834)

In the course of these frequent comings and goings, and during my daily horseback rides in the country, I had grown accustomed gladly to stop at La Gastine, a big old farm five short miles from our place. The De Greneuc family that owned it had been living there some years, and their hearty welcome always led me back there. Nevertheless I dare not say that the attraction of their company was due solely to M. and Madame de Greneuc, a venerable couple who had suffered misfortune, who presented the sight of serious, old-fashioned virtues, and who were worth listening to concerning some aspects of bygone matters: the wife, concerning the royal princesses, to whom she had long ago been presented; the husband, concerning M. de Penthièvre, whom he had served in the status of second riding master, and whose sacred memory he exalted into a cult. Besides, M. de Greneuc, with his tall, perfectly preserved body, his white wolf's head scarcely bowed, his steady gaze, and the still brisk precision of his movements, was an excellent hunting companion who corrected my inexperience wonderfully and often tired out my young legs. But the thing that made me seek him out above all, I'm well aware, was the presence in his house, under the guardianship of the worthy nobleman and his wife, of their seventeen-year-old granddaughter, Mademoiselle Amélie de Liniers. There was also another young girl, Amélie's first cousin, though still a child, the sweet Madeleine de Guémio, six or seven at most, whom her young cousin served as governess and mother. The parents of those orphan girls had fallen victim to our terrible political tempest, their two fathers, and Madame de Guémio herself, on the scaffold: Madame de Liniers had survived her husband by two years, and her dying eyes had at least rested on her daughter, who was already blossoming and sheltered from the storm. Thus, two old people and two children comprised that household; between those extreme ages a revolution had passed, and the mature generation that was meant to link them had been swallowed up: four heads of one family, the steadiest and most

et les plus entières, avaient disparu. C'était une vue pleine de charme et de fécondes réflexions que celle de mademoiselle Amélie entre les fauteuils de ses grands-parents et la chaise basse de sa petite Madeleine, occupée sans cesse des uns et de l'autre, inaltérable de patience et d'humeur, d'une complaisance égale, soit qu'elle répondît aux questions de l'enfant, soit qu'à son tour elle en adressât pour la centième fois sur le cérémonial de 1770 ou sur les aumônes de M. de Penthièvre. Je vois encore la chambre écrasée, sombre, au rez-de-chaussée (le bâtiment n'avait pas d'étage), ou même plus bas que le rez-de-chaussée, puisqu'on y descendait par deux marches, avec des croisées à tout petits carreaux plombés, donnant sur le jardin, et des barreaux de fer en dehors. En choisissant ce lieu assez incommode pour résidence, M. de Greneuc, dont la fortune était restée considérable, avait voulu surtout éviter le péril d'un séjour plus apparent en des conjectures encore mal assurées. C'est au fond de cette chambre bien connue qu'à chaque visite, en entrant, j'admirais dès le seuil le contraste d'une si fraîche jeunesse au milieu de tant de vétusté, et la réelle harmonie de vertus, de calme et d'affections, qui régnait entre ces êtres unis par le sang et rapprochés, plus près même qu'il n'était naturel, par des infortunes violentes. Quand j'entrais, ma chaise était déjà mise, prête à me recevoir, tournant le dos à la porte, vis-à-vis de M. de Greneuc, à gauche de madame, à droite de la petite Madeleine qui me séparait de mademoiselle Amélie: celle-ci, en effet, avait entendu le pas du cheval dans la cour, quoique les fenêtres de la chambre ne donnassent pas de ce côté; elle avait placé la chaise d'avance et s'était rassise, de sorte que, lorsque je paraissais, j'étais toujours attendu et qu'on ne se levait pas. En réponse à mon profond salut, un signe gracieux de la main me montrait la place destinée. Ainsi accueilli sur un pied de familiarité douce et d'habitude affectueuse, il me semblait dès l'abord que ce n'était que la conversation de la veille ou de l'avant-veille qui se continuait entre nous. Je disais les récentes nouvelles de la ville, les grands événements politiques et militaires qui ne faisaient pas faute, ou les actives combinaisons de nos amis dans la contrée. J'apportais quelques livres à mademoiselle Amélie, de piété, de voyages ou d'histoire; car elle avait l'esprit solide, orné, et, grâce aux soins de sa languissante mère, sa première éducation avait été exquise, quoique nécessairement depuis fort simplifiée dans cette solitude. Après un quart d'heure passé dans ces nouveautés et ces échanges, c'était d'ordinaire à notre tour d'écouter les récits des grands-parents et de rentrer dans le détail des anciennes mœurs; nous nous y prêtions, mademoiselle Amélie et moi, avec enjouement, et

solid, had vanished. It was a source of charm and fruitful reflection to see Mademoiselle Amélie between her grandparents' armchairs and her little Madeleine's low wooden chair, ceaselessly occupied with all of them, tirelessly patient and cheerful, and equally obliging to all, whether she was answering the child's questions or posing questions herself for the hundredth time about court etiquette in 1770 or the alms that M. de Penthièvre used to give. I can still see the dark, low-ceilinged room on the ground floor (the building had no upper story)—or, in fact, lower than the ground floor, because you walked two steps down into it—with casements of very small leaded panes facing the garden, with iron bars outside. In choosing that rather inconvenient place as a residence, M. de Greneuc, whose wealth had remained considerable, had wished above all to avoid the danger of a more conspicuous dwelling while circumstances were still so uncertain. It was at the far end of that well-known room that, on each visit, as I entered, I used to marvel while still on the threshold at the contrast between such blooming youth and so much antiquity, and at the true harmony of virtues, repose, and affections that prevailed among those beings united by blood, and brought together even more closely than was only natural by violent misfortunes. When I'd go in, my chair was already placed and ready to receive me, so that my back was turned toward the door, I was facing M. de Greneuc, I was to the left of Madame, and to the right of little Madeleine, who separated me from Mademoiselle Amélie; in fact, Amélie had heard my horse's steps in the courtyard, even though the windows in the room didn't face that way; she had set out my chair in advance and had sat back down, so that when I appeared I was always expected and no one got up. In response to my low bow, a graceful hand gesture showed me the place intended for me. Thus welcomed on a footing of sweet familiarity and affectionate custom, I felt from the very start that it was merely the conversation of the day before, or two days before, which was continuing among us. I'd report the recent news from town, the great political and military events which were never lacking, or the busy plans of our friends in the region. I'd bring a few books for Mademoiselle Amélie, on religion, travel, or history; for her mind was solid and educated, and, thanks to her dying mother's cares, her earliest upbringing had been elegant, though of necessity highly simplified since then, in that solitude. After spending a quarter of an hour on those novelties and exchanges, it was generally our turn to listen to the grandparents' narratives and to immerse ourselves again in the details of bygone customs; Mademoiselle Amélie and I used to lend ourselves to this play-

nous y poussions même de concert par une légère conspiration tant soit peu malicieuse. Dans cette espèce de jeu de causerie où nous étions partners, nos vénérables vis-à-vis n'avaient garde de s'apercevoir du piège, et puis leur mémoire d'autrefois y trouvait trop son compte pour qu'ils eussent à s'en plaindre.

30. Nerval: "Sylvie" (*Les filles du feu*, 1854)

Il y avait dans la province du Valois, au milieu des bois de Villers-Cotterêts, un petit garçon et une petite fille qui se rencontraient de temps en temps sur les bords des petites rivières du pays, l'un obligé par un bûcheron nommé Tord-Chêne, qui était son oncle, à aller ramasser du bois mort, l'autre envoyée par ses parents pour saisir de petites anguilles que la baisse des eaux permet d'entrevoir dans la vase en certaines saisons. Elle devait encore, faute de mieux, atteindre entre les pierres les écrevisses, très nombreuses dans quelques endroits.

Mais la pauvre petite fille, toujours courbée et les pieds dans l'eau, était si compatissante pour les souffrances des animaux, que, le plus souvent, voyant les contorsions des poissons qu'elle tirait de la rivière, elle les y remettait et ne rapportait guère que les écrevisses, qui souvent lui pinçaient les doigts jusqu'au sang, et pour lesquelles elle devenait alors moins indulgente.

Le petit garçon, de son côté, faisant des fagots de bois mort et des bottes de bruyère, se voyait exposé souvent aux reproches de Tord-Chêne, soit parce qu'il n'en avait pas assez rapporté, soit parce qu'il s'était trop occupé à causer avec la petite pêcheuse.

Il y avait un certain jour dans la semaine où ces deux enfants ne se rencontraient jamais . . . Quel était ce jour? Le même sans doute où la fée Mélusine se changeait en poisson, et où les princesses de l'Edda se transformaient en cygnes.

Le lendemain d'un de ces jours-là, le petit bûcheron dit à la pêcheuse: «Te souviens-tu qu'hier je t'ai vue passer là-bas dans les eaux de Challepont avec tous les poissons qui te faisaient cortège . . . jusqu'aux carpes et aux brochets; et tu étais toi-même un beau poisson rouge avec les côtés tout reluisants d'écailles en or.

— Je m'en souviens bien, dit la petite fille, puisque je t'ai vu, toi qui étais sur le bord de l'eau, et que tu ressemblais à un beau *chêne-vert*, dont les branches d'en haut étaient d'or . . . , et que tous les arbres du bois se courbaient jusqu'à terre en te saluant.

fully, and we even encouraged it together in a minor conspiracy that was just a little bit mischievous. In that sort of conversational game in which we were partners, our venerable interlocutors were far from noticing the trap; besides, their recollection of the past gained too much thereby for them to have to complain about it.

30. Nerval: "Sylvie" (*The Fire Maidens*, 1854)

In the province of Valois, amid the forests of Villers-Cotterêts, there lived a little boy and little girl who would occasionally meet on the banks of the little local streams, the boy compelled by a woodcutter named Oaktwister, who was his uncle, to go and gather fallen branches, the girl sent by her parents to catch little eels that the lowering of the waters allowed one to glimpse in the mud at certain times of the year. If she found nothing better, she was also to search among the stones for crayfish, which were very numerous in some places.

But the poor little girl, always stooping, with her feet in the water, was so compassionate toward the suffering of animals that, most of the time, seeing the contortions of the fish she pulled out of the stream, she'd put them back in and she'd bring home only the crayfish, which often pinched her fingers till they bled, and to which she then became less indulgent.

The little boy, for his part, when making faggots of fallen branches and bundles of heather, often found himself open to Oaktwister's reproaches, either because he hadn't brought enough home or because he had spent too much time chatting with the little fisher girl.

There was a certain day of the week on which those two children never met . . . What day was that? No doubt the same on which the fairy Mélusine used to change into a fish, and on which the princesses in the *Edda* were transformed into swans.

The day after one such day, the little woodcutter said to the fisher girl: "Do you remember that yesterday I saw you go by, over yonder, in the waters of Challepont with all the fishes that made up your retinue . . . even the carps and the pikes? And you yourself were a beautiful red fish with your sides all gleaming with golden scales."

"I remember it well," said the little girl, "because I saw *you* on the bank of the stream, looking like a beautiful holm oak whose upper branches were of gold . . . and all the trees in the forest bowed down to the ground as they greeted you."

— C'est vrai, dit le petit garçon, j'ai rêvé cela.

— Et moi aussi j'ai rêvé ce que tu m'as dit: mais comment nous sommes-nous rencontrés deux dans le rêve? . . .»

En ce moment, l'entretien fut interrompu par l'apparition de Tord-Chêne, qui frappa le petit avec un gros gourdin, en lui reprochant de n'avoir pas seulement lié encore un fagot.

— Et puis, ajouta-t-il, est-ce que je ne t'ai pas recommandé de tordre les branches qui cèdent facilement, et de les ajouter à tes fagots.

— C'est que, dit le petit, le garde me mettrait en prison, s'il trouvait dans mes fagots du bois vivant . . . Et puis, quand j'ai voulu le faire, comme vous me l'aviez dit, j'entendais l'arbre qui se plaignait.

— C'est comme moi, dit la petite fille, quand j'emporte des poissons dans mon panier, je les entends qui chantent si tristement, que je les rejette dans l'eau . . . Alors on me bat chez nous!

— Tais-toi, petite masque! dit Tord-Chêne, qui paraissait animé par la boisson, tu déranges mon neveu de son travail. Je te connais bien, avec tes dents pointues couleur de perle . . . Tu es la reine des poissons . . . Mais je saurai bien te prendre à un certain jour de la semaine, et tu périras dans l'osier . . . dans l'osier!

Les menaces que Tord-Chêne avait faites dans son ivresse ne tardèrent pas à s'accomplir. La petite fille se trouva prise sous la forme de poisson rouge, que le destin l'obligeait à prendre à de certains jours. Heureusement, lorsque Tord-Chêne voulut, en se faisant aider de son neveu, tirer de l'eau la nasse d'osier, ce dernier reconnut le beau poisson rouge à écailles d'or qu'il avait vu en rêve, comme étant la transformation accidentelle de la petite pêcheuse.

Il osa la défendre contre Tord-Chêne et le frappa même de sa galoche. Ce dernier, furieux, le prit par les cheveux, cherchant à le renverser; mais il s'étonna de trouver une grande résistance: c'est que l'enfant tenait des pieds à la terre avec tant de force que son oncle ne pouvait venir à bout de le renverser ou de l'emporter, et le faisait en vain virer dans tous les sens.

Au moment où la résistance de l'enfant allait se trouver vaincue, les arbres de la forêt frémirent d'un bruit sourd, les branches agitées laissèrent siffler les vents, et la tempête fit reculer Tord-Chêne, qui se retira dans sa cabane de bûcheron.

Il en sortit bientôt, menaçant, terrible et transfiguré comme un fils d'Odin; dans sa main brillait cette hache scandinave qui menace les arbres, pareille au marteau de Thor brisant les rochers.

Le jeune roi des forêts, victime de Tord-Chêne, — son oncle, usurpateur, — savait déjà quel était son rang, qu'on voulait lui cacher.

"It's true," said the little boy, "I dreamed that."

"And *I* dreamed what you told *me:* but how did the two of us meet in the dream? . . ."

At that moment their conversation was interrupted by the appearance of Oaktwister, who hit the boy with a thick cudgel, reprimanding him for not having tied a single bundle yet.

"Besides," he added, "haven't I urged you to twist off the branches that break easily, and add them to your bundles?"

The boy said: "It's because the forest ranger would put me in jail if he found freshly broken wood in my bundles . . . And besides, whenever I tried to do it, as you told me to, I heard the tree complaining."

"Just like me!" said the little girl. "Whenever I carry fish away in my basket, I hear them singing so sadly that I throw them back in the water . . . Then I get a beating back home!"

"Be quiet, you little minx!" said Oaktwister, who seemed to be animated by drink, "you prevent my nephew from working. I know you well, with your pointy, pearl-colored teeth . . . You're the queen of the fishes . . . But I'll definitely catch you on a certain day of the week, and you'll die in the wicker . . . in the wicker!"

The threats that Oaktwister had made while drunk were fulfilled before long. The little girl found herself caught in the shape of a red fish, which her fate compelled her to assume on certain days. Fortunately, when Oaktwister, forcing his nephew to help him, tried to pull his wicker net out of the water, the boy recognized the beautiful red fish with golden scales that he'd seen in his dream as being the temporary transformation of the little fisher girl.

He had the courage to defend her against Oaktwister, whom he even struck with his clog. The latter, furious, caught him by the hair, trying to pull him off his feet, but was amazed to encounter a strong resistance: the boy kept his feet on the ground so firmly that his uncle was unable to overturn him or carry him away, and it was in vain that he spun him around in every direction.

Just when the child's resistance was about to be overcome, the forest trees shuddered with a muffled sound, their waving boughs let the winds whistle, and the tempest made Oaktwister move back and withdraw into his woodcutter's hut.

He soon issued forth, threatening, fearsome, and transfigured like a son of Odin; in his hand there gleamed that Scandinavian axe which threatens trees, like Thor's hammer smashing rocks.

The young king of the forests, the victim of Oaktwister, his uncle, the usurper, by now knew his own rank, which people had tried to

Les arbres le protégeaient, mais seulement par leur masse et leur résistance passive . . .

31. Barbey d'Aurevilly: *Ce qui ne meurt pas* (1883)

Il y a, dans quelques parties de la Basse-Normandie, et notamment dans la presqu'île du Cotentin, — des paysages tellement ressemblants à certains paysages d'Angleterre que les Normands qui jetèrent l'ancre de l'une à l'autre de ces contrées purent croire, à ces places du pays qu'ils venaient de conquérir, n'avoir pas changé de patrie. Cette ressemblance, du reste, exerça probablement peu d'influence sur l'imagination farouche de nos aïeux, ces *Rois de la mer*, pour qui la Mer elle-même, avec ses sublimes étendues, n'était qu'une grande route, audacieusement suivie, vers des proies et des pillages inconnus flairés de loin par ces lions marins, avec leur instinct de pirates . . . Mais pour nous, qui sommes leurs descendants, pour nous, assis depuis des siècles sur les rivages qu'ils ont gardés, et dont l'imagination moderne aime à contempler à loisir les pays qu'ils n'eurent, eux, souci que de prendre, la ressemblance entre les paysages anglais et les paysages normands, en beaucoup de points, est frappante. Le ciel même, le ciel si souvent gris et pluvieux de notre Ouest, qui nous pénètre si profondément le cœur de sa lumière mélancolique et nous y met, quand nous en sommes loin, la nostalgie, ajoute encore en Normandie à cette illusion d'Angleterre, et semble quelquefois pousser entre les deux pays la ressemblance jusqu'à l'identité.

Et cela était vrai, surtout, du château qu'on appelait: «le château des Saules.» Parmi tous les châteaux qui se dressaient sur les côtes de la presqu'île du Cotentin, il n'y en avait certainement pas un qui donnât mieux l'impression de ces châteaux comme on en voit tant en Angleterre, émergeant tout à coup de quelque lac qui leur fait ceinture et qui baigne leurs pieds de pierre dans la glauque immobilité de ses eaux. Situé dans la Manche, à peu de distance de Sainte-Mère-Église, cette bourgade qui n'a conservé du Moyen Âge que son nom catholique et ses foires séculaires, entre La Fière et Picauville, il ne rappelait pas autrement le temps de la Féodalité disparue. Si on l'avait jugé par ce qui restait des constructions de ce château, malheureusement en ruines aujourd'hui, il avait dû être bâti dans les commencements du dix-septième siècle sur les bords de la Douve, qui coule par-là en plein marais, et il aurait pu s'appeler «le château de Plein-Marais», tout aussi bien que le château d'en face, dont c'est le nom.

conceal from him. The trees were protecting him, but only by their mass and their passive resistance . . .

31. Barbey d'Aurevilly: *That Which Does Not Die* (1883)

In some parts of Lower Normandy, particularly on the Cotentin peninsula, there are landscapes so similar to certain landscapes in England that the Normans who cast anchor from one to the other of those regions might have believed, in those areas of the land they had just conquered, that they hadn't changed homeland. At any rate, this similarity probably exerted little influence on the wild imagination of our ancestors, those "sea kings" for whom the sea itself, with its sublime reaches, was merely a big road, boldly followed, leading to victims and booty scented from far off by those lions of the ocean, with their piratical instinct . . . But for us, who are their descendants, for us, resident for centuries on the shores they guarded, with our modern imagination that enjoys observing at leisure the lands that *they* only thought about capturing, the similarity between the English landscapes and the Norman landscapes, in many respects, is striking. The very sky, that sky of our West, so often gray and rainy, which imbues our heart so deeply with its melancholy light and, when we're far from it, makes us yearn for it, adds in Normandy to that illusion of England, and sometimes seems to increase the similarity between the two lands to the point of identity.

And that was especially true of the château that was called "the Château of the Willows." Among all the châteaux that stood on the coasts of the Cotentin peninsula, there was certainly not one that gave a stronger impression of those castles so frequently encountered in England, suddenly emerging from some lake that rings them around and bathes their stone feet in the blue-green motionlessness of its waters. Situated in the Channel district, not far from Sainte-Mère-Église, that village which has preserved nothing from the Middle Ages but its Catholic name and its age-old fairs, between La Fière and Picauville, it didn't particularly remind one of the bygone feudal period. To judge by what remained of this castle's buildings, unfortunately in ruins today, it must have been constructed at the beginning of the seventeenth century on the banks of the Douve, which in that area flows into the middle of a swamp, and it could have been called "the Castle of Mid-Swamp" just as well as the castle facing it, which does bear that name. Mid-Swamp and the Willows, separated by the

Plein-Marais et Les Saules, séparés par les vastes marécages que la
Douve traverse, en se tordant comme une longue anguille bleue, pour
aller languissamment se perdre sous les ponts de Saint-Lô dans la
Vire, et trop éloignés l'un de l'autre sur la rivière qui passait entre eux,
ne pouvaient s'apercevoir dans le lointain reculé de leurs horizons
souvent brumeux, même les jours où le temps était le plus clair.

Isolées en ces immenses parages, c'étaient deux demeures aristo-
cratiques et solitaires qu'il avait fallu même quelque courage pour
habiter autrefois. Autour d'elles, en effet, l'atmosphère de ces marais
avait été longtemps aussi meurtrière que celle des Maremmes de la
campagne romaine, avant l'époque du drame intime dont ce château
des Saules fut l'obscur théâtre. Il n'y avait pas beaucoup d'années
qu'un drainage intelligemment pratiqué avait purifié la contrée des
influences, presque toujours mortelles, dans lesquelles des généra-
tions de riverains et d'habitants de ces marécages avaient misérable-
ment vécu, *tremblant,* toute l'année, *les fièvres,* comme elles disaient,
ces hâves et malingres populations! Mais, vers l'année 1845, ces populations avaient perdu l'aspect de langueur et de maladie qui avait si
longtemps attristé l'œil du voyageur quand il passait par ces marais ty-
phoïdes, et la santé était revenue là aux hommes comme aux paysages.
Assainis par une culture qui en avait fait une prairie, ces marais of-
fraient alors, à perte de vue, le spectacle opulent d'une étendue
d'herbe pressée, tassée, presque touffue, où les bœufs qui paissaient
en avaient jusqu'au ventre, de cette herbe plantureusement foison-
nante sur le vert éclatant de laquelle ils se détachaient vigoureuse-
ment dans leurs diverses attitudes, soit dans la lente errance de leur
pâture, le cou baissé, soit couchés sur le flanc, dans la somnolence de
leur ruminement et de leur repos. Ces herbages humides coupés, de
place en place, par d'étroits fossés d'alluvion qui mettaient une eau
transparente d'opale dans leur fond d'émeraude, avaient aussi — sta-
gnantes çà et là — de rondes mares d'eau pure, qu'ils devaient autant
aux pluies fréquentes de ce climat mouillé de l'Ouest qu'au sol primi-
tivement spongieux et au voisinage de la Douve; et, à quelques
endroits, ces mares étaient même assez grandes pour former de véritables lacs sillonnés et moirés de mille plis, aux nuances frissonnantes
et changeantes selon le vent ou le ciel qu'il faisait . . . Certainement,
une des plus frappantes beautés de ce paysage de marais c'étaient ces
espèces de lacs nombreux qui, à l'automne et à l'hiver, prenaient des
proportions grandioses, mais qui l'été, quoique diminués, ne dis-
paraissaient pas entièrement et devenaient, sous le soleil, des semis de
plaques métalliquement étincelantes et comme des îlots de lumière.

vast fens crossed by the Douve as it twists like a long blue eel before it languishingly empties into the Vire under the bridges of Saint-Lô, and too distant from each other on the stream that passed between them, could only be perceived in the remote distance of their often foggy horizons, even on days when the air was clearest.

Isolated in those immense landscapes, they were two aristocratic and solitary residences which in the past it actually needed some courage to live in. In fact, around them the atmosphere of those swamps had for a long time been as deadly as that of the marshes in the Roman campagna, before the era of the intimate drama of which this Château of the Willows was the obscure scene. Not many years earlier, an intelligently planned drainage had cleansed the area of the almost always fatal circumstances in which generations of riverside dwellers and inhabitants of those fens had led wretched lives, "shaking with fever," as they put it, all year long, those gaunt, sickly residents! But around the year 1845, those residents had lost the look of languor and sickness that had for so long saddened the eyes of the traveler when he passed through those typhoidal swamps, and health had returned to the people there as it had to the countryside. Purified by a cultivation which had made them a grassland, those swamps presented at the time, as far as the eye could reach, the opulent spectacle of a wide extent of thick, dense, almost bushy grass, which reached up to the bellies of the grazing oxen, that plentiful, abundant grass against whose brilliant green they stood out vigorously in their various poses, whether in their slow roaming as they fed with lowered necks or, as they lay on their sides, in the drowsiness of their rumination and repose. Those stretches of grass, intersected here and there by narrow ditches of alluvial soil which admitted transparent opaline water into their emerald bed, also had—stagnant in places—round ponds of pure water, which they owed as much to the frequent rains of that damp Western climate as to the originally spongy soil and the proximity of the Douve; and in some spots those ponds were even large enough to form real lakes, furrowed and streaked by a thousand ripples, with trembling and iridescent nuances, depending on the wind or the air at the moment . . . Surely, one of the most striking beauties of that swampy landscape was the numerous lakes of that sort, which in fall and winter assumed grandiose proportions, but which in summer, though diminished, didn't disappear entirely and, in the sunshine, became scatterings of metallically glistening sheets, like islets of light.

32. Musset: *La confession d'un enfant du siècle* (1836)

J'ai à raconter à quelle occasion je fus pris d'abord de la maladie du siècle. J'étais à table, à un grand souper, après une mascarade. Autour de moi mes amis richement costumés, de tous côtés des jeunes gens et des femmes, tous étincelants de beauté et de joie; à droite et à gauche, des mets exquis, des flacons, des lustres, des fleurs; au-dessus de ma tête un orchestre bruyant, et en face de moi ma maîtresse, créature superbe que j'idolâtrais.

J'avais alors dix-neuf ans; je n'avais éprouvé aucun malheur ni aucune maladie; j'étais d'un caractère à la fois hautain et ouvert, avec toutes les espérances et un cœur débordant. Les vapeurs du vin fermentaient dans mes veines; c'était un de ces moments d'ivresse où tout ce qu'on voit, tout ce qu'on entend, vous parle de la bien-aimée. La nature entière paraît alors comme une pierre précieuse à mille facettes, sur laquelle est gravé le nom mystérieux. On embrasserait volontiers tous ceux qu'on voit sourire, et on se sent le frère de tout ce qui existe. Ma maîtresse m'avait donné rendez-vous pour la nuit, et je portais lentement mon verre à mes lèvres en la regardant.

Comme je me retournais pour prendre une assiette, ma fourchette tomba. Je me baissai pour la ramasser, et, ne la trouvant pas d'abord, je soulevai la nappe pour voir où elle avait roulé. J'aperçus alors sous la table le pied de ma maîtresse qui était posé sur celui d'un jeune homme assis à côté d'elle; leurs jambes étaient croisées et entrelacées, et ils les resserraient doucement de temps en temps.

Je me relevai parfaitement calme, demandai une autre fourchette et continuai à souper. Ma maîtresse et son voisin étaient, de leur côté, très tranquilles aussi, se parlant à peine et ne se regardant pas. Le jeune homme avait les coudes sur la table, et plaisantait avec une autre femme qui lui montrait son collier et ses bracelets. Ma maîtresse était immobile, les yeux fixes et noyés de langueur. Je les observai tous deux tant que dura le repas, et je ne vis dans leurs gestes ni sur leurs visages rien qui pût les trahir. A la fin, lorsqu'on fut au dessert, je fis glisser ma serviette à terre, et, m'étant baissé de nouveau, je les retrouvai dans la même position, étroitement liés l'un à l'autre.

J'avais promis à ma maîtresse de la ramener ce soir-là chez elle. Elle était veuve, et par conséquent fort libre, au moyen d'un vieux parent qui l'accompagnait et lui servait de chaperon. Comme je traversais le péristyle, elle m'appela: «Allons, Octave, me dit-elle, partons, me

32. Musset: *The Confession of a Child of the Age* (1836)

I have to tell on what occasion I was first attacked by the malady of this era.

I was at table, at a grand supper, after a masquerade. Around me my friends in rich costumes, on all sides young men and women, all sparkling with beauty and joy; to the right and left, delicious food, bottles, chandeliers, flowers; over my head a noisy band, and opposite me my mistress, a superb creature whom I idolized.

I was nineteen at the time; I hadn't suffered any misfortune or illness; my nature was haughty and frank at the same time; I had every hope and my heart was overflowing. The vapors of the wine were fermenting in my veins; it was one of those moments of intoxication when everything you see, everything you hear, speaks to you of your beloved. At such times all of nature seems like a precious stone with a thousand facets on which the mysterious name is engraved. You'd gladly embrace all those you see smiling, and you feel like the brother of everything that exists. My mistress had made an assignation with me for that night, and I was slowly lifting my glass to my lips while looking at her.

As I turned around to take a plate, my fork fell. I stooped down to pick it up and, not finding it at first, I raised the tablecloth to see where it had rolled. I then saw beneath the table my mistress's foot resting on that of a young man seated beside her; their legs were crossed and intertwined, and they squeezed them gently every so often.

I straightened up, perfectly calm, asked for another fork, and went on with my supper. For their part, my mistress and her neighbor were very tranquil also, hardly addressing each other and not looking at each other. The young man had his elbows on the table, and was joking with another woman who was showing him her necklace and her bracelets. My mistress was motionless, her eyes fixed and drowned in languor. I watched the two of them for as long as the meal lasted, and I saw in their gestures and on their faces nothing that could give them away. Finally, when we were up to the dessert, I let my napkin slide to the floor and, stooping again, I found them in the same position, tightly linked together.

I had promised my mistress to take her home that night. She was a widow and thus enjoyed great liberty, thanks to an elderly relative, a man who escorted her and acted as her chaperone. As I was crossing

voilà.» Je me mis à rire et sortis sans répondre. Au bout de quelques pas je m'assis sur une borne. Je ne sais à quoi je pensais; j'étais comme abruti et devenu idiot par l'infidélité de cette femme dont je n'avais jamais été jaloux, et sur laquelle je n'avais jamais conçu un soupçon. Ce que je venais de voir ne me laissant aucun doute, je demeurai comme étourdi d'un coup de massue, et ne me rappelle rien de ce qui s'opéra en moi durant le temps que je restai sur cette borne, sinon que, regardant machinalement le ciel et voyant une étoile filer, je saluai cette lueur fugitive, où les poètes voient un monde détruit, et lui ôtai gravement mon chapeau.

Je rentrai chez moi fort tranquillement, n'éprouvant rien, ne sentant rien, et comme privé de réflexion. Je commençai à me déshabiller, et me mis au lit; mais à peine eus-je posé la tête sur le chevet, que les esprits de la vengeance me saisirent avec une telle force, que je me redressai tout à coup contre la muraille, comme si tous les muscles de mon corps fussent devenus de bois. Je descendis de mon lit en criant, les bras étendus, ne pouvant marcher que sur les talons, tant les nerfs de mes orteils étaient crispés. Je passai ainsi près d'une heure, complètement fou et roide comme un squelette. Ce fut le premier accès de colère que j'éprouvai.

L'homme que j'avais surpris auprès de ma maîtresse était un de mes amis les plus intimes. J'allai chez lui le lendemain, accompagné d'un jeune avocat nommé Desgenais; nous prîmes des pistolets, un autre témoin, et nous fûmes au bois de Vincennes. Pendant toute la route j'évitai de parler à mon adversaire et même de l'approcher; je résistai ainsi à l'envie que j'avais de le frapper ou de l'insulter, ces sortes de violences étant toujours hideuses et inutiles, du moment que la loi tolère le combat en règle. Mais je ne pus me défendre d'avoir les yeux fixés sur lui. C'était un de mes camarades d'enfance, et il y avait eu entre nous un échange perpétuel de services depuis nombre d'années. Il connaissait parfaitement mon amour pour ma maîtresse, et m'avait même plusieurs fois fait entendre clairement que ces sortes de liens étaient sacrés pour un ami, et qu'il serait incapable de chercher à me supplanter, quand même il aimerait la même femme que moi. Enfin j'avais toute sorte de confiance en lui, et je n'avais peut-être jamais serré la main d'une créature humaine plus cordialement que la sienne.

Je regardais curieusement, avidement, cet homme que j'avais entendu parler de l'amitié comme un héros de l'antiquité, et que je venais de voir caressant ma maîtresse. C'était la première fois de ma vie que je voyais un monstre; je le toisais d'un œil hagard pour observer comment il était fait. Lui que j'avais connu à l'âge de dix ans, avec qui j'avais vécu jour par jour dans la plus parfaite et la plus étroite amitié, il me semblait que je ne l'avais jamais vu. Je me servirai ici d'une comparaison.

the peristyle, she called to me, saying: "Come on, Octave, let's go, here I am." I started to laugh and I left without replying. After a few steps I sat down on one of those stones that protect buildings from being struck by carriages. I don't know what I was thinking of; I was as if dazed and made imbecilic by the faithlessness of that woman who had never made me jealous, and whom I had never had a suspicion about. What I had just seen leaving me no doubt, I sat there as if stunned by a cudgel blow, and I can't recall anything that went on in my head the whole time I remained on that stone, except that, mechanically looking at the sky and seeing a shooting star, I greeted that fleeting gleam, in which poets see a ruined world, and I solemnly doffed my hat to it.

I returned home quite calmly, experiencing nothing, feeling nothing, as if bereft of reflective powers. I began to undress and I went to bed; but no sooner had I laid my head on the pillow than the spirits of revenge gripped me so powerfully that I suddenly sat up against the wall, as if every muscle in my body had turned to wood. I got out of bed shouting, my arms outstretched, unable to walk except on my heels, so tense were the nerves in my toes. I spent nearly an hour that way, completely insane and stiff as a skeleton. It was the first fit of anger I had experienced.

The man I had caught off guard with my mistress was one of my closest friends. I visited him the next day, accompanied by a young lawyer named Desgenais; we took pistols and another witness, and we went to the Bois de Vincennes. The entire way, I avoided addressing my adversary and even approaching him, thus resisting the urge I had to strike him or insult him, that type of violence being always ugly and pointless, seeing that the law allows a formal duel. But I couldn't help keeping my eyes glued to him. He was one of my childhood companions, and between us there had been a perpetual exchange of favors for a number of years. He was perfectly well aware of my love for my mistress, and had even given me to understand clearly several times that that sort of bond was sacred to a friend and that he'd be incapable of trying to supplant me even if he should love the same woman as I did. In short, I trusted him in every way, and I had perhaps never shaken a human being's hand more heartily than I did his.

With curiosity and avidity I looked at that man whom I had heard speaking about friendship like a hero of antiquity, and whom I had just seen fondling my mistress. It was the first time in my life that I beheld a monster; I surveyed him with wide eyes to observe what he was like. He whom I had met at the age of ten, with whom I had lived day after day in the most perfect and closest friendship—it seemed to me that I had never seen him. Here I shall make use of a comparison.

Il y a une pièce espagnole, connue de tout le monde, dans laquelle une statue de pierre vient souper chez un débauché, envoyée par la justice céleste. Le débauché fait bonne contenance et s'efforce de paraître indifférent; mais la statue lui demande la main, et, dès qu'il la lui a donnée, l'homme se sent pris d'un froid mortel et tombe en convulsion.

33. Gautier: *Le capitaine Fracasse* (1863)

Le baron de Sigognac, car c'était bien le seigneur de ce castel démantelé qui venait d'entrer dans la cuisine, était un jeune homme de vingt-cinq ou vingt-six ans, quoique au premier abord on lui en eût attribué peut-être davantage, tant il paraissait grave et sérieux. Le sentiment de l'impuissance, qui suit la pauvreté, avait fait fuir la gaieté de ses traits et tomber cette fleur printanière qui veloute les jeunes visages. Des auréoles de bistre cerclaient déjà ses yeux meurtris, et ses joues creuses accusaient assez fortement la saillie des pommettes; ses moustaches, au lieu de se retrousser gaillardement en crocs, portaient la pointe basse et semblaient pleurer auprès de sa bouche triste; ses cheveux, négligemment peignés, pendaient par mèches noires au long de sa face pâle avec une absence de coquetterie rare dans un jeune homme qui eût pu passer pour beau, et montraient une renonciation absolue à toute idée de plaire. L'habitude d'un chagrin secret avait fait prendre des plis douloureux à une physionomie qu'un peu de bonheur eût rendue charmante, et la résolution naturelle à cet âge y paraissait plier devant une mauvaise fortune inutilement combattue.

Quoique agile et d'une constitution plutôt robuste que faible, le jeune Baron se mouvait avec une lenteur apathique, comme quelqu'un qui a donné sa démission de la vie. Son geste était endormi et mort, sa contenance inerte, et l'on voyait qu'il lui était parfaitement égal d'être ici ou là, parti ou revenu.

Sa tête était coiffée d'un vieux feutre grisâtre, tout bossué et tout rompu, beaucoup trop large, qui lui descendait jusqu'aux sourcils et le forçait, pour y voir, à relever le nez. Une plume, que ses barbes rares faisaient ressembler à une arête de poisson, s'adaptait au chapeau, avec l'intention visible d'y figurer un panache, et retombait flasquement par-derrière comme honteuse d'elle-même. Un col d'une guipure antique, dont tous les jours n'étaient pas dus à l'habileté de l'ouvrier et auquel la vétusté ajoutait plus d'une découpure, se rabattait sur son justaucorps dont les plis flottants annonçaient qu'il avait été taillé pour un homme plus grand et plus gros que le fluet Baron. Les manches de son

There's a Spanish play, familiar to everyone, in which a stone statue, sent by divine justice, comes to sup with a libertine. The libertine shows a bold front and strives to appear indifferent; but the statue asks for his hand and, as soon as he has given it, the man feels himself gripped by a deadly chill and falls in convulsions.

33. Gautier: *Captain Fracasso* (1863)

The Baron de Sigognac, for it truly was the lord of that broken-down castle who had just entered the kitchen, was a young man of twenty-five or twenty-six, though at first you might have thought him older, he seemed so solemn and serious. The feeling of powerlessness attendant on poverty had banished merriment from his features and had destroyed that springlike freshness which softens young faces. Dark rings already encircled his bleary eyes, and his hollow cheeks made his cheekbones jut out very prominently; his mustache, instead of turning up cheerfully in hooks, drooped downward and seemed to be weeping alongside his sad mouth; his hair, negligently combed, hung in black locks beside his pale face with a lack of elegance unusual in a young man who could have been considered handsome, and showed his total renunciation of any wish to please. The habit of secret sorrow had lent wrinkles of grief to a face that a little happiness would have made charming, and the resolve natural to his age seemed to be stooping under bad luck combated in vain.

Though agile and of a constitution rather sturdy than feeble, the young baron moved with a listless slowness, like someone who has resigned from life. His gestures were drowsy and dead, his bearing inert, and obviously it was all the same to him if he was in one place or another, coming or going.

On his head he wore an old grayish felt hat, all dented and torn, much too large, that reached to his eyebrows and compelled him to lift his nose in order to see. A feather, whose sparse barbs made it look like a fish's backbone, was adjusted to the hat, with the visible intention of acting the role of a plume, but it fell back flaccidly behind his head as if ashamed of itself. A collar of old lace, not all of whose openwork was due to its maker's skill, and to which old age added more than one slash, lay back on his jerkin, whose floating pleats announced that it had been tailored for a taller and plumper man than the skinny baron. The sleeves of his doublet hid his hands like the sleeves of a

pourpoint cachaient les mains comme les manches d'un froc, et il en-
trait jusqu'au ventre dans ses bottes à chaudron, ergotées d'un éperon
de fer. Cette défroque hétéroclite était celle de feu son père, mort
depuis quelques années, et dont il achevait d'user les habits, déjà mûrs
pour le fripier à l'époque du décès de leur premier possesseur. Ainsi ac-
coutré de ces vêtements, peut-être fort à la mode au commencement
de l'autre règne, le jeune Baron avait l'air à la fois ridicule et touchant;
on l'eût pris pour son propre aïeul. Quoiqu'il professât pour la mémoire
de son père une vénération toute filiale et que souvent les larmes lui
vinssent aux yeux en endossant ces chères reliques, qui semblaient conserver dans leurs plis les gestes et les attitudes du vieux gentilhomme
défunt, ce n'était pas précisément par goût que le jeune Sigognac s'af-
fublait de la garde-robe paternelle. Il ne possédait pas d'autres vêtements et avait été tout heureux de déterrer au fond d'une malle cette
portion de son héritage. Ses habits d'adolescent étaient devenus trop
étroits. Au moins il tenait à l'aise dans ceux de son père. Les paysans,
habitués à les vénérer sur le dos du vieux Baron, ne les trouvaient pas
ridicules sur celui du fils, et ils les saluaient avec la même déférence; ils
n'apercevaient pas plus les déchirures du pourpoint que les lézardes du
château. Sigognac, tout pauvre qu'il fût, était toujours à leurs yeux le
seigneur, et la décadence de cette famille ne les frappait pas comme
elle eût fait des étrangers; et c'était cependant un spectacle assez
grotesquement mélancolique que de voir passer le jeune Baron dans
ses vieux habits, sur son vieux cheval, accompagné de son vieux chien,
comme ce chevalier de la Mort de la gravure d'Albert Dürer.

   Le Baron s'assit en silence devant la petite table, après avoir
répondu d'un geste de main bienveillant au salut respectueux de
Pierre [. . .]

Sigognac prit sur la table un petit volume dont la reliure ternie portait estampé l'écusson de sa famille, et se mit à en tourner les feuilles
d'un doigt nonchalant. Si ses yeux parcouraient exactement les lignes,
sa pensée était ailleurs ou ne prenait qu'un intérêt médiocre aux
odelettes et aux sonnets amoureux de Ronsard, malgré leurs belles
rimes et leurs doctes inventions renouvelées des Grecs. Bientôt il jeta
le livre et se mit à déboutonner son pourpoint lentement comme un
homme qui n'a pas envie de dormir et se couche, de guerre lasse,
parce qu'il ne sait que faire et veut essayer de noyer l'ennui dans le
sommeil. Les grains de poussière tombent si tristement dans le sablier
par une nuit noire et pluvieuse au fond d'un château ruiné qu'entoure
un océan de bruyères, sans un seul être vivant à dix lieues à la ronde!

monk's habit, and his flaring jackboots, armed with an iron spur, reached all the way to his belly. That ill-assorted outfit had belonged to his late father, who had been dead for some years, and whose clothing he was finally wearing out, though it had already been ripe for the old-clothes man at the time that its first owner died. Thus attired in those garments, which may have been quite stylish at the outset of the previous king's reign, the young baron looked both ridiculous and touching; you would have taken him for his own ancestor. Though he professed a truly filial veneration for his father's memory and tears often came to his eyes when he put on these dear relics, which seemed to preserve in their folds the gestures and attitudes of the deceased old gentleman, it wasn't precisely with pleasure that young Sigognac dressed in his father's wardrobe. He owned no other clothes and had been quite happy to unearth that part of his inheritance at the bottom of a trunk. His teenage clothes had become too tight. At least he fitted comfortably in his father's. The peasants, accustomed to revere them on the old baron's back, didn't find them laughable on his son's, and greeted them with the same deference; they didn't notice the rips in the doublet any more than the cracks in the castle walls. Poor as he was, Sigognac was always the lord in their eyes, and the decline in that family wasn't as obvious to them as it would have been to outsiders; yet, it was a rather grotesquely melancholy sight to see the young baron go by in his old clothes, on his old horse, and accompanied by his old dog, like that knight escorted by Death in Albrecht Dürer's print.

The baron sat in silence in front of the little table after responding with a benevolent wave of the hand to Pierre's respectful greeting. [. . .]

Sigognac took from the table a small volume on whose tarnished binding his family escutcheon was stamped, and began to turn its pages with a nonchalant finger. If his eyes were scanning the lines regularly, his thoughts were elsewhere or were taking only a slight interest in the little odes or love sonnets of Ronsard, despite their charming rhymes and their learned inventions imitated from the Greek. Soon he cast the book aside and began to unbutton his doublet slowly, like a man who isn't sleepy but goes to bed out of desperation because he doesn't know what to do and is trying to drown his boredom in slumber. The grains of sand fall so sadly in the hourglass on a dark, rainy night in the heart of a ruined castle surrounded by an ocean of heather, without a living soul for twenty-five miles around!

Le jeune Baron, unique survivant de la famille Sigognac, avait, en effet, bien des motifs de mélancolie. Ses aïeux s'étaient ruinés de différentes manières, soit par le jeu, soit par la guerre ou par le vain désir de briller, en sorte que chaque génération avait légué à l'autre un patrimoine de plus en plus diminué.

34. Fromentin: *Dominique* (1862)

La première fois que je le rencontrai, c'était en automne. Le hasard me le faisait connaître à cette époque de l'année qu'il aime le plus, dont il parle le plus souvent, peut-être parce qu'elle résume assez bien toute existence modérée qui s'accomplit ou qui s'achève dans un cadre naturel de sérénité, de silence et de regrets. «Je suis un exemple, m'a-t-il dit maintes fois depuis lors, de certaines affinités malheureuses qu'on ne parvient jamais à conjurer tout à fait. J'ai fait l'impossible pour n'être point un mélancolique, car rien n'est plus ridicule à tout âge et surtout au mien; mais il y a dans l'esprit de certains hommes je ne sais quelle brume élégiaque toujours prête à se répandre en pluie sur leurs idées. Tant pis pour ceux qui sont nés dans les brouillards d'octobre!» ajoutait-il en souriant à la fois de sa métaphore prétentieuse et de cette infirmité de nature dont il était au fond très humilié.

Ce jour-là, je chassais aux environs du village qu'il habite. Je m'y trouvais arrivé de la veille et sans aucune autre relation que l'amitié de mon hôte le docteur °°°, fixé depuis quelques années seulement dans le pays. Au moment où nous sortions du village, un chasseur parut en même temps que nous sur un coteau planté de vignes qui borne l'horizon de Villeneuve au levant. Il allait lentement et plutôt en homme qui se promène, escorté de deux grands chiens d'arrêt, un épagneul à poils fauves, un braque à robe noire, qui battaient les vignes autour de lui. C'était ordinairement, je l'ai su depuis, les deux seuls compagnons qu'il admît à le suivre dans ces expéditions presque journalières, où la poursuite du gibier n'était que le prétexte d'un penchant plus vif, le désir de vivre au grand air et surtout le besoin d'y vivre seul.

«Ah! voici M. Dominique qui chasse», me dit le docteur en reconnaissant à toute distance l'équipage ordinaire de son voisin. Un peu plus tard, nous l'entendîmes tirer, et le docteur me dit: «Voilà M. Dominique qui tire.» Le chasseur battait à peu près le même terrain que nous et décrivait autour de Villeneuve la même évolution, déterminée d'ailleurs par la direction du vent, qui venait de l'est, et par les

The young baron, sole survivor of the Sigognac family, had indeed many reasons for melancholy. His ancestors had ruined themselves in different ways, either by gambling or in war, or through the vain desire to cut a brilliant figure, so that each generation had bequeathed to the next a more and more diminished patrimony.

34. Fromentin: *Dominique* (1862)

The first time I came across him was in the fall. Chance led me to meet him at that time of year he likes best, and which he talks about most frequently, maybe because it sums up quite well every moderate existence that fulfills itself or comes to an end in a natural framework of serenity, silence, and regret. "I'm an example," he's said to me many times since then, "of certain unfortunate predispositions which one never succeeds in warding off altogether. I've done all I could not to be a melancholic, because nothing is more laughable at any age and especially at mine; but in the mind of certain men there's some elegiac mist or other that's always ready to break out into rain falling on their thoughts. Too bad about people born in October fogs!" he'd add, smiling both at his pretentious metaphor and at that natural weakness he was basically very ashamed of.

That day, I was out shooting near the village where he lives. I had arrived there the day before, with no other local connection than my friendship with my host, Doctor ——, who had been living in the area for only a few years. When we were leaving the village, a huntsman showed up, at the same time we did, on a vine-planted slope that shuts off the horizon of Villeneuve in the east. He was walking slowly, more like a man out for a stroll, accompanied by two big pointing dogs, a tawny-haired spaniel and a black-coated hound, which were beating the vines around him. As I later learned, they were the only two companions he allowed to follow him on those nearly daily outings, in which the pursuit of game was merely the pretext for a livelier inclination, the desire to live outdoors and, above all, the need to live alone there.

"Ah, here's M. Dominique out shooting," the doctor said to me as he recognized at a great distance his neighbor's customary turn-out. A little later, we heard him fire, and the doctor said to me: "There's M. Dominique firing." The huntsman was beating more or less the same ground that we were and was making the same circle around Villeneuve, one, by the way, that was determined by the direction of

remises assez fixes du gibier. Pendant le reste de la journée, nous l'eûmes en vue, et, quoique séparés par plusieurs cents mètres d'intervalle, nous pouvions suivre sa chasse comme il aurait pu suivre la nôtre. Le pays était plat, l'air très calme, et les bruits en cette saison de l'année portaient si loin, que même après l'avoir perdu de vue, on continuait d'entendre très distinctement chaque explosion de son fusil et jusqu'au son de sa voix quand, de loin en loin, il redressait un écart de ses chiens ou les ralliait. Mais soit discrétion, soit, comme un mot du docteur me l'avait fait présumer, qu'il eût peu de goût pour la chasse à trois, celui que le docteur appelait M. Dominique ne se rapprocha tout à fait que vers le soir, et la commune amitié qui s'est formée depuis entre nous devait avoir ce jour-là pour origine une circonstance des plus vulgaires. Un perdreau partit à l'arrêt de mon chien juste au moment où nous nous trouvions à peu près à demi-portée de fusil l'un de l'autre. Il occupait la gauche, et le perdreau parut incliner vers lui.

«A vous, monsieur», lui criai-je.

Je vis, à l'imperceptible temps d'arrêt qu'il mit à épauler son fusil, qu'il examinait d'abord si rigoureusement ni le docteur ni moi n'étions assez près pour tirer; puis, quand il se fut assuré que c'était un coup perdu pour tous s'il ne se décidait pas, il ajusta lestement et fit feu. L'oiseau, foudroyé en plein vol, sembla se précipiter plutôt qu'il ne tomba, et rebondit, avec le bruit d'une bête lourde, sur le terrain durci de la vigne.

C'était un coq de perdrix rouge magnifique, haut en couleur, le bec et les pieds rouges et durs comme du corail, avec des ergots comme un coq et large de poitrail presque autant qu'un poulet bien nourri.

«Monsieur, me dit en s'avançant vers moi M. Dominique, vous m'excuserez d'avoir tiré sur l'arrêt de votre chien; mais j'ai bien été forcé, je crois, de me substituer à vous pour ne pas perdre une fort belle pièce, assez peu commune en ce pays. Elle vous appartient de droit. Je ne me permettrais pas de vous l'offrir, je vous la rends.»

Il ajouta quelques paroles obligeantes pour me déterminer tout à fait, et j'acceptai l'offre de M. Dominique comme une dette de politesse à payer.

C'était un homme d'apparence encore jeune, quoiqu'il eût alors passé la quarantaine, assez grand, à peau brune, un peu nonchalant de tournure, et dont la physionomie paisible, la parole grave et la tenue réservée ne manquaient pas d'une certaine élégance sérieuse. Il portait la blouse et les guêtres d'un campagnard chasseur. Son fusil seul indiquait l'aisance, et ses deux chiens avaient au cou un large collier

the wind, which was coming from the east, and by the rather undif-
fering places where the game took cover. For the rest of the day we
were in sight of him, and, though we were several hundred meters
apart, we could observe his hunting just as he could have observed
ours. The countryside was flat, the air very calm, and sounds at that
time of year carried so far that even after losing sight of him, we still
heard very distinctly each detonation of his rifle and even the sound
of his voice when, every so often, he corrected an error of his dogs or
called them together. But whether it was his discretion or whether, as
something the doctor said had led me to believe, he had little liking
for shooting in a group of three, the man whom the doctor called M.
Dominique didn't come all the way up to us until toward evening, and
the mutual friendship that has grown between us since then was to
have its origin that day in a circumstance of the most commonplace
kind. My dog's pointing flushed out a partridge just when we were
about half a gunshot's distance apart from each other. He was standing on the left, and the partridge seemed to be heading toward him.

"Your shot, sir!" I called out.

From the imperceptible pause he made before shouldering his
rifle, I could see he was first considering whether, strictly, either the
doctor or I weren't close enough to fire; then, after he had assured
himself that it would be a shot lost for all of us if he didn't make up
his mind, he aimed briskly and fired. The bird, struck in full flight,
seemed to plummet down rather than fall, and, with the sound of a
heavy animal, bounced on the hardened ground of the vineyard.

It was a magnificent red-partridge cock, highly colored, its beak and
feet red and hard as coral, with spurs like a rooster's and almost as
broad in the breast as a well-fed chicken.

"Sir," M. Dominique said as he came up to me, "forgive me for firing at a bird that your dog flushed, but I was compelled, I think, to
take your place so as not to lose a very fine quarry, which is quite un-
common in this neighborhood. It's rightfully yours. I wouldn't permit
myself to offer it to you as a gift: I restore it to you."

He added a few obliging words to persuade me completely, and I
accepted M. Dominique's present as a debt of courtesy to be paid.

He was a man who looked still young, though he was over forty at
the time, rather tall, brown-skinned, a little indifferent as to his appearance; his calm features, serious speech, and reserved bearing
didn't lack a certain solemn elegance. He was wearing a rural huntsman's smock and gaiters. Only his rifle indicated his wealth, and his
two dogs had around their necks wide, silver-trimmed collars on

garni d'argent sur lequel on voyait un chiffre. Il serra courtoisement la main du docteur et nous quitta presque aussitôt pour aller, nous dit-il, rallier ses vendangeurs, qui, ce soir-là même, achevaient sa récolte.

35. Baudelaire: *Le spleen de Paris* (1869)

Le chien et le flacon. «Mon beau chien, mon bon chien, mon cher toutou, approchez et venez respirer un excellent parfum acheté chez le meilleur parfumeur de la ville.»

Et le chien, en frétillant de la queue, ce qui est, je crois, chez ces pauvres êtres, le signe correspondant du rire et du sourire, s'approche et pose curieusement son nez humide sur le flacon débouché; puis, reculant soudainement avec effroi, il aboie contre moi, en manière de reproche.

«— Ah! misérable chien, si je vous avais offert un paquet d'excréments, vous l'auriez flairé avec délices et peut-être dévoré. Ainsi, vous-même, indigne compagnon de ma triste vie, vous ressemblez au public, à qui il ne faut jamais présenter des parfums délicats qui l'exaspèrent, mais des ordures soigneusement choisies.»

Le vieux saltimbanque. Partout s'étalait, se répandait, s'ébaudissait le peuple en vacances. C'était une de ces solennités sur lesquelles, pendant un long temps, comptent les saltimbanques, les faiseurs de tours, les montreurs d'animaux et les boutiquiers ambulants, pour compenser les mauvais temps de l'année.

En ces jours-là il me semble que le peuple oublie tout, la douleur et le travail; il devient pareil aux enfants. Pour les petits c'est un jour de congé, c'est l'horreur de l'école renvoyée à vingt-quatre heures. Pour les grands c'est un armistice conclu avec les puissances malfaisantes de la vie, un répit dans la contention et la lutte universelles.

L'homme du monde lui-même et l'homme occupé de travaux spirituels échappent difficilement à l'influence de ce jubilé populaire. Ils absorbent, sans le vouloir, leur part de cette atmosphère d'insouciance. Pour moi, je ne manque jamais, en vrai Parisien, de passer la revue de toutes les baraques qui se pavanent à ces époques solennelles.

Elles se faisaient, en vérité, une concurrence formidable: elles piaillaient, beuglaient, hurlaient. C'était un mélange de cris, de détonations de cuivre et d'explosions de fusées. Les queues-rouges et les Jocrisses convulsaient les traits de leurs visages basanés, racornis par

which one could see a monogram. He courteously shook the doctor's hand and left us almost immediately to go, as he told us, to assemble his grapepickers, who were completing his harvest that very evening.

35. Baudelaire: *The Spleen of Paris* (1869)

THE DOG AND THE PERFUME BOTTLE. "My lovely dog, my good dog, my dear pup, come here and smell a wonderful perfume bought at the best perfume shop in the city."

And the dog, wagging his tail—which, in these poor creatures, is, I believe, the sign corresponding to a laugh or a smile—comes up and curiously places his moist nose on the unstoppered bottle; then, suddenly backing away in alarm, he barks at me by way of reproach.

"Ah, wretched dog, if I had offered you a packet of excrement, you would have sniffed it with delight and perhaps devoured it. Thus, unworthy companion of my sad life, you, too, resemble the public, who must never be offered delicate perfumes, which irritate them, but carefully chosen garbage."

THE OLD SHOWMAN. Everywhere the holiday-making populace was fanning out, spreading, making merry. It was one of those festal days which are long looked forward to by showmen, mountebanks, exhibitors of animals, and itinerant peddlers to make up for the slack times in the year.

On such days it seems to me that the populace forgets everything, sorrow and toil; it becomes like children. For the little ones it's a day off, it's the horror of school postponed for twenty-four hours. For the adults it's an armistice made with the malevolent forces of life, a respite in the universal strife and struggle.

Even the socialite and the man busied with mental labor find it hard to escape from the influence of this popular jubilee. Without wanting to, they absorb their share of that carefree atmosphere. As for me, like a true Parisian, I never fail to pass in review all the booths that flaunt themselves on these festive occasions.

In truth, they were competing loudly with one another: shrieking, bellowing, howling. It was a medley of shouts, blasting of brass instruments, and detonations of rockets. The clowns with red wig ribbons and the simpleton-clowns were distorting the features of their tanned faces hardened by wind, rain, and sun; with the self-

le vent, la pluie et le soleil; ils lançaient, avec l'aplomb des comédiens sûrs de leurs effets, des bons mots et des plaisanteries d'un comique solide et lourd, comme celui de Molière. Les Hercules, fiers de l'énormité de leurs membres, sans front et sans crâne, comme les orangs-outangs, se prélassaient majestueusement sous les maillots lavés la veille pour la circonstance. Les danseuses, belles comme des fées ou des princesses, sautaient et cabriolaient sous le feu des lanternes qui remplissaient leurs jupes d'étincelles.

Tout n'était que lumière, poussière, cris, joie, tumulte; les uns dépensaient, les autres gagnaient, les uns et les autres également joyeux. Les enfants se suspendaient aux jupons de leurs mères pour obtenir quelque bâton de sucre, ou montaient sur les épaules de leurs pères pour mieux voir un escamoteur éblouissant comme un dieu. Et partout circulait, dominant tous les parfums, une odeur de friture qui était comme l'encens de cette fête.

Au bout, à l'extrême bout de la rangée de baraques, comme si, honteux, il s'était exilé lui-même de toutes ces splendeurs, je vis un pauvre saltimbanque, voûté, caduc, décrépit, une ruine d'homme, adossé contre un des poteaux de sa cahute; une cahute plus misérable que celle du sauvage le plus abruti, et dont deux bouts de chandelles, coulants et fumants, éclairaient trop bien encore la détresse.

Partout la joie, le gain, la débauche; partout la certitude du pain pour les lendemains; partout l'explosion frénétique de la vitalité. Ici la misère absolue, la misère affublée, pour comble d'horreur, de haillons comiques, où la nécessité, bien plus que l'art, avait introduit le contraste. Il ne riait pas, le misérable! Il ne pleurait pas, il ne dansait pas, il ne gesticulait pas, il ne criait pas; il ne chantait aucune chanson, ni gaie, ni lamentable, il n'implorait pas. Il était muet et immobile. Il avait renoncé, il avait abdiqué. Sa destinée était faite.

Mais quel regard profond, inoubliable, il promenait sur la foule et les lumières, dont le flot mouvant s'arrêtait à quelques pas de sa répulsive misère! Je sentis ma gorge serrée par la main terrible de l'hystérie, et il me sembla que mes regards étaient offusqués par ces larmes rebelles qui ne veulent pas tomber.

Que faire? A quoi bon demander à l'infortuné quelle curiosité, quelle merveille il avait à montrer dans ces ténèbres puantes, derrière son rideau déchiqueté? En vérité, je n'osais; et dût la raison de ma timidité vous faire rire, j'avouerai que je craignais de l'humilier. Enfin, je venais de me résoudre à déposer en passant quelque argent sur une de ses planches, espérant qu'il devinerait mon intention, quand un

confidence of actors sure of their effects, they were flinging clever sayings and jokes of a solid, heavy humor, like Molière's. The strongmen, proud of the hugeness of their limbs, devoid of forehead and skull, like orangutans, were strutting majestically in their tights, which had been washed the day before for the occasion. The dancing girls, pretty as fairies or princesses, were hopping and cutting capers in the lantern light that filled their skirts with sparks.

All was light, dust, shouting, joy, hubbub; some were spending money, others making it, and both parties equally joyous. The children were hanging on their mothers' skirts begging for some sugar stick, or were perched on their fathers' shoulders for a better view of a conjurer as dazzling as a god. And everywhere, dominating all other smells, there circulated an odor of fried fish that was like the incense of that feast day.

At the end, at the very end of the row of booths, as if in shame he had exiled himself from all those splendors, I saw a poor showman, stooped, worn out, decrepit, a ruin of a man, leaning against one of the poles that supported his shanty; a shanty more wretched than that of the most benighted savage, the distress of which was lighted all too well by two dripping and smoking stubs of candles.

Everywhere joy, profit, riot; everywhere the certainty of bread for the coming days; everywhere the frenetic explosion of vitality. Here rock-bottom poverty: poverty, to make the horror complete, decked out in comical rags, in which need, rather than art, had introduced the contrast. He wasn't laughing, that wretch! He wasn't weeping, he wasn't dancing, he wasn't gesticulating, he wasn't shouting; he wasn't singing any song, either jolly or mournful; he wasn't beseeching. He was mute and motionless. He had given up, he had abdicated. His destiny was completed.

But what a profound, unforgettable look he cast at the crowd and the lights, whose moving stream halted a few steps away from his repulsive misery! I felt my throat tightened by the terrible hand of hysteria, and it seemed to me that my gaze was blurred by those rebellious tears which refuse to fall.

What could I do? What was the good of asking the unfortunate man what curiosity, what marvel he had to exhibit in that stinking darkness, behind his tattered curtain? To tell the truth, I didn't dare; and even if the reason for my shyness should make you laugh, I'll confess that I was afraid of humiliating him. Finally, I had just decided to put down some money on one of his boards as I went by, hoping he'd guess my

grand reflux du peuple, causé par je ne sais quel trouble, m'entraîna loin de lui.

Et, m'en retournant, obsédé par cette vision, je cherchai à analyser ma soudaine douleur, et je me dis: Je viens de voir l'image du vieil homme de lettres qui a survécu à la génération dont il fut le brillant amuseur; du vieux poëte sans amis, sans famille, sans enfants, dégradé par sa misère et par l'ingratitude publique, et dans la baraque de qui le monde oublieux ne veut plus entrer!

36. Flaubert: *Madame Bovary* (1857)

Un matin, le père Rouault vint apporter à Charles le payement de sa jambe remise: soixante et quinze francs en pièces de quarante sous, et une dinde. Il avait appris son malheur, et l'en consola tant qu'il put.

— Je sais ce que c'est! disait-il en lui frappant sur l'épaule; j'ai été comme vous, moi aussi! Quand j'ai eu perdu ma pauvre défunte, j'allais dans les champs pour être tout seul; je tombais au pied d'un arbre, je pleurais, j'appelais le bon Dieu, je lui disais des sottises; j'aurais voulu être comme les taupes que je voyais aux branches, qui avaient des vers leur grouillant dans le ventre, crevé, enfin. Et quand je pensais que d'autres, à ce moment-là, étaient avec leurs bonnes petites femmes à les tenir embrassées contre eux, je tapais de grands coups par terre avec mon bâton; j'étais quasiment fou, que je ne mangeais plus; l'idée d'aller seulement au café me dégoûtait, vous ne croiriez pas. Eh bien, tout doucement, un jour chassant l'autre, un printemps sur un hiver et un automne par-dessus un été, ça a coulé brin à brin, miette à miette; ça s'en est allé, c'est parti, c'est descendu, je veux dire, car il vous reste toujours quelque chose au fond, comme qui dirait . . . un poids, là, sur la poitrine! Mais puisque c'est notre sort à tous, on ne doit pas non plus se laisser dépérir, et, parce que d'autres sont morts, vouloir mourir . . . Il faut vous secouer, monsieur Bovary; ça se passera! Venez nous voir; ma fille pense à vous de temps à autre, savez-vous bien, et elle dit comme ça que vous l'oubliez. Voilà le printemps bientôt; nous vous ferons tirer le lapin dans la garenne, pour vous dissiper un peu.

Charles suivit son conseil. Il retourna aux Bertaux. Il retrouva tout comme la veille, comme il y avait cinq mois, c'est-à-dire. Les poiriers déjà étaient en fleur, et le bonhomme Rouault, debout maintenant, allait et venait, ce qui rendait la ferme plus animée.

Croyant qu'il était de son devoir de prodiguer au médecin le plus

intention, when a great wave of people, propelled by some distur-
bance or other, dragged me far away from him.

And, looking back, obsessed by that sight, I tried to analyze my sudden grief, and I said to myself: "I have just seen the image of the old
man of letters who has outlived the generation whose clever enter-
tainer he was; the old poet without friends, without family, without
children, debased by his poverty and by the ingratitude of the public,
a man into whose booth the forgetful world no longer wants to enter!"

36. Flaubert: *Madame Bovary* (1857)

One morning, old Rouault came to bring Charles the fee for setting
his leg: seventy-five francs in forty-sou coins, and a turkey. He had
heard about his bereavement, and comforted him for it as best he
could.

"I know what it's like!" he'd say, tapping him on the shoulder; "I've
been in your situation, too! When I lost my dear departed wife, I used
to go out to the fields to be alone; I'd fall at the foot of a tree, I'd weep,
I'd call on God, I'd say foolish things to him; I'd have wished to be like
the moles I saw hanging from the boughs, which had worms swarm-
ing in their bellies—in a word: croaked. And whenever I reflected that
other men, at that hour, were with their good little wives, holding
them hugged close, I'd hit the ground hard with my stick; I was nearly
crazy, and I wasn't eating any more; the mere idea of going to the café
disgusted me, you wouldn't believe it. Well, very quietly, with one day
driving away another, a spring following a winter and a fall on top of a
summer, it passed away little by little, bit by bit; it went away, it left;
it went down, I mean, because you've always got something left at the
bottom, so to speak . . . a weight, there, on your chest! But since it's
the fate of all of us, no one should let himself pine away, either, or wish
to die because others have died . . . You've got to shake yourself up,
Monsieur Bovary, it'll pass! Come see us; my daughter thinks about
you from time to time, you know, and she then says that you're forgetting her. It will soon be spring; we'll let you shoot rabbits in the
warren to distract you a little."

Charles took his advice. He returned to Les Bertaux. He found
everything there as it had been the day before—that is, five months
before. The pear trees were already blossoming, and old man Rouault,
on his feet now, was going to and fro, which made the farm livelier.

Thinking it was his duty to lavish as much courtesy as possible on

de politesses possible, à cause de sa position douloureuse, il le pria de
ne point se découvrir la tête, lui parla à voix basse, comme s'il eût été
malade, et même fit semblant de se mettre en colère de ce que l'on
n'avait pas apprêté à son intention quelque chose d'un peu plus léger
que tout le reste, tels que des petits pots de crème ou des poires
cuites. Il conta des histoires. Charles se surprit à rire; mais le souvenir
de sa femme, lui revenant tout à coup, l'assombrit. On apporta le café;
il n'y pensa plus.

Il y pensa moins, à mesure qu'il s'habituait à vivre seul. L'agrément
nouveau de l'indépendance lui rendit bientôt la solitude plus sup-
portable. Il pouvait changer maintenant les heures de ses repas, rentrer ou sortir sans donner de raisons, et, lorsqu'il était bien fatigué,
s'étendre de ses quatre membres, tout en large dans son lit. Donc, il
se choya, se dorlota et accepta les consolations qu'on lui donnait.
D'autre part, la mort de sa femme ne l'avait pas mal servi dans son
métier, car on avait répété durant un mois: «Ce pauvre jeune homme!
quel malheur!» Son nom s'était répandu, sa clientèle s'était accrue; et
puis il allait aux Bertaux tout à son aise. Il avait un espoir sans but, un
bonheur vague; il se trouvait la figure plus agréable en brossant ses fa-
voris devant son miroir.

Il arriva un jour vers trois heures; tout le monde était aux champs;
il entra dans la cuisine, mais n'aperçut point d'abord Emma; les au-
vents étaient fermés. Par les fentes du bois, le soleil allongeait sur les
pavés de grandes raies minces, qui se brisaient à l'angle des meubles
et tremblaient au plafond. Des mouches, sur la table, montaient le
long des verres qui avaient servi, et bourdonnaient en se noyant au
fond, dans le cidre resté. Le jour qui descendait par la cheminée,
veloutant la suie de la plaque, bleuissait un peu les cendres froides.
Entre la fenêtre et le foyer, Emma cousait; elle n'avait point de fichu,
on voyait sur ses épaules nues de petites gouttes de sueur.

Selon la mode de la campagne, elle lui proposa de boire quelque
chose. Il refusa, elle insista, et enfin lui offrit, en riant, de prendre un
verre de liqueur avec elle. Elle alla donc chercher dans l'armoire une
bouteille de curaçao, atteignit deux petits verres, emplit l'un jusqu'au
bord, versa à peine dans l'autre et, après avoir trinqué, le porta à sa
bouche. Comme il était presque vide, elle se renversait pour boire: et,
la tête en arrière, les lèvres avancées, le cou tendu, elle riait de ne rien
sentir, tandis que le bout de sa langue, passant entre ses dents fines,
léchait à petits coups le fond du verre.

Elle se rassit et elle reprit son ouvrage, qui était un bas de coton
blanc où elle faisait des reprises: elle travaillait le front baissé; elle ne

the doctor, because of his unhappy circumstances, he asked him not to take his hat off, spoke to him softly as if he were ill, and even pretended to get angry because no one had prepared for him something more digestible than the rest, such as little jugs of cream or cooked pears. He told stories. Charles caught himself laughing; but the memory of his wife, coming back to him suddenly, made him gloomy. They brought the coffee; he thought of it no longer.

He thought of it less and less as he got used to living by himself. The new pleasure of independence soon made his solitude more bearable. Now he could change his meal hours, go out or come back without offering explanations, and, when he was good and tired, stretch out his arms and legs and sprawl all over his bed. And so, he spoiled himself, he pampered himself, and accepted the consolations he was offered. Besides, his wife's death had been of real use to him in his profession, because for a month people had repeated: "That poor young man! What a misfortune!" His name had spread abroad, the number of his patients had increased; and then, he was going to Les Bertaux whenever he felt like it. He had a hope without a goal, a vague happiness; he found his face more attractive while brushing his side whiskers in front of his mirror.

One day he got there around three; everyone was out in the field; he entered the kitchen, but didn't see Emma at first; the shutters were closed. Through the slits in the wood, the sun was extending long, thin beams across the floor stones, beams that were refracted at the corners of the furniture and trembled on the ceiling. On the table, flies were climbing up the glasses that had been drunk from, and were buzzing as they drowned at the bottom, in the dregs of cider. The daylight that was coming down through the fireplace, smoothing the soot on the fireback, was turning the cold ashes a little blue. Between the window and the hearth, Emma was sewing; she didn't have a fichu on, and you could see little drops of sweat on her bare shoulders.

In accordance with rural custom, she offered him a drink. He refused, she insisted, and finally, laughing, she suggested he take a glass of liqueur with her. So she went to get a bottle of curaçao in the cupboard, handed down two small glasses, filled one to the brim, hardly poured anything into the other, and, after making a toast, raised it to her lips. Since it was almost empty, she bent backward to drink it: and, her head thrown back, her lips protruding, her neck stretched, she laughed at not feeling anything, while the tip of her tongue, moving between her dainty teeth, gave small licks at the bottom of the glass.

She sat back down and resumed her needlework, which was a white

parlait pas. Charles non plus. L'air, passant par le dessous de la porte, poussait un peu de poussière sur les dalles; il la regardait se traîner, et il entendait seulement le battement intérieur de sa tête, avec le cri d'une poule, au loin, qui pondait dans les cours. Emma, de temps à autre, se rafraîchissait les joues en y appliquant la paume de ses mains, qu'elle refroidissait après cela sur la pomme de fer des grands chenets.

Elle se plaignait d'éprouver, depuis le commencement de la saison, des étourdissements; elle demanda si les bains de mer lui seraient utiles; elle se mit à causer du couvent, Charles de son collège, les phrases leur vinrent.

37. Dumas *fils*: *La dame aux camélias* (1848)

La chambre où elle s'était réfugiée n'était éclairée que par une seule bougie posée sur une table. Renversée sur un grand canapé, sa robe défaite, elle tenait une main sur son cœur et laissait pendre l'autre. Sur la table il y avait une cuvette d'argent à moitié pleine d'eau; cette eau était marbrée de filets de sang.

Marguerite, très pâle et la bouche entrouverte, essayait de reprendre haleine. Par moments, sa poitrine se gonflait d'un long soupir qui, exhalé, paraissait la soulager un peu, et la laissait pendant quelques secondes dans un sentiment de bien-être.

Je m'approchai d'elle, sans qu'elle fît un mouvement, je m'assis et pris celle de ses mains qui reposait sur le canapé.

«Ah! c'est vous?» me dit-elle avec un sourire.

Il paraît que j'avais la figure bouleversée, car elle ajouta:

«Est-ce que vous êtes malade aussi?

— Non; mais vous, souffrez-vous encore?

— Très peu; et elle essuya avec son mouchoir les larmes que la toux avait fait venir à ses yeux; je suis habituée à cela maintenant.

— Vous vous tuez, madame, lui dis-je alors d'une voix émue; je voudrais être votre ami, votre parent, pour vous empêcher de vous faire mal ainsi.

— Ah! cela ne vaut vraiment pas la peine que vous vous alarmiez, répliqua-t-elle d'un ton amer; voyez si les autres s'occupent de moi: c'est qu'ils savent bien qu'il n'y a rien à faire à ce mal-là.»

Après quoi elle se leva et, prenant la bougie, elle la mit sur la cheminée et se regarda dans la glace.

«Comme je suis pâle! dit-elle en rattachant sa robe et en passant ses

cotton stocking that she was darning: she worked with her head lowered, and didn't speak. Neither did Charles. The air, passing under the door, blew a little dust onto the flagstones; he watched it spread, and he heard only the blood beating inside his head, along with the cry of a hen in the distance laying eggs in the farmyard. From time to time Emma refreshed her cheeks by placing her palms on them, cooling her hands afterwards on the iron knobs of the big firedogs.

She complained of having dizzy spells since the beginning of the season; she asked whether sea bathing would help her; she began to chat about the convent, Charles chatted about his school, words came to them.

37. Dumas *fils*: *The Lady with the Camellias* (1848)

The room in which she had taken refuge was lit by only one candle placed on a table. Stretched out on a large sofa, her dress undone, she was holding one hand to her heart and letting the other hang down. On the table was a silver basin half full of water; that water was streaked with threads of blood.

Marguerite, very pale, her lips slightly parted, was trying to catch her breath. At moments her bosom swelled with a long sigh which, once exhaled, seemed to relieve her somewhat, and for a few seconds left her with a feeling of comfort.

I went up to her, without her making a movement, I sat down and I took the hand that was resting on the sofa.

"Oh, it's you?" she said with a smile.

My face apparently showed distress, because she added:

"Are you ill, too?"

"No; but you, are you still suffering?"

"Very little." And with her handkerchief she wiped away the tears that the cough had brought to her eyes. "I'm used to this now."

"You're killing yourself, ma'am," I then said, with emotion in my voice. "I'd like to be your friend, your relative, so I could stop you from harming yourself this way."

"Oh, it really isn't worth your alarming yourself over," she replied in a bitter tone. "See whether the others are concerned about me! Because they're well aware that nothing can be done for this ailment."

After that, she stood up and, taking the candle, she set it down on the mantelpiece and looked at herself in the mirror.

"How pale I am!" she said, fastening her dress and running her

doigts sur ses cheveux délissés. Ah! bah! allons nous mettre à table.
Venez-vous?»

Mais j'étais assis et je ne bougeais pas.

Elle comprit l'émotion que cette scène m'avait causée, car elle s'approcha de moi et, me tendant la main, elle me dit:

«Voyons, venez.»

Je pris sa main, je la portai à mes lèvres en la mouillant malgré moi de deux larmes longtemps contenues.

«Eh bien, mais êtes-vous enfant! dit-elle en se rasseyant auprès de moi; voilà que vous pleurez! Qu'avez-vous?

— Je dois vous paraître bien niais, mais ce que je viens de voir m'a fait un mal affreux.

— Vous êtes bien bon! Que voulez-vous? je ne puis pas dormir, il faut bien que je me distraie un peu. Et puis des filles comme moi, une de plus ou de moins, qu'est-ce que cela fait? Les médecins me disent que le sang que je crache vient des bronches; j'ai l'air de les croire, c'est tout ce que je puis faire pour eux.

— Écoutez, Marguerite, dis-je alors avec une expansion que je ne pus retenir, je ne sais pas l'influence que vous devez prendre sur ma vie, mais ce que je sais, c'est qu'à l'heure qu'il est, il n'y a personne, pas même ma sœur, à qui je m'intéresse comme à vous. C'est ainsi depuis que je vous ai vue. Eh bien, au nom du Ciel, soignez-vous, et ne vivez plus comme vous le faites.

— Si je me soignais, je mourrais. Ce qui me soutient, c'est la vie fiévreuse que je mène. Puis, se soigner, c'est bon pour les femmes du monde qui ont une famille et des amis; mais nous, dès que nous ne pouvons plus servir à la vanité ou au plaisir de nos amants, ils nous abandonnent, et les longues soirées succèdent aux longs jours. Je le sais bien, allez, j'ai été deux mois dans mon lit; au bout de trois semaines, personne ne venait plus me voir.

— Il est vrai que je ne vous suis rien, repris-je, mais si vous le vouliez je vous soignerais comme un frère, je ne vous quitterais pas, et je vous guérirais. Alors, quand vous en auriez la force, vous reprendriez la vie que vous menez, si bon vous semblait; mais j'en suis sûr, vous aimeriez mieux une existence tranquille qui vous ferait plus heureuse et vous garderait jolie.

— Vous pensez comme cela ce soir, parce que vous avez le vin triste, mais vous n'auriez pas la patience dont vous vous vantez.

— Permettez-moi de vous dire, Marguerite, que vous avez été malade pendant deux mois, et que, pendant ces deux mois, je suis venu tous les jours savoir de vos nouvelles.

fingers over her rumpled hair. "Oh, nonsense! Let's sit down at the table. Coming?"

But I was seated and I didn't stir.

She understood the emotion that that scene had aroused in me, because she came up to me and said, as she held out her hand:

"Do come!"

I took her hand and raised it to my lips, moistening it in spite of myself with two long-repressed tears.

"Well, what a child you are!" she said, sitting back down next to me. "Look, you're crying! What's wrong?"

"I must seem very foolish to you, but what I've just seen has hurt me terribly."

"You're very kind! What do you want? I can't sleep, I've got to amuse myself a little. And besides, courtesans like me, what does one more or less matter? The doctors tell me that the blood I spit comes from the bronchi; I pretend to believe them, that's all I can do for them."

"Listen, Marguerite," I then said with an expansiveness I couldn't restrain, "I don't know what influence you are to have on my life, but I do know that at the present time there's nobody, not even my sister, in whom I take as much interest as in you. It's been that way since I first saw you. Well, in heaven's name, take care of yourself, and stop leading this kind of life!"

"If I took care of myself, I'd die. It's the feverish life I lead that keeps me going. Besides, taking care of oneself is all right for society women who have a family and friends; but we, once we can no longer serve our lovers' vanity or pleasure, they desert us, and our long days are followed by long nights. I know it well, you see; I spent two months in bed, and after three weeks no one came to see me any more."

"It's true that I'm nothing to you," I retorted, "but if you were willing, I'd tend to you like a brother, I wouldn't leave you, and I'd make you well. Then, whenever you had the strength for it, you'd resume the life you're leading, if you felt like it; but I'm sure you'd prefer a quiet existence that would make you happier and keep you beautiful."

"That's what you think tonight, because drinking makes you sad, but you wouldn't have the patience that you boast of."

"Let me tell you, Marguerite, that you were ill for two months and that, during those two months, I came every day to get news of you."

— C'est vrai; mais pourquoi ne montiez-vous pas?
— Parce que je ne vous connaissais pas alors.
— Est-ce qu'on se gêne avec une fille comme moi?
— On se gêne toujours avec une femme; c'est mon avis du moins.
— Ainsi, vous me soigneriez?
— Oui.

38. Verne: *Le tour du monde en quatre-vingts jours* (1873)

— Pas de malles. Un sac de nuit seulement. Dedans, deux chemises de laine, trois paires de bas. Autant pour vous. Nous achèterons en route. Vous descendrez mon mackintosh et ma couverture de voyage. Ayez de bonnes chaussures. D'ailleurs, nous marcherons peu ou pas. Allez.»

Passepartout aurait voulu répondre. Il ne put. Il quitta la chambre de Mr. Fogg, monta dans la sienne, tomba sur une chaise, et employant une phrase assez vulgaire de son pays:

«Ah! bien, se dit-il, elle est forte, celle-là! Moi qui voulais rester tranquille!...»

Et, machinalement, il fit ses préparatifs de départ. Le tour du monde en quatre-vingts jours! Avait-il affaire à un fou? Non... C'était une plaisanterie? On allait à Douvres, bien. À Calais, soit. Après tout, cela ne pouvait notablement contrarier le brave garçon, qui, depuis cinq ans, n'avait pas foulé le sol de la patrie. Peut-être même irait-on jusqu'à Paris, et, ma foi, il reverrait avec plaisir la grande capitale. Mais, certainement, un gentleman aussi ménager de ses pas s'arrêterait là ... Oui, sans doute, mais il n'en était pas moins vrai qu'il partait, qu'il se déplaçait, ce gentleman, si casanier jusqu'alors!

À huit heures, Passepartout avait préparé le modeste sac qui contenait sa garde-robe et celle de son maître; puis, l'esprit encore troublé, il quitta sa chambre, dont il ferma soigneusement la porte, et il rejoignit Mr. Fogg.

Mr. Fogg était prêt. Il portait sous son bras le *Bradshaw's continental railway steam transit and general guide,* qui devait lui fournir toutes les indications nécessaires à son voyage. Il prit le sac des mains de Passepartout, l'ouvrit et y glissa une forte liasse de ces belles banknotes qui ont cours dans tous les pays.

«Vous n'avez rien oublié? demanda-t-il.
— Rien, monsieur.

"That's true; but why didn't you come upstairs?"

"Because I didn't know you then."

"Do people stand on ceremony with a loose woman like me?"

"People always stand on ceremony with a woman; at least, that's my opinion."

"And so, you would tend to me?"

"Yes."

38. Verne: *Around the World in Eighty Days* (1873)

"No trunks. Just an overnight bag. In it, two woolen shirts, three pair of stockings. The same for you. We'll buy things as we go. You'll take down my raincoat and my traveling rug. Wear good shoes. Anyway, we'll be walking very little, if at all. Go!"

Passepartout would have liked to reply. He couldn't. He left Mr. Fogg's room, went up to his own, fell onto a chair, and, using a very colloquial expression from his native land, he said to himself:

"Ha! That's a good one on me! And I wanted to have peace and quiet! . . ."

And mechanically he made his preparations for departure. Around the world in eighty days! Was he dealing with a madman? No . . . Was it a joke? They were going to Dover: all right. To Calais: fine! After all, that couldn't greatly annoy the good fellow, who hadn't trodden the soil of his homeland for five years. Maybe they'd even go as far as Paris, and he'd certainly be pleased to see the great capital again. But surely a gentleman as parsimonious with his steps would stop there . . . Yes, no doubt, but it was none the less true that he was leaving, he was shifting himself, that gentleman who had hitherto been such a home-body!

By eight, Passepartout had prepared the modest bag that contained his wardrobe and his master's: then, his mind still upset, he left his room, shutting its door carefully, and he rejoined Mr. Fogg.

Mr. Fogg was ready. Under his arm he carried *Bradshaw's Continental Railway Steam Transit and General Guide,* which was to supply him with all the directions needed on his journey. He took the bag from Passepartout's hands, opened it, and thrust inside it a hefty bundle of those beautiful banknotes which are legal tender in every country.

"You've forgotten nothing?" he asked.

"Nothing, sir."

— Mon mackintosh et ma couverture?

— Les voici.

— Bien, prenez ce sac.»

Mr. Fogg remit le sac à Passepartout.

«Et ayez-en soin, ajouta-t-il. Il y a vingt mille livres dedans (500 000 F).»

Le sac faillit s'échapper des mains de Passepartout, comme si les vingt mille livres eussent été en or et pesé considérablement.

Le maître et le domestique descendirent alors, et la porte de la rue fut fermée à double tour.

Une station de voitures se trouvait à l'extrémité de Saville-row. Phileas Fogg et son domestique montèrent dans un cab, qui se dirigea rapidement vers la gare de Charing-Cross, à laquelle aboutit un des embranchements du South-Eastern-railway.

À huit heures vingt, le cab s'arrêta devant la grille de la gare. Passepartout sauta à terre. Son maître le suivit et paya le cocher.

En ce moment, une pauvre mendiante, tenant un enfant à la main, pieds nus dans la boue, coiffée d'un chapeau dépenaillé auquel pendait une plume lamentable, un châle en loques sur ses haillons, s'approcha de Mr. Fogg et lui demanda l'aumône.

Mr. Fogg tira de sa poche les vingt guinées qu'il venait de gagner au whist, et, les présentant à la mendiante:

«Tenez, ma brave femme, dit-il, je suis content de vous avoir rencontrée!»

Puis il passa.

Passepartout eut comme une sensation d'humidité autour de la prunelle. Son maître avait fait un pas dans son cœur.

Mr. Fogg et lui entrèrent aussitôt dans la grande salle de la gare. Là, Phileas Fogg donna à Passepartout l'ordre de prendre deux billets de première classe pour Paris. Puis, se retournant, il aperçut ses cinq collègues du Reform-Club.

«Messieurs, je pars, dit-il, et les divers visas apposés sur un passeport que j'emporte à cet effet vous permettront, au retour, de contrôler mon itinéraire.

— Oh! monsieur Fogg, répondit poliment Gauthier Ralph, c'est inutile. Nous nous en rapporterons à votre honneur de gentleman!

— Cela vaut mieux ainsi, dit Mr. Fogg.

— Vous n'oubliez pas que vous devez être revenu? . . . fit observer Andrew Stuart.

— Dans quatre-vingts jours, répondit Mr. Fogg, le samedi 21 décembre 1872, à huit heures quarante-cinq minutes du soir. Au revoir, messieurs.»

"My raincoat and my rug?"

"Here they are."

"Good. Take this bag."

Mr. Fogg handed the bag to Passepartout.

"And take care of it," he added. "It contains twenty thousand pounds [500,000 francs]."

The bag almost dropped out of Passepartout's hands, as if the twenty thousand pounds had been in gold and had weighed a great deal.

Master and man then went downstairs, and the street door was double-locked.

A cab rank was located at the end of Savile Row. Phileas Fogg and his servant got into a cab which headed swiftly for Charing Cross Station, the terminus of one branch of the South Eastern Railway.

At eight twenty, the cab stopped in front of the gate to the station. Passepartout jumped out. His master followed him and paid the cabbie.

At that moment, a poor beggarwoman, holding a child by the hand, barefoot in the mud, on her head a torn hat from which a pathetic feather dangled, a tattered shawl over her rags, came up to Mr. Fogg and asked him for alms.

Mr. Fogg drew from his pocket the twenty guineas he had just won at whist and, handing them to the mendicant, said:

"Here you are, my good woman; glad to have met you!"

Then he went on his way.

Passepartout felt as if there was some moisture around his eyes. His master had made a great stride forward in his heart.

Mr. Fogg and he immediately entered the great hall of the station. There, Phileas Fogg gave Passepartout the order to buy two first-class tickets for Paris. Then, looking back, he spotted his five colleagues from the Reform Club.

"Gentlemen, I'm leaving," he said, "and the various visas affixed to a passport which I'm taking along for that purpose will allow you, on my return, to verify my itinerary."

"Oh, Mr. Fogg," Gauthier Ralph replied courteously, "there's no need for that. We'll rely on your honor as a gentleman!"

"It's better that way," said Mr. Fogg.

"You aren't forgetting that you're due back . . . ," Andrew Stuart remarked.

"In eighty days," replied Mr. Fogg, "Saturday, December 21, 1872, at eight forty-five P.M. Farewell, gentlemen."

À huit heures quarante, Phileas Fogg et son domestique prirent place dans le même compartiment. À huit heures quarante-cinq, un coup de sifflet retentit, et le train se mit en marche. La nuit était noire. Il tombait une pluie fine. Phileas Fogg, accoté dans son coin, ne parlait pas. Passepartout, encore abasourdi, pressait machinalement contre lui le sac aux bank-notes.

Mais le train n'avait pas dépassé Sydenham, que Passepartout poussait un véritable cri de désespoir!

«Qu'avez-vous? demanda Mr. Fogg.

— Il y a . . . que . . . dans ma précipitation . . . mon trouble . . . j'ai oublié . . .

— Quoi?

— D'éteindre le bec de gaz de ma chambre!

— Eh bien, mon garçon, répondit froidement Mr. Fogg, il brûle à votre compte!»

39. Villiers de l'Isle-Adam: "Duke of Portland" (*Contes cruels*, 1883)

Sur la fin de ces dernières années, à son retour du Levant, Richard, duc de Portland, le jeune lord jadis célèbre dans toute l'Angleterre pour ses fêtes de nuit, ses victorieux pur-sang, sa science de boxeur, ses chasses au renard, ses châteaux, sa fabuleuse fortune, ses aventureux voyages et ses amours, — avait disparu brusquement.

Une seule fois, un soir, on avait vu son séculaire carrosse doré traverser, stores baissés, au triple galop et entouré de cavaliers portant des flambeaux, Hyde-Park.

Puis, — réclusion aussi soudaine qu'étrange, — le duc s'était retiré dans son familial manoir; il s'était fait l'habitant solitaire de ce massif manoir à créneaux, construit en de vieux âges, au milieu de sombres jardins et de pelouses boisées, sur le cap de Portland.

Là, pour tout voisinage, un feu rouge, qui éclaire à toute heure, à travers la brume, les lourds steamers tanguant au large et entrecroisant leurs lignes de fumée sur l'horizon.

Une sorte de sentier, en pente vers la mer, une sinueuse allée, creusée entre des étendues de roches et bordée, tout au long, de pins sauvages, ouvre, en bas, ses lourdes grilles dorées sur le sable même de la plage, immergé aux heures du reflux.

Sous le règne de Henri VI, des légendes se dégagèrent de ce

At eight forty, Phileas Fogg and his servant took seats in the same compartment. At eight forty-five, a whistle blew, and the train began to move.

The night was black. It was drizzling. Phileas Fogg, leaning in his corner, was silent. Passepartout, still dazed, was mechanically holding the bag with the banknotes close to his body.

But the train hadn't passed Sydenham when Passepartout uttered a real cry of despair!

"What's wrong?" Mr. Fogg asked.

"It's . . . that . . . in my haste . . . my nervousness . . . I forgot . . ."

"What?"

"To turn off the gas burner in my room!"

"Very well, my lad," Mr. Fogg said coolly, "it's burning at your expense!"

39. Villiers de l'Isle-Adam: "Duke of Portland" (*Cruel Tales*, 1883)

Toward the end of these last years, when he returned from the Levant, Richard Duke of Portland, the young lord formerly notorious throughout England for his late-night parties, his victorious thoroughbreds, his skill at boxing, his foxhunts, his castles, his fabulous fortune, his adventurous travels, and his romances—had suddenly disappeared.

Only once, one evening, had someone seen his ancestral gilded coach, blinds down, at a terrific gallop, encircled by torch-bearing horsemen, crossing Hyde Park.

Then—a seclusion as sudden as it was strange—the duke had withdrawn to his family's manor; he had become the solitary dweller in that massive battlemented manor built in remote times, amid somber gardens and wooded lawns, on the Cape of Portland.

There his only neighbor was the red flame which at all hours lights the way through the fog for the heavy steamers pitching out at sea and interlacing their trails of smoke on the horizon.

A sort of path, sloping to the sea, a sinuous avenue excavated between long lines of rock and bordered for its full length by wild pines, opens its heavy gilded gate, at its foot, onto the very sand of the beach, immersed at high tide.

In the reign of Henry VI, legends were spawned about that fortress,

château-fort, dont l'intérieur, au jour des vitraux, resplendit de richesses féodales.

Sur la plate-forme qui en relie les sept tours veillent encore, entre chaque embrasure, ici, un groupe d'archers, là, quelque chevalier de pierre, sculptés, au temps des croisades, dans des attitudes de combat. La nuit, ces statues, — dont les figures, maintenant effacées par les lourdes pluies d'orage et les frimas de plusieurs centaines d'hivers, sont d'expressions maintes fois changées par les retouches de la foudre, — offrent un aspect vague qui se prête aux plus superstitieuses visions. Et, lorsque, soulevés en masses multiformes par une tempête, les flots se ruent, dans l'obscurité, contre le promontoire de Portland, l'imagination du passant perdu qui se hâte sur les grèves, — aidée, surtout, des flammes versées par la lune à ces ombres granitiques, — peut songer, en face de ce castel, à quelque éternel assaut soutenu par une héroïque garnison d'hommes d'armes fantômes contre une légion de mauvais esprits.

Que signifiait cet isolement de l'insoucieux seigneur anglais? Subissait-il quelque attaque de spleen? — Lui, ce cœur si natalement joyeux! Impossible! . . . — Quelque mystique influence apportée de son voyage en Orient? — Peut-être. — L'on s'était inquiété, à la cour, de cette disparition. Un message de Westminster avait été adressé, par la Reine, au lord invisible.

Accoudée auprès d'un candélabre, la reine Victoria s'était attardée, ce soir-là, en audience extraordinaire. A côté d'elle, sur un tabouret d'ivoire, était assise une jeune liseuse, miss Héléna H°°°.

Une réponse, scellée de noir, arriva de la part de lord Portland.

L'enfant, ayant ouvert le pli ducal, parcourut de ses yeux bleus, souriantes lueurs de ciel, le peu de lignes qu'il contenait. Tout à coup, sans une parole, elle le présenta, paupières fermées, à Sa Majesté.

La reine lut donc, elle-même, en silence.

Aux premiers mots, son visage, d'habitude impassible, parut s'empreindre d'un grand étonnement triste. Elle tressaillit même: puis, muette, approcha le papier des bougies allumées. — Laissant tomber ensuite, sur les dalles, la lettre qui se consumait:

— Mylords, dit-elle à ceux des pairs qui se trouvaient présents à quelques pas, vous ne reverrez plus notre cher duc de Portland. Il ne doit plus siéger au Parlement. Nous l'en dispensons, par un privilège nécessaire. Que son secret soit gardé! Ne vous inquiétez plus de sa personne et que nul de se hôtes ne cherche jamais à lui adresser la parole.

whose interior, in the daylight penetrating its stained-glass windows, is resplendent with medieval treasures.

On the flat roof linking its seven towers there still stand guard, between each pair of embrasures, here a group of bowmen, there some stone knight, sculptured at the time of the Crusades, in various fighting poses.

At night these statues—whose faces, now eroded by the heavy storm rains and the frosts of several hundred winters, show expressions often altered by the retouches of lightning—present a vague aspect which lends itself to the most superstitious visions. And when, raised in multiform masses by a tempest, the waves dash in the darkness against the Portland promontory, the imagination of the lost passerby hastening over the beach—especially when aided by the beams poured by the moon over those granitic shadows—may well dream, confronted by that castle, of some eternal assault sustained by a heroic garrison of spectral men-at-arms against a legion of evil spirits.

What was the meaning of that neglectful English lord's isolation? Was he suffering some fit of melancholy?—He, that fellow so naturally cheerful! Impossible! . . . Some mystic influence brought back from his trip to the East? Perhaps. People at the royal court had been worried about that disappearance. A message from Westminster had been sent by the queen to the invisible lord.

Her elbow leaning next to a candelabrum, Queen Victoria had sat up late that night holding an uncustomary audience. Beside her, on an ivory stool, sat a young lady who read aloud to her, Miss Helena H—.

A reply, with a black seal, arrived from Lord Portland.

The girl, having opened the duke's note, cast her blue eyes, like smiling gleams of heaven, over the few lines it contained. Suddenly, without a word, she handed it, her eyelids shut, to Her Majesty.

Then the queen read it herself, in silence.

At the first words, her face, usually impassive, seemed to be imprinted with a great, sad astonishment. She even gave a start: then, mute, she held the paper to the lighted candles. Next, dropping the letter, which was burning up, onto the flagstones:

"My lords," she said to those of the peers who were only a few paces away, "you shall never again see our dear Duke of Portland. He is not to sit in Parliament any more. We exempt him from it by a necessary privilege. Let his secret be kept! Be no longer concerned about his person, and let none of his guests ever try to speak to him!"

Puis congédiant, d'un geste, le vieux courrier du château:

— Vous direz au duc de Portland ce que vous venez de voir et d'entendre, ajouta-t-elle après un coup d'œil sur les cendres noires de la lettre.

Sur ces paroles mystérieuses, Sa Majesté s'était levée pour se retirer en ses appartements. Toutefois, à la vue de sa liseuse demeurée immobile et comme endormie, la joue appuyée sur son jeune bras blanc posé sur les moires pourpres de la table, la reine, surprise encore, murmura doucement:

— On me suit, Héléna?

La jeune fille, persistant dans son attitude, on s'empressa auprès d'elle.

Sans qu'aucune pâleur eût décelé son émotion, — un lys, comment pâlir? — elle s'était évanouie.

40. Zola: *Thérèse Raquin* (1867)

Un jeudi, en revenant de son bureau, Camille amena avec lui un grand gaillard, carré des épaules, qu'il poussa dans la boutique d'un geste familier.

— Mère, demanda-t-il à Mme Raquin en le lui montrant, reconnais-tu ce monsieur-là?

La vieille mercière regarda le grand gaillard, chercha dans ses souvenirs et ne trouva rien. Thérèse suivait cette scène d'un air placide.

— Comment! reprit Camille, tu ne reconnais pas Laurent, le petit Laurent, le fils du père Laurent qui a de si beaux champs de blé du côté de Jeufosse?... Tu ne te rappelles pas?... J'allais à l'école avec lui; il venait me chercher le matin, en sortant de chez son oncle qui était notre voisin, et tu lui donnais des tartines de confiture.

Mme Raquin se souvint brusquement du petit Laurent, qu'elle trouva singulièrement grandi. Il y avait bien vingt ans qu'elle ne l'avait vu. Elle voulut lui faire oublier son accueil étonné par un flot de souvenirs, par des cajoleries toutes maternelles. Laurent s'était assis, il souriait paisiblement, il répondait d'une voix claire, il promenait autour de lui des regards calmes et aisés.

— Figurez-vous, dit Camille, que ce farceur-là est employé à la gare du chemin de fer d'Orléans depuis dix-huit mois, et que nous ne nous sommes rencontrés et reconnus que ce soir. C'est si vaste, si important, cette administration!

Le jeune homme fit cette remarque, en agrandissant les yeux, en

Then, dismissing the elderly messenger from the castle with a wave of her hand:

"You shall tell the Duke of Portland what you have just seen and heard," she added, after a glance at the black ashes of the letter. With those mysterious words Her Majesty had arisen to retire to her apartments. Nevertheless, seeing her reader remaining motionless, as if asleep, her cheek resting on her young white arm, which was placed on the sinuous purple lines of the table, the queen, surprised again, murmured softly:

"Following me, Helena?"

The girl remaining in that pose, they rushed up to her. Without any pallor revealing her emotion (how can a lily turn pale?), she had fainted.

40. Zola: *Thérèse Raquin* (1867)

One Thursday, coming back from his office, Camille brought with him a tall, strapping fellow, broad-shouldered, whom he pushed into the shop with a friendly gesture.

"Mother," he asked Mme Raquin as he showed him to her, "do you recognize this gentleman?"

The old shopkeeper looked at the big fellow, searched her memory, and came up empty. Thérèse was observing that scene placidly.

"What!" Camille continued, "you don't recognize Laurent, little Laurent, the son of old Laurent who has such lovely wheatfields near Jeufosse? . . . You don't remember? . . . I went to school with him; he'd come to get me in the morning, when he left his uncle's place, our neighbor's, and you used to give him slices of bread and jam."

Mme Raquin suddenly remembered little Laurent, whom she found amazingly grown up. It was a good twenty years since she'd seen him. She tried to make him forget her surprised welcome by means of a gush of memories and highly maternal cajoleries. Laurent had sat down, he was smiling peaceably, he made his replies in a clear voice, he cast calm, easy glances around him.

"Imagine," said Camille, "this joker has been employed at the station of the train from Orléans for eighteen months, and we only met and recognized each other this evening. That company is so vast, on such a large scale!"

As the young man made that remark, his eyes widened and his lips

pinçant les lèvres, tout fier d'être l'humble rouage d'une grosse machine. Il continua en secouant la tête:

— Oh! mais, lui, il se porte bien, il a étudié, il gagne déjà quinze
cents francs . . . Son père l'a mis au collège; il a fait son droit et a appris la peinture. N'est-ce pas, Laurent? . . . Tu vas dîner avec nous.

— Je veux bien, répondit carrément Laurent.

Il se débarrassa de son chapeau et s'installa dans la boutique. Mme
Raquin courut à ses casseroles. Thérèse, qui n'avait pas encore
prononcé une parole, regardait le nouveau venu. Elle n'avait jamais vu
un homme. Laurent, grand, fort, le visage frais, l'étonnait. Elle contemplait avec une sorte d'admiration son front bas, planté d'une rude
chevelure noire, ses joues pleines, ses lèvres rouges, sa face régulière,
d'une beauté sanguine. Elle arrêta un instant ses regards sur son cou;
ce cou était large et court, gras et puissant. Puis elle s'oublia à considérer les grosses mains qu'il tenait étalées sur ses genoux; les doigts
en étaient carrés; le poing fermé devait être énorme et aurait pu as-
sommer un bœuf. Laurent était un vrai fils de paysan, d'allure un peu
lourde, le dos bombé, les mouvements lents et précis, l'air tranquille
et entêté. On sentait sous ses vêtements des muscles ronds et
développés, tout un corps d'une chair épaisse et ferme. Et Thérèse
l'examinait avec curiosité, allant de ses poings à sa face, éprouvant de
petits frissons lorsque ses yeux rencontraient son cou de taureau.

Camille étala ses volumes de Buffon et ses livraisons à dix centimes,
pour montrer à son ami qu'il travaillait, lui aussi. Puis, comme répon-
dant à une question qu'il s'adressait depuis quelques instants:

— Mais, dit-il à Laurent, tu dois connaître ma femme? Tu ne te
rappelles pas cette petite cousine qui jouait avec nous, à Vernon?

— J'ai parfaitement reconnu madame, répondit Laurent en regardant Thérèse en face.

Sous ce regard droit, qui semblait pénétrer en elle, la jeune femme
éprouva une sorte de malaise. Elle eut un sourire forcé, et échangea
quelques mots avec Laurent et son mari; puis elle se hâta d'aller rejoindre sa tante. Elle souffrait.

On se mit à table. Dès le potage, Camille crut devoir s'occuper de
son ami.

— Comment va ton père? lui demanda-t-il.

— Mais je ne sais pas, répondit Laurent. Nous sommes brouillés; il
y a cinq ans que nous ne nous écrivons plus.

— Bah! s'écria l'employé, étonné d'une pareille monstruosité.

— Oui, le cher homme a des idées à lui . . . Comme il est conti-
nuellement en procès avec ses voisins, il m'a mis au collège, rêvant de

tightened, he was so proud of being a humble cog in a big machine. Shaking his head, he went on:

"Oh, but he, he's getting along, he has studied, he's earning fifteen hundred francs already . . . His father sent him to secondary school; he studied law and learned how to paint. Right, Laurent? . . . You'll have dinner with us."

"Don't mind if I do," Laurent replied forthrightly.

He got rid of his hat and took a seat in the shop. Mme Raquin ran to her saucepans. Thérèse, who had not yet said a word, was looking at the newcomer. She had never seen a real man. Laurent, tall, strong, with a vigorous face, astonished her. With a sort of admiration she observed his low forehead with the rough black hair around it, his full cheeks, his red lips, his regular features with their sanguine good looks. For a moment her eyes halted at his neck; that neck was wide and short, thick and powerful. Then she became lost in observing the big hands spread out on his knees; their fingers were broad; his clenched fist was surely enormous and could have felled an ox. Laurent was a real peasant lad, a little heavy of gait, his back convex, his movements slow and precise, his air tranquil and obstinate. Under his clothes you sensed round, well-developed muscles, thick, firm flesh all over his body. And Thérèse examined him with curiosity, going from his fists to his face, feeling little shivers when her eyes encountered his bull's neck.

Camille displayed his volumes of Buffon and his ten-centime installments of literature to show his friend that he, too, was working. Then, as if in reply to a question he had been asking himself for a few minutes:

"But," he said to Laurent, "you must know my wife? Don't you remember that little cousin who used to play with us at Vernon?"

"I recognized your wife at once," Laurent replied, looking directly at Thérèse.

At that steady stare, which seemed to pierce her, the young woman felt a kind of discomfort. She put on a constrained smile and exchanged a few words with Laurent and her husband; then she hastened to rejoin her aunt. She was suffering.

They sat down to their meal. From the soup onward, Camille thought it was his duty to be concerned about his friend.

"How is your father?" he asked him.

"I honestly don't know," Laurent replied. "We had a quarrel; we haven't been writing to each other for five years now."

"Really!" the clerk exclaimed, amazed at such a monstrous thing.

"Yes, the good man has ideas all his own . . . Since he's constantly at law with his neighbors, he sent me to secondary school, imagining that

trouver plus tard en moi un avocat qui lui gagnerait toutes ses causes . . . Oh! le père Laurent n'a que des ambitions utiles; il veut tirer parti même de ses folies.

— Et tu n'as pas voulu être avocat? Camille, de plus en plus étonné.

— Ma foi non, reprit son ami en riant . . . Pendant deux ans, j'ai fait semblant de suivre les cours, afin de toucher la pension de douze cents francs que mon père me servait. Je vivais avec un de mes camarades de collège, qui est peintre, et je m'étais mis à faire aussi de la peinture. Cela m'amusait; le métier est drôle, pas fatigant. Nous fumions, nous blaguions tout le jour . . .

La famille Raquin ouvrait des yeux énormes.

— Par malheur, continua Laurent, cela ne pouvait durer. Le père a su que je lui contais des mensonges, il m'a retranché net mes cent francs par mois, en m'invitant à venir piocher la terre avec lui. J'ai essayé alors de peindre des tableaux de sainteté; mauvais commerce . . . Comme j'ai vu clairement que j'allais mourir de faim, j'ai envoyé l'art à tous les diables et j'ai cherché un emploi . . . Le père mourra bien un de ces jours; j'attends ça pour vivre sans rien faire.

41. Daudet: "La dernière classe"
(*Contes du lundi*, 1873)

Ce matin-là, j'étais très en retard pour aller à l'école, et j'avais grand-peur d'être grondé, d'autant que M. Hamel nous avait dit qu'il nous interrogerait sur les participes, et je n'en savais pas le premier mot. Un moment l'idée me vint de manquer la classe et de prendre ma course à travers champs.

Le temps était si chaud, si clair!

On entendait les merles siffler à la lisière du bois, et dans le pré Rippert, derrière la scierie, les Prussiens qui faisaient l'exercice. Tout cela me tentait bien plus que la règle des participes; mais j'eus la force de résister, et je courus bien vite vers l'école.

En passant devant la mairie, je vis qu'il y avait du monde arrêté près du petit grillage aux affiches. Depuis deux ans, c'est de là que nous sont venues toutes les mauvaises nouvelles, les batailles perdues, les réquisitions, les ordres de la commandanture; et je pensai sans m'arrêter:

«Qu'est-ce qu'il y a encore?»

Alors, comme je traversais la place en courant, le forgeron Wachter, qui était là avec son apprenti en train de lire l'affiche, me cria:

he'd later find in me a lawyer who'd win all his cases for him . . . Oh, old man Laurent has no ambitions except useful ones; he wants to profit even by his follies."

"And you didn't want to be a lawyer?" asked Camille, more and more astonished.

"I should say not," his friend replied with a laugh . . . "For two years I pretended to be taking the courses, in order to receive the twelve-hundred-franc allowance my father was paying me. I was living with one of my school chums who's a painter, and I had started to do some painting of my own. It amused me; it's a funny trade, it doesn't tire you out. We would smoke and have laughs all day long . . ."

The Raquin family opened their eyes very wide.

"Unfortunately," Laurent continued, "it couldn't last. My father found out I'd been lying to him, he cut off my monthly hundred francs and invited me to come and dig up the ground with him. Then I tried to paint religious pictures; a bad business . . . When I saw distinctly that I was going to die of hunger, I sent my art packing to hell, and I looked for a job . . . My father will surely die one of these days; I'm waiting for that so I can live without doing anything."

41. Daudet: "The Last Class" (*Monday Tales*, 1873)

That morning I was very late for school, and I was greatly afraid of being scolded, especially since M. Hamel had told us that he'd examine us about participles, and I didn't know the first thing about them. One moment I got the notion of cutting class and running across country.

The weather was so warm, so bright!

You could hear the blackbirds whistling at the edge of the woods, and in the Rippert meadow, behind the sawmill, the Prussians at their drill. All of that tempted me much more than the rule of participles; but I had the strength to resist, and I ran very quickly toward the schoolhouse.

As I passed in front of the town hall, I saw that there were people standing near the little grated notice board. For two years, it had been from there that we received all the bad news, lost battles, requisitions, the orders from headquarters; and, without stopping, I wondered:

"What is it this time?"

Then, as I was running across the square, Wachter the blacksmith, who was there with his apprentice reading the notice, called to me:

«Ne te dépêche pas tant, petit; tu y arriveras toujours assez tôt à ton école!»

Je crus qu'il se moquait de moi, et j'entrai tout essoufflé dans la petite cour de M. Hamel.

D'ordinaire, au commencement de la classe, il se faisait un grand tapage qu'on entendait jusque dans la rue, les pupitres ouverts, fermés, les leçons qu'on répétait très haut tous ensemble en se bouchant les oreilles pour mieux apprendre, et la grosse règle du maître qui tapait sur les tables:

«Un peu de silence!»

Je comptais sur tout ce train pour gagner mon banc sans être vu; mais, justement, ce jour-là, tout était tranquille, comme un matin de dimanche. Par la fenêtre ouverte, je voyais mes camarades déjà rangés à leurs places, et M. Hamel, qui passait et repassait avec la terrible règle en fer sous le bras. Il fallut ouvrir la porte et entrer au milieu de ce grand calme. Vous pensez si j'étais rouge et si j'avais peur!

Eh bien! non. M. Hamel me regarda sans colère et me dit très doucement:

«Va vite à ta place, mon petit Franz; nous allions commencer sans toi.»

J'enjambai le banc et je m'assis tout de suite à mon pupitre. Alors seulement, un peu remis de ma frayeur, je remarquai que notre maître avait sa belle redingote verte, son jabot plissé fin et la calotte de soie noire brodée qu'il ne mettait que les jours d'inspection ou de distribution de prix. Du reste, toute la classe avait quelque chose d'extraordinaire et de solennel. Mais ce qui me surprit le plus, ce fut de voir au fond de la salle, sur les bancs qui restaient vides d'habitude, des gens du village assis et silencieux comme nous, le vieux Hauser avec son tricorne, l'ancien maire, l'ancien facteur, et puis d'autres personnes encore. Tout ce monde-là paraissait triste; et Hauser avait apporté un vieil abécédaire mangé aux bords qu'il tenait grand ouvert sur ses genoux, avec ses grosses lunettes posées en travers des pages.

Pendant que je m'étonnais de tout cela, M. Hamel était monté dans sa chaire, et de la même voix douce et grave dont il m'avait reçu, il nous dit:

«Mes enfants, c'est la dernière fois que je vous fais la classe. L'ordre est venu de Berlin de ne plus enseigner que l'allemand dans les écoles de l'Alsace et de la Lorraine . . . Le nouveau maître arrive demain. Aujourd'hui, c'est votre dernière leçon de français. Je vous prie d'être bien attentifs.»

"Don't rush so fast, youngster; whenever you get to your school will be soon enough!"

I thought he was making fun of me, and I entered M. Hamel's little yard all out of breath.

Ordinarily at the beginning of classtime there was a great racket which you could hear out in the street, desks being opened and shut, lessons being repeated aloud all together while the pupils plugged up their ears to learn them better, and the teacher's big ruler tapping on the tables:

"Silence, please!"

I was counting on all that routine hubbub to be able to reach my bench unseen; but, wouldn't you know it, that day everything was as quiet as a Sunday morning. Through the open window I saw my schoolmates already aligned at their places, and M. Hamel walking back and forth with his terrible iron ruler under his arm. I had to open the door and go in amid that great calm. You can imagine whether I was blushing and whether I was afraid!

Well . . . no! M. Hamel looked at me without anger and said very softly:

"Take your place quickly, little Franz; we were going to start without you."

I straddled the bench and immediately sat down at my desk. Only then, having recovered somewhat from my fright, did I notice that our teacher had on his fine green frock coat, his finely pleated jabot, and the embroidered black silk skullcap that he wore only on inspection or prizegiving days. In addition, there was something unusual and solemn about the whole class. But what surprised me the most was seeing at the back of the room, on the benches that were usually empty, some of the villagers seated and silent like us: old Hauser with his three-cornered hat, the former mayor, the former postman, and others besides. All these people looked sad; and Hauser had brought an old spelling book, chewed up around the edges, which he held wide open on his knees, with his big spectacles lying across the pages.

While I was marveling at all that, M. Hamel had stepped onto his rostrum, and in the same soft, serious tone in which he had greeted me, he said to us:

"Children, this is the last time I'm taking your class. The order has come from Berlin to teach only German from now on in the schools of Alsace and Lorraine . . . Your new teacher will arrive tomorrow. Today is your last French lesson. I beg you to be very attentive."

Ces quelques paroles me bouleversèrent. Ah! les misérables, voilà ce qu'ils avaient affiché à la mairie.

Ma dernière leçon de français!...

Et moi qui savais à peine écrire! Je n'apprendrais donc jamais! Il faudrait donc en rester là!... Comme je m'en voulais maintenant du temps perdu, des classes manquées à courir les nids ou à faire des glissades sur la Saar! Mes livres que tout à l'heure encore je trouvais si ennuyeux, si lourds à porter, ma grammaire, mon histoire sainte me semblaient à présent de vieux amis qui me feraient beaucoup de peine à quitter. C'est comme M. Hamel. L'idée qu'il allait partir, que je ne le verrais plus, me faisait oublier les punitions, les coups de règle.

Pauvre homme!

C'est en l'honneur de cette dernière classe qu'il avait mis ses beaux habits du dimanche, et maintenant je comprenais pourquoi ces vieux du village étaient venus s'asseoir au bout de la salle. Cela semblait dire qu'ils regrettaient de ne pas y être venus plus souvent, à cette école. C'était aussi comme une façon de remercier notre maître de quarante ans de bons services, et de rendre leurs devoirs à la patrie qui s'en allait...

J'en étais là des mes réflexions, quand j'entendis appeler mon nom. C'était mon tour de réciter. Que n'aurais-je pas donné pour pouvoir dire tout au long cette fameuse règle des participes, bien haut, bien clair, sans une faute? Mais je m'embrouillai aux premiers mots, et je restai debout à me balancer dans mon banc, le cœur gros, sans oser lever la tête. J'entendais M. Hamel qui me parlait:

«Je ne te gronderai pas, mon petit Franz, tu dois être assez puni... voilà ce que c'est. Tous les jours on se dit: «Bah! j'ai bien le temps. J'apprendrai demain.» Et puis tu vois ce qui arrive... Ah! ç'a été le grand malheur de notre Alsace de toujours remettre son instruction à demain. Maintenant ces gens-là sont en droit de nous dire: «Comment! Vous prétendiez être Français, et vous ne savez ni lire ni écrire votre langue!» Dans tout ça, mon pauvre Franz, ce n'est pas encore toi le plus coupable. Nous avons tous notre bonne part de reproches à nous faire.»

42. Huysmans: *A rebours* (1884)

A en juger par les quelques portraits conservés au château de Lourps, la famille des Floressas des Esseintes avait été, au temps jadis, composée d'athlétiques soudards, de rébarbatifs reîtres. Serrés, à l'étroit dans leurs vieux cadres qu'ils barraient de leurs

Those few words overwhelmed me. Oh, those wretches, that's what they had posted at the town hall!

My last French lesson! . . .

And I who barely knew how to write! Now I'd never learn! Now I'd have to stay with what I had! . . . How angry I was with myself now for the time I had wasted, the classes I had cut in order to hunt for birds' nests or go sliding on the Saar! My books, which just a while ago I found so boring, so heavy to carry, my grammar, my Bible stories, now seemed to me like old friends I'd be very sorry to leave behind. Just like M. Hamel! The thought that he was going to leave, that I wouldn't see him any more, made me forget his punishments, his blows with the ruler.

Poor man!

It was in honor of that last class that he had put on his fine Sunday clothes, and now I understood why those elderly villagers had come to sit at the back of the room. It seemed to express their regret at not having come there more often, to that school. It was also like a way of thanking our teacher for forty years of good service, and of paying their respects to the homeland that was departing . . .

I was at that point in my reflections when I heard my name being called. It was my turn to recite. What wouldn't I have given to be able to repeat fully that darned rule of participles, good and loud, nice and clear, without a mistake? But I got tangled up at the first words, and I just stood there swaying at my bench, heavy of heart, without daring to raise my head. I heard M. Hamel addressing me:

"I won't scold you, little Franz, you must feel sufficiently punished . . . that's how it is. Every day we say to ourselves: 'Bah! I have plenty of time. I'll learn it tomorrow.' And then you see what happens . . . Ah, it's been the great misfortune of our Alsace always to postpone its education till tomorrow. Now those people have the right to tell us: 'What! You claimed to be Frenchmen, and you can't read or write your language!' In all this, my poor Franz, you're not even the guiltiest one. We all have our big share of things to reproach ourselves with."

42. Huysmans: *Against the Grain* (1884)

To judge by the few portraits preserved in the Château de Lourps, the family of the Floressas des Esseintes had been, in the past, made up of athletic warriors, grim military men. Tightly clustered, bulging out of their old frames which they wedged against with their broad shoul-

fortes épaules, ils alarmaient avec leurs yeux fixes, leurs moustaches en yatagans, leur poitrine dont l'arc bombé remplissait l'énorme coquille des cuirasses.

Ceux-là étaient les ancêtres; les portraits de leurs descendants manquaient; un trou existait dans la filière des visages de cette race; une seule toile servait d'intermédiaire, mettait un point de suture entre le passé et le présent, une tête mystérieuse et rusée, aux traits morts et tirés, aux pommettes ponctuées d'une virgule de fard, aux cheveux gommés et enroulés de perles, au col tendu et peint, sortant des cannelures d'une rigide fraise.

Déjà, dans cette image de l'un des plus intimes familiers du duc d'Epernon et du marquis d'O, les vices d'un tempérament appauvri, la prédominance de la lymphe dans le sang, apparaissaient.

La décadence de cette ancienne maison avait, sans nul doute, suivi régulièrement son cours; l'effémination des mâles était allée en s'accentuant; comme pour achever l'œuvre des âges, les des Esseintes marièrent, pendant deux siècles, leurs enfants entre eux, usant leur reste de vigueur dans les unions consanguines.

De cette famille naguère si nombreuse qu'elle occupait presque tous les territoires de l'Ile-de-France et de la Brie, un seul rejeton vivait, le duc Jean, un grêle jeune homme de trente ans, anémique et nerveux, aux joues caves, aux yeux d'un bleu froid d'acier, au nez éventé et pourtant droit, aux mains sèches et fluettes.

Par un singulier phénomène d'atavisme, le dernier descendant ressemblait à l'antique aïeul, au mignon, dont il avait la barbe en pointe d'un blond extraordinairement pâle et l'expression ambiguë, tout à la fois lasse et habile.

Son enfance avait été funèbre. Menacée de scrofules, accablée par d'opiniâtres fièvres, elle parvint cependant, à l'aide de grand air et de soins, à franchir les brisants de la nubilité, et alors les nerfs prirent le dessus, matèrent les langueurs et les abandons de la chlorose, menèrent jusqu'à leur entier développement les progressions de la croissance.

La mère, une longue femme, silencieuse et blanche, mourut d'épuisement; à son tour le père décéda d'une maladie vague; des Esseintes atteignait alors sa dix-septième année.

Il n'avait gardé de ses parents qu'un souvenir apeuré, sans reconnaissance, sans affection. Son père, qui demeurait d'ordinaire à Paris, il le connaissait à peine; sa mère, il se la rappelait, immobile et couchée, dans une chambre obscure du château de Lourps. Rarement, le mari et la femme étaient réunis, et de ces jours-là, il se

ders, they were alarming with their staring eyes, their cutlass-like mustaches, and their chests whose convex arcs filled out the enormous shells of their breastplates.

Those were the ancestors; the portraits of their descendants were lacking; a hole existed in the line of the faces of that breed; a single canvas served as intermediary, creating a solitary link between past and present: a mysterious, crafty face with dead, drawn features, with cheekbones punctuated by a comma of rouge, with hair pomaded and wrapped with pearls, with a neck stretched and painted, emerging from the grooves of a stiff ruff.

Already, in that picture of one of the most intimate companions of the Duke of Épernon and the Marquis of O, the vices of an impoverished temperament, and the predominance of lymph in the blood, were visible.

The decline of that old household had no doubt followed a regular course: the effeminacy of the males had become more and more accentuated; as if to complete the work of time, for two centuries the Des Esseintes had married off their children in the family, wearing out the remains of their vitality in inbred unions.

Of that family once so numerous that it occupied almost all the territories of Ile-de-France and Brie, a sole scion was living, Duke Jean, a thin young man of thirty, anemic and nervous, with hollow cheeks, eyes of a cold steely blue, with an uptilted yet straight nose, with narrow, skinny hands.

By an unusual phenomenon of atavism, this final descendant looked like his old ancestor, the minion, with whom he shared a pointed beard of an extraordinary pale blond and an ambiguous expression, weary and capable at the same time.

His childhood had been funereal. Threatened by scrofula, worn out by stubborn fevers, it nevertheless, by the aid of fresh air and attentions, managed to cross the breakers of puberty; and then healthy nerves took over, subduing the languors and driftings of greensickness, and bringing to its full development the progress of growth.

His mother, a tall woman, silent and white, died of nervous exhaustion; in his turn, his father died of a vague ailment; Des Esseintes was was then reaching his seventeenth year.

He had retained only a frightened memory of his parents, without gratitude, without affection. His father, who usually resided in Paris, he had hardly known; he recalled his mother as a motionless recumbent figure in a dark room in the Château de Lourps. Very seldom were husband and wife together, and from such days he remembered

remémorait des entrevues décolorées, le père et la mère assis, en face l'un de l'autre, devant un guéridon qui était seul éclairé par une lampe au grand abat-jour très baissé, car la duchesse ne pouvait supporter sans crises de nerfs la clarté et le bruit; dans l'ombre, ils échangeaient deux mots à peine, puis le duc s'éloignait indifférent et ressautait au plus vite dans le premier train.

Chez les jésuites où Jean fut dépêché pour faire ses classes, son existence fut plus bienveillante et plus douce. Les Pères se mirent à choyer l'enfant dont l'intelligence les étonnait; cependant, en dépit de leurs efforts, ils ne purent obtenir qu'il se livrât à des études disciplinées; il mordait à certains travaux, devenait prématurément ferré sur la langue latine, mais, en revanche, il était absolument incapable d'expliquer deux mots de grec, ne témoignait d'aucune aptitude pour les langues vivantes, et il se révéla tel qu'un être parfaitement obtus, dès qu'on s'efforça de lui apprendre les premiers éléments des sciences.

Sa famille se préoccupait peu de lui; parfois son père venait le visiter au pensionnat: «Bonjour, bonsoir, sois sage et travaille bien.» Aux vacances, l'été, il partait pour le château de Lourps; sa présence ne tirait pas sa mère de ses rêveries; elle l'apercevait à peine, ou le contemplait, pendant quelques secondes, avec un sourire presque douloureux, puis elle s'absorbait de nouveau dans la nuit factice dont les épais rideaux des croisées enveloppaient la chambre.

Les domestiques étaient ennuyés et vieux. L'enfant, abandonné à lui-même, fouillait dans les livres, les jours de pluie; errait, par les après-midi de beau temps, dans la campagne.

Sa grande joie était de descendre dans le vallon, de gagner Jutigny, un village planté au pied des collines, un petit tas de maisonnettes coiffées de bonnets de chaume parsemés de touffes de joubarbe et de bouquets de mousse. Il se couchait dans la prairie, à l'ombre des hautes meules, écoutant le bruit sourd des moulins à eau, humant le souffle frais de la Voulzie. Parfois, il poussait jusqu'aux tourbières, jusqu'au hameau vert et noir de Longueville, ou bien il grimpait sur les côtes balayées par le vent et d'où l'étendue était immense.

43. Maupassant: "Denis" (*Miss Harriet*, 1884)

M. Marambot ouvrit la lettre que lui remettait Denis, son serviteur, et il sourit.

colorless meetings, his father and mother seated opposite each other in front of a pedestal table that was illuminated by only a lamp with a large, very low shade, because the duchess couldn't tolerate brightness and noise without attacks of nerves; in that penumbra they would hardly exchange two words, then the duke would make off indifferently and jump back into the first available train as quickly as possible.

Among the Jesuits to whom Jean was dispatched to study, his existence was more benevolent and sweeter. The fathers began to pamper the child, whose intelligence amazed them; yet, despite their efforts, they couldn't get him to undertake disciplined studies; he would take to certain subjects, and became precociously good at Latin, but, on the other hand, he was absolutely incapable of parsing two words of Greek, showed no aptitude for living languages, and revealed himself to be perfectly obtuse whenever they strove to teach him the first rudiments of the sciences.

His family paid little attention to him; sometimes his father came to visit him at his boarding school: "Hello, good-bye, behave, work hard." When summer vacation came, he left for the Château de Lourps; his presence didn't pull his mother out of her daydreams; she was hardly aware of him, or else she studied him for a few seconds with an almost painful smile, then became absorbed once more in the artificial night in which the thick casement curtains cloaked the room.

The servants were bored and elderly. The child, left to his own resources, would leaf through books on rainy days, and on afternoons when the weather was good, would roam through the countryside.

His great pleasure was to go down into the valley as far as Jutigny, a village situated at the foot of the hills, a little heap of small houses wearing headdresses of thatch in which tufts of houseleek and clumps of moss were scattered. He would lie down in the meadow, in the shade of the tall haystacks, listening to the muffled sound of the watermills, and smelling the cool breath of the Voulzie. Sometimes he would extend his stroll all the way to the peatbogs, as far as the green and black hamlet of Longueville, or else he'd climb up the wind-swept slopes from which there was an extremely wide view.

43. Maupassant: "Denis" (*Miss Harriet*, 1884)

M. Marambot opened the letter handed to him by his servant Denis, and smiled.

Denis, depuis vingt ans dans la maison, petit homme trapu et jovial, qu'on citait dans toute la contrée comme le modèle des domestiques, demanda:

— Monsieur est content? Monsieur a reçu une bonne nouvelle?

M. Marambot n'était pas riche. Ancien pharmacien de village, célibataire, il vivait d'un petit revenu acquis avec peine en vendant des drogues aux paysans. Il répondit:

— Oui, mon garçon. Le père Malois recule devant le procès dont je le menace. Je recevrai demain mon argent. Cinq mille francs ne font pas de mal dans la caisse d'un vieux garçon.

Et M. Marambot se frottait les mains. C'était un homme d'un caractère résigné, plutôt triste que gai, incapable d'un effort prolongé, nonchalant dans ses affaires.

Il aurait pu certainement gagner une aisance plus considérable en profitant du décès de confrères établis en des centres importants, pour aller occuper leur place et prendre leur clientèle. Mais l'ennui de déménager, et la pensée de toutes les démarches qu'il lui faudrait accomplir, l'avaient sans cesse retenu; et il se contentait de dire après deux jours de réflexion:

— Baste! ce sera pour la prochaine fois. Je ne perds rien à attendre. Je trouverai mieux peut-être.

Denis, au contraire, poussait son maître aux entreprises. D'un caractère actif, il répétait sans cesse:

— Oh! moi, si j'avais eu le premier capital, j'aurais fait fortune. Seulement mille francs, et je tenais mon affaire.

M. Marambot souriait sans répondre et sortait dans son petit jardin, où il se promenait, les mains derrière le dos, en rêvassant.

Denis, tout le jour, chanta, comme un homme en joie, des refrains et des rondes du pays. Il montra même une activité inusitée, car il nettoya les carreaux de toute la maison, essuyant le verre avec ardeur en entonnant à plein gosier ses couplets.

M. Marambot, étonné de son zèle, lui dit à plusieurs reprises, en souriant:

— Si tu travailles comme ça, mon garçon, tu ne garderas rien à faire pour demain.

Le lendemain, vers neuf heures du matin, le facteur remit à Denis quatre lettres pour son maître, dont une très lourde. M. Marambot s'enferma aussitôt dans sa chambre jusqu'au milieu de l'après-midi. Il confia alors à son domestique quatre enveloppes pour la poste. Une d'elles était adressée à M. Malois, c'était sans doute un reçu de l'argent.

Denis, in his service for twenty years, a small, thickset, jovial man referred to throughout the region as a model servant, asked:

"Are you pleased, sir? Have you received good news, sir?"

M. Marambot wasn't wealthy. A former village druggist, a bachelor, he lived off a small income laboriously acquired by selling pharmaceuticals to farmers. He replied:

"Yes, my lad. Old man Malois is backing off in the face of the lawsuit I've been threatening him with. I'll receive my money tomorrow. Five thousand francs do no harm in an old bachelor's till."

And M. Marambot rubbed his hands together. He was a man resigned by nature, rather sad than jolly, incapable of a prolonged effort, indifferent in business matters.

He could certainly have gained a more substantial competency by taking advantage of the demise of colleagues established in big towns, taking their place and acquiring their customers. But the trouble of moving, and the thought of all the measures he'd have to take, had constantly held him back; and after two days of reflection, he was satisfied to say:

"No, no! I'll do it next time. I'm losing nothing by waiting. Maybe I'll find something better."

On the other hand, Denis urged his master to be enterprising. Of an active nature, he'd constantly repeat:

"Oh, as for me, if I had had the initial capital, I'd have made a fortune. Just a thousand francs, and it would be in the bag."

M. Marambot would smile without replying and would go out into his little garden, where he'd stroll with his hands behind his back, daydreaming.

All of that day, Denis, like a joy-filled man, sang local ditties and dance tunes. He even displayed an unusual activity: he cleaned the windows all over the house, drying the glass ardently while intoning his songs at the top of his voice.

M. Marambot, surprised at his zeal, said to him on several occasions, smiling:

"If you work like that, my lad, you'll have nothing left to do tomorrow."

The next day, about nine in the morning, the postman handed Denis four letters for his master, one of them very heavy. M. Marambot immediately shut himself in his room until mid-afternoon. Then he entrusted four envelopes to his servant to be mailed. One of them was addressed to M. Malois—no doubt a receipt for the money.

Denis ne posa pas de questions à son maître; il parut aussi triste et sombre ce jour-là, qu'il avait été joyeux la veille.

La nuit vint. M. Marambot se coucha à son heure ordinaire et s'endormit.

Il fut réveillé par un bruit singulier. Il s'assit aussitôt dans son lit et écouta. Mais brusquement sa porte s'ouvrit, et Denis parut sur le seuil, tenant une bougie d'une main, un couteau de cuisine de l'autre, avec de gros yeux fixes, la lèvre et les joues contractées comme celles des gens qu'agite une horrible émotion, et si pâle qu'il semblait un revenant.

M. Marambot, interdit, le crut devenu somnambule, et il allait se lever pour courir au-devant de lui, quand le domestique souffla la bougie en se ruant vers le lit. Son maître tendit les mains en avant pour recevoir le choc qui le renversa sur le dos; et il cherchait à saisir les mains de son domestique qu'il pensait maintenant atteint de folie, afin de parer les coups précipités qu'il lui portait.

Il fut atteint une première fois à l'épaule par le couteau, une seconde fois au front, une troisième fois à la poitrine. Il se débattait éperdument, agitant ses mains dans l'obscurité, lançant aussi des coups de pied et criant:

— Denis! Denis! es-tu fou, voyons, Denis!

Mais l'autre, haletant, s'acharnait, frappait toujours, repoussé tantôt d'un coup de pied, tantôt d'un coup de poing, et revenant furieusement. M. Marambot fut encore blessé deux fois à la jambe et une fois au ventre. Mais soudain une pensée rapide lui traversa l'esprit et il se mit à crier:

— Finis donc, finis donc, Denis, je n'ai pas reçu mon argent!

L'homme aussitôt s'arrêta; et son maître entendait, dans l'obscurité, sa respiration sifflante.

M. Marambot reprit aussitôt:

— Je n'ai rien reçu. M. Malois se dédit, le procès va avoir lieu; c'est pour ça que tu as porté les lettres à la poste. Lis plutôt celles qui sont sur mon secrétaire.

Et d'un dernier effort, il saisit les allumettes sur sa table de nuit et alluma sa bougie.

Il était couvert de sang. Des jets brûlants avaient éclaboussé le mur. Les draps, les rideaux, tout était rouge. Denis, sanglant aussi des pieds à la tête, se tenait debout au milieu de la chambre.

Quand il vit cela, M. Marambot se crut mort et il perdit connaissance.

Denis asked his master no questions; that day he looked as sad and somber as he had been joyful the day before.

Night fell. M. Marambot went to bed at his customary time and fell asleep.

He was awakened by an unusual sound. At once he sat up in bed and listened. But suddenly his door opened and Denis appeared on the threshold, holding a candle in one hand and a kitchen knife in the other; his eyes were bulging and rigid, his lips and cheeks were drawn like those of people stirred by a horrible emotion, and he was so pale that he looked like a ghost.

M. Marambot, taken aback, thought he had become a sleepwalker, and he was going to get up and run over to him, when the servant blew out the candle and dashed toward the bed. His master held out his hands in front of him to ward off the impetus, which knocked him onto his back; and he kept trying to grab his servant's hands, now thinking he had gone mad, in order to parry the rapid blows he was striking at him.

He was struck first in the shoulder by the knife, the next time on the forehead, the third time in the chest. He was struggling desperately, waving his hands in the darkness, and also kicking out and yelling:

"Denis! Denis! Are you crazy? Come now, Denis!"

But the other man, panting, persisted, kept striking, repulsed now by a kick, now by a punch, but returning in fury. M. Marambot received two more wounds in the leg and one in the belly. But suddenly a rapid thought crossed his mind and he began to shout:

"Stop it, stop it, Denis, I didn't receive my money!"

The man stopped at once; and in the darkness his master heard his wheezing respiration.

M. Marambot resumed immediately:

"I got nothing. M. Malois is welching; the lawsuit *will* take place; it's for that reason that you took those letters to the post office. Instead, read the ones on my writing desk."

And, making a final effort, he seized the matches on his night table and lit his candle.

He was covered with blood. Hot spurts had spattered the wall. His sheets, the curtains, everything was red. Denis, also bloodstained from head to foot, was standing in the middle of the room.

When he saw that, M. Marambot believed himself dead, and he passed out.

44. Bergson: *L'évolution créatrice* (1907)

L'histoire de l'évolution de la vie, si incomplète qu'elle soit encore, nous laisse déjà entrevoir comment l'intelligence s'est constituée par un progrès ininterrompu, le long d'une ligne qui monte, à travers la série des Vertébrés, jusqu'à l'homme. Elle nous montre, dans la faculté de comprendre, une annexe de la faculté d'agir, une adaptation de plus en plus précise, de plus en plus complexe et souple, de la conscience des êtres vivants aux conditions d'existence qui leur sont faites. De là devrait résulter cette conséquence que notre intelligence, au sens étroit du mot, est destinée à assurer l'insertion parfaite de notre corps dans son milieu, à se représenter les rapports des choses extérieures entre elles, enfin à penser la matière. Telle sera, en effet, une des conclusions du présent essai. Nous verrons que l'intelligence humaine se sent chez elle tant qu'on la laisse parmi les objets inertes, plus spécialement parmi les solides, où notre action trouve son point d'appui et notre industrie ses instruments de travail, que nos concepts ont été formés à l'image des solides, que notre logique est surtout la logique des solides, que, par là même, notre intelligence triomphe dans la géométrie, où se révèle la parenté de la pensée logique avec la matière inerte, et où l'intelligence n'a qu'à suivre son mouvement naturel, après le plus léger contact possible avec l'expérience, pour aller de découverte en découverte avec la certitude que l'expérience marche derrière elle et lui donnera invariablement raison.

Mais de là devrait résulter aussi que notre pensée, sous sa forme purement logique, est incapable de se représenter la vraie nature de la vie, la signification profonde du mouvement évolutif. Créée par la vie, dans des circonstances déterminées, pour agir sur des choses déterminées, comment embrasserait-elle la vie, dont elle n'est qu'une émanation ou un aspect? Déposée, en cours de route, par le mouvement évolutif, comment s'appliquerait-elle le long du mouvement évolutif lui-même? Autant vaudrait prétendre que la partie égale le tout, que l'effet peut résorber en lui sa cause, ou que le galet laissé sur la plage dessine la forme de la vague qui l'apporta. De fait, nous sentons bien qu'aucune des catégories de notre pensée, unité, multiplicité, causalité mécanique, finalité intelligente, etc., ne s'applique exactement aux choses de la vie: qui dira où commence et où finit l'individualité, si l'être vivant est un ou plusieurs, si ce sont les cellules qui s'associent en organisme ou si c'est l'organisme qui se dissocie en cellules? En vain nous poussons le vivant dans tel ou tel de nos cadres.

44. Bergson: *Creative Evolution* (1907)

The history of the evolution of life, incomplete as it still may be, already permits us to glimpse how intelligence was formed in the course of uninterrupted progress following a line that ascends, through the series of vertebrates, all the way to man. It shows us that the faculty of understanding is an annex of the faculty of action, a more and more precise, more and more complex and supple adaptation of the consciousness of living beings to the conditions of existence prepared for them. The consequence resulting from this ought to be that our intelligence, in the strict meaning of the word, is intended to assure the perfect insertion of our body into its environment, so it is able to picture the interrelationships of the things outside itself: in short, to think the material world. And in fact this will be one of the conclusions of the present essay. We shall see that human intelligence feels at home as soon as it is left among inert objects, more especially among solids, where our action finds a footing and our industriousness finds its working implements; we shall see that our concepts have been formed in the image of solids, that our logic is above all the logic of solids, that, for that very reason, our intelligence triumphs in geometry, in which is revealed the relationship between logical thinking and inert matter, and in which intelligence has only to follow its natural impulse, after the slightest possible contact with experience, in order to proceed from one discovery to another with the certitude that experience is walking right behind it and will invariably verify its findings.

But another result of this should be that our thinking, in its purely logical form, is incapable of picturing the true nature of life, the profound meaning of the evolutionary process. Created by life, in determined circumstances, in order to act on determined things, how can it embrace all of life, of which it is merely an emanation or an aspect? Deposited along the way by the evolutionary process, how could it be applied all through the evolutionary process itself? This would be equivalent to claiming that a part was equal to the whole, that a result can reabsorb its cause, or that the pebble left on the beach delineates the form of the wave that brought it there. Indeed we have the strong feeling that none of the categories of our thought—unity, multiplicity, mechanical causality, intelligent finality, etc.—is exactly applicable to the things of life: who is to say where individuality begins and ends, whether the living being is one or many, whether it's the cells which are grouped into an organism or it's the organism that breaks down

Tous les cadres craquent. Ils sont trop étroits, trop rigides surtout pour ce que nous voudrions y mettre. Notre raisonnement, si sûr de lui quand il circule à travers les choses inertes, se sent d'ailleurs mal à son aise sur ce nouveau terrain. On serait fort embarrassé pour citer une découverte biologique due au raisonnement pur. Et, le plus souvent, quand l'expérience a fini par nous montrer comment la vie s'y prend pour obtenir un certain résultat, nous trouvons que sa manière d'opérer est précisément celle à laquelle nous n'aurions jamais pensé.

Pourtant, la philosophie évolutionniste étend sans hésitation aux choses de la vie les procédés d'explication qui ont réussi pour la matière brute. Elle avait commencé par nous montrer dans l'intelligence un effet local de l'évolution, une lueur, peut-être accidentelle, qui éclaire le va-et-vient des êtres vivants dans l'étroit passage ouvert à leur action: et voici que tout à coup, oubliant ce qu'elle vient de nous dire, elle fait de cette lanterne manœuvrée au fond d'un souterrain un Soleil qui illuminerait le monde. Hardiment, elle procède avec les seules forces de la pensée conceptuelle à la reconstruction idéale de toutes choses, même de la vie. Il est vrai qu'elle se heurte en route à de si formidables difficultés, elle voit sa logique aboutir ici à de si étranges contradictions, que bien vite elle renonce à son ambition première. Ce n'est plus la réalité même, dit-elle, qu'elle recomposera, mais seulement une imitation du réel, ou plutôt une image symbolique; l'essence des choses nous échappe et nous échappera toujours, nous nous mouvons parmi des relations, l'absolu n'est pas de notre ressort, arrêtons-nous devant l'Inconnaissable. Mais c'est vraiment, après beaucoup d'orgueil pour l'intelligence humaine, un excès d'humilité. Si la forme intellectuelle de l'être vivant s'est modelée peu à peu sur les actions et réactions réciproques de certains corps et de leur entourage matériel, comment ne nous livrerait-elle pas quelque chose de l'essence même dont les corps sont faits? L'action ne saurait se mouvoir dans l'irréel. D'un esprit né pour spéculer ou pour rêver je pourrais admettre qu'il reste extérieur à la réalité, qu'il la déforme et qu'il la transforme, peut-être même qu'il la crée, comme nous créons les figures d'hommes et d'animaux que notre imagination découpe dans le nuage qui passe. Mais une intelligence tendue vers l'action qui s'accomplira et vers la réaction qui s'ensuivra, palpant son objet pour en recevoir à chaque instant l'impression mobile, est une intelligence qui touche quelque chose de l'absolu. L'idée nous serait-elle jamais venue de mettre en doute cette valeur absolue de notre connaissance, si la philosophie ne nous avait montré à quelles contradictions notre spéculation se heurte, à quelles impasses elle aboutit?

into cells? In vain do we thrust living things into one or another of our frameworks. All the frames split. They're too narrow and especially too rigid for what we'd like to put in them. Moreover, our reasoning, so sure of itself when it circulates amid inert things, feels ill at ease on this new terrain. We'd be very hard put to mention one discovery in biology owed to pure reasoning. And most of the time, when experience has finally showed us how life goes about obtaining a certain result, we find that its modus operandi is precisely the one we would never have thought of.

Nevertheless, evolutionist philosophy does not hesitate to apply to the things of life the explanatory procedures that were successful with brute matter. It had begun by showing us that intelligence is a local result of evolution, a gleam, perhaps accidental, that illuminates the doings of living beings in the narrow passageway open to their action; and now, all at once, forgetting what it has just told us, it transforms that lantern wielded at the bottom of a cavern into a sun that could light the world. Boldly it proceeds, using only the powers of conceptual thought, to reconstruct all things mentally, even life. It's true that, along the way, it runs into such formidable difficulties, and finds its logic in this area ending in such strange contradictions, that it very quickly gives up its initial ambition. It's no longer reality itself, it says, that it will recompose, but only an imitation of the real, or rather a symbolic image; the essence of things eludes us and will always elude us; we move among relationships, the absolute isn't within our province, let us halt in the face of the unknowable. But after a lot of pride in human intelligence, this is really being too humble. If the intellectual form of living beings has been gradually shaped by the mutual actions and reactions of certain bodies and their material environment, how could it fail to furnish us something of the very essence of which the bodies are made? Action cannot take place in the unreal. I might admit that a mind born to speculate or dream remains outside reality, that it deforms it and transforms it, perhaps even that it creates it, as we create the figures of men and animals that our imagination sees outlined in passing clouds. But an intelligence intent on the action that will be performed and the reaction that will result, feeling its object physically to receive from it at every instant a fluid impression of it, is an intelligence that touches upon something of the absolute. Would we ever have had the idea of casting doubt on that absolute value of our consciousness if philosophy hadn't showed us what contradictions our speculation runs up against, at what impasses it ends up?

45. Renard: *Poil de Carotte* (1894)

LES POULES. — Je parie, dit madame Lepic, qu'Honorine a encore oublié de fermer les poules.

C'est vrai. On peut s'en assurer par la fenêtre. Là-bas, tout au fond de la grande cour, le petit toit aux poules découpe, dans la nuit, le carré noir de sa porte ouverte.

— Félix, si tu allais les fermer? dit madame Lepic à l'aîné de ses trois enfants.

— Je ne suis pas ici pour m'occuper des poules, dit Félix, garçon pâle, indolent et poltron.

— Et toi, Ernestine?

— Oh! moi, maman, j'aurais trop peur!

Grand frère Félix et sœur Ernestine lèvent à peine la tête pour répondre. Ils lisent, très intéressés, les coudes sur la table, presque front contre front.

— Dieu, que je suis bête! dit madame Lepic. Je n'y pensais plus. Poil de Carotte, va fermer les poules!

Elle donne ce petit nom d'amour à son dernier-né, parce qu'il a les cheveux roux et la peau tachée. Poil de Carotte, qui joue à rien sous la table, se dresse et dit avec timidité:

— Mais, maman, j'ai peur aussi, moi.

— Comment? répond madame Lepic, un grand gars comme toi! c'est pour rire. Dépêchez-vous, s'il te plaît!

— On le connaît; il est hardi comme un bouc, dit sa sœur Ernestine.

— Il ne craint rien ni personne, dit Félix, son grand frère.

Ces compliments enorgueillissent Poil de Carotte, et, honteux d'en être indigne, il lutte déjà contre sa couardise. Pour l'encourager définitivement, sa mère lui promet une gifle.

— Au moins, éclairez-moi, dit-il.

Madame Lepic hausse les épaules, Félix sourit avec mépris. Seule pitoyable, Ernestine prend une bougie et accompagne petit frère jusqu'au bout du corridor.

— Je t'attendrai là, dit-elle.

Mais elle s'enfuit tout de suite, terrifiée, parce qu'un fort coup de vent fait vaciller la lumière et l'éteint.

Poil de Carotte, les fesses collées, les talons plantés, se met à trembler dans les ténèbres. Elles sont si épaisses qu'il se croit aveugle. Parfois une rafale l'enveloppe, comme un drap glacé, pour l'emporter.

45. Renard: *Carrot Top* (1894)

THE CHICKENS. "I bet," says Madame Lepic, "that Honorine forgot to shut in the chickens again."

It's true. You can verify it by looking out the window. Over there, at the farthest end of the big yard, the little henhouse outlines in the night the black square of its open door.

"Félix, what if you went to shut them in?" says Madame Lepic to the eldest of her three children.

"I'm not here to look after the chickens," says Félix, a pallid, lazy, and cowardly boy.

"And you, Ernestine?"

"Oh, me, mother, I'd be too afraid!"

Big brother Félix and sister Ernestine scarcely raise their head to reply. They're reading, very interested, their elbows on the table, almost forehead to forehead.

"Lord, how stupid I am!" says Madame Lepic. "I had completely forgotten. Carrot Top, go shut in the chickens!"

She gives this little pet name to her last born, because he has red hair and freckles. Carrot Top, playing under the table at nothing in particular, straightens up and says timidly:

"But, mother, *I'm* afraid, too."

"What!" Madame Lepic replies, "a big boy like you! Don't make me laugh. Hurry up, if you don't mind!"

"We know him; he's as bold as a billygoat," says his sister Ernestine.

"He's not afraid of anything or anyone," says Félix, his big brother.

These compliments make Carrot Top proud and, ashamed to be undeserving of them, he's already struggling with his cowardice. As a final encouragement, his mother promises him a box on the ears.

"At least light my way," he says.

Madame Lepic shrugs her shoulders, Félix gives a smile of contempt. The only compassionate one, Ernestine takes a candle and accompanies little brother to the end of the corridor.

"I'll wait for you here," she says.

But she escapes at once, terrified, because a strong gust of wind makes the flame waver and go out.

Carrot Top, his buttocks glued together and his heels dug in, begins to tremble in the darkness. It's so thick, he thinks he's blind. At times a gust wraps around him, like an icy bedsheet, to carry him away.

Des renards, des loups même, ne lui soufflent-ils pas dans ses doigts, sur sa joue? Le mieux est de se précipiter, au juger, vers les poules, la tête en avant, afin de trouer l'ombre. Tâtonnant, il saisit le crochet de la porte. Au bruit de ses pas, les poules effarées s'agitent en gloussant sur leur perchoir. Poil de Carotte leur crie:

— Taisez-vous donc, c'est moi!

ferme la porte et se sauve, les jambes, les bras comme ailés. Quand il rentre, haletant, fier de lui, dans la chaleur et la lumière, il lui semble qu'il échange des loques pesantes de boue et de pluie contre un vêtement neuf et léger. Il sourit, se tient droit, dans son orgueil, attend les félicitations, et maintenant hors de danger, cherche sur le visage de ses parents la trace des inquiétudes qu'ils ont eues.

Mais grand frère Félix et sœur Ernestine continuent tranquillement leur lecture, et madame Lepic lui dit, de sa voix naturelle:

— Poil de Carotte, tu iras les fermer tous les soirs.

LE CAUCHEMAR. Poil de Carotte n'aime pas les amis de la maison. Ils le dérangent, lui prennent son lit et l'obligent à coucher avec sa mère. Or, si le jour il possède tous les défauts, la nuit il a principalement celui de ronfler. Il ronfle exprès, sans aucun doute.

La grande chambre, glaciale même en août, contient deux lits. L'un est celui de M. Lepic, et dans l'autre Poil de Carotte va reposer, à côté de sa mère, au fond.

Avant de s'endormir, il toussote sous le drap, pour déblayer sa gorge. Mais peut-être ronfle-t-il du nez? Il fait souffler en douceur ses narines afin de s'assurer qu'elles ne sont pas bouchées. Il s'exerce à ne point respirer trop fort.

Mais dès qu'il dort, il ronfle. C'est comme une passion.

Aussitôt madame Lepic lui entre deux ongles, jusqu'au sang, dans le plus gras d'une fesse. Elle a fait choix de ce moyen.

Le cri de Poil de Carotte réveille brusquement M. Lepic, qui demande:

— Qu'est-ce que tu as?

— Il a le cauchemar, dit madame Lepic.

Et elle chantonne, à la manière des nourrices, un air berceur qui semble indien.

Du front, des genoux poussant le mur, comme s'il voulait l'abattre, les mains plaquées sur ses fesses pour parer le pinçon qui va venir au premier appel des vibrations sonores, Poil de Carotte se rendort dans le grand lit où il repose, à côté de sa mère, au fond.

Aren't foxes, even wolves, breathing on his fingers, on his cheek? The best course is to dash by guesswork over toward the chickens, head first, in order to pierce the darkness. Groping, he seizes the door hook. At the sound of his steps, the frightened chickens stir on their perch, clucking. Carrot Top yells to them:

"Be quiet, can't you, it's me!"

He shuts the door and flees, as if he had wings on his legs and arms. When he gets back, panting, proud of himself, to the warmth and light, he feels as if he's changing from tatters heavy with mud and rain into brand-new, lightweight garments. He smiles, he stands erect, in his pride, he expects congratulations and, now out of danger, seeks on his relatives' faces for a trace of the worry they've had.

But big brother Félix and sister Ernestine are calmly going on with their reading, and Madame Lepic says to him, in her normal voice:

"Carrot Top, you'll go and shut them in every evening."

THE NIGHTMARE. Carrot Top doesn't like house guests. They disturb him, take his bed, and make him sleep with his mother. Now, if he has all possible faults in the daytime, at night his main one is snoring. He snores on purpose, no doubt.

The big bedroom, glacial even in August, contains two beds. One is M. Lepic's, and in the other Carrot Top is to repose, beside his mother, at the far end.

Before falling asleep, he coughs under the sheet, to clear his throat. But maybe he snores through his nose? He quietly blows his nose to be sure that his nostrils aren't clogged. He practices not breathing too loud.

But the minute he's asleep, he snores. It's like a passion.

Immediately Madame Lepic plunges two fingernails, drawing blood, into the thickest part of one of his buttocks. She has chosen that method.

Carrot Top's yell suddenly awakens M. Lepic, who asks:

"What's the matter with you?"

"He's having a nightmare," says Madame Lepic.

And, like a wetnurse, she hums the tune of a lullaby that seems to come from India.

Pushing the wall with his forehead and knees, as if he wanted to knock it down, his hands plastered on his behind to ward off the pinch that will respond to the first call of the sound vibrations, Carrot Top falls asleep again on the big bed where he reposes, beside his mother, at the far end.

46. Gide: *La symphonie pastorale* (1919)

La neige, qui n'a pas cessé de tomber depuis trois jours, bloque les routes. Je n'ai pu me rendre à R . . . où j'ai coutume depuis quinze ans de célébrer le culte deux fois par mois. Ce matin trente fidèles seulement se sont rassemblés dans la chapelle de La Brévine.

Je profiterai des loisirs que me vaut cette claustration forcée, pour revenir en arrière et raconter comment je fus amené à m'occuper de Gertrude.

J'ai projeté d'écrire ici tout ce qui concerne la formation et le développement de cette âme pieuse, qu'il me semble que je n'ai fait sortir de la nuit que pour l'adoration et l'amour. Béni soit le Seigneur pour m'avoir confié cette tâche.

Il y a deux ans et six mois, comme je remontais de la Chaux-de-Fonds, une fillette que je ne connaissais point vint me chercher en toute hâte pour m'emmener à sept kilomètres de là, auprès d'une pauvre vieille qui se mourait. Le cheval n'était pas dételé; je fis monter l'enfant dans la voiture, après m'être muni d'une lanterne, car je pensai ne pas pouvoir être de retour avant la nuit.

Je croyais connaître admirablement tous les entours de la commune; mais, passé la ferme de la Saudraie, l'enfant me fit prendre une route où jusqu'alors je ne m'étais jamais aventuré. Je reconnus pourtant, à deux kilomètres de là, sur la gauche, un petit lac mystérieux où jeune homme j'avais été quelquefois patiner. Depuis quinze ans je ne l'avais plus revu, car aucun devoir pastoral ne m'appelle de ce côté; je n'aurais plus su dire où il était et j'avais à ce point cessé d'y penser qu'il me sembla, lorsque tout à coup, dans l'enchantement rose et doré du soir, je le reconnus, ne l'avoir d'abord vu qu'en rêve.

La route suivait le cours d'eau qui s'en échappait, coupant l'extrémité de la forêt, puis longeant une tourbière. Certainement je n'étais jamais venu là.

Le soleil se couchait et nous marchions depuis longtemps dans l'ombre, lorsque enfin ma jeune guide m'indiqua du doigt, à flanc de coteau, une chaumière qu'on eût pu croire inhabitée, sans un mince filet de fumée qui s'en échappait, bleuissant dans l'ombre, puis blondissant dans l'or du ciel. J'attachai le cheval à un pommier voisin, puis rejoignis l'enfant dans la pièce obscure où la vieille venait de mourir.

La gravité du paysage, le silence et la solennité de l'heure m'avaient transi. Une femme encore jeune était à genoux près du lit. L'enfant,

46. Gide: *The Pastoral Symphony* (1919)

The snow, which hasn't stopped falling for three days, is blocking the roads. I haven't been able to get to R——, where for fifteen years I've been accustomed to hold the service twice a month. This morning, only thirty parishioners assembled in the La Brévine chapel.

I'll take advantage of the leisure afforded me by this forced seclusion to look back and tell how I was led to take charge of Gertrude.

I have planned to write here all that concerns the shaping and development of that pious soul, which I feel I rescued from the night solely for adoration and love. Blessed be the Lord for having entrusted me with this task!

Two years and six months ago, when I had reascended from La Chaux-de-Fonds, a little girl whom I didn't know came looking for me in great haste to take me seven kilometers from here to a poor old woman who was dying. My horse wasn't unharnessed yet; I had the child climb into the carriage after furnishing myself with a lantern, because I didn't think I could be back before nightfall.

I thought I was perfectly acquainted with all the surroundings of the parish; but after we had passed the La Saudraie farm, the girl had me take a road I had never ventured on until then. All the same, two kilometers farther on, to the left, I recognized a mysterious little lake where I had sometimes gone to skate as a young man. I hadn't seen it again for fifteen years, since no pastoral duty calls me in that direction; I would no longer have been able to say where it was, and I had ceased so thoroughly to think about it that it seemed to me when I suddenly recognized it, in the pink and gold enchantment of the evening, that I hadn't seen it before except in dreams.

The road followed the watercourse that issued from it, cutting off the edge of the forest and then skirting a peatbog. Surely I had never been *there*.

The sun was setting and we had been driving in shadow for some time when my young guide finally pointed to a thatched hut on the hillside that you'd have thought uninhabited, were it not for a thin thread of smoke issuing from it, growing blue in the shade, then yellowing in the gold of the sky. I tied my horse to a nearby apple tree, then I rejoined the child in the dark room in which the old woman had just died.

The seriousness of the landscape, the silence and solemnity of the hour had chilled me. A woman still young was kneeling near the bed.

que j'avais prise pour la petite-fille de la défunte mais qui n'était que
sa servante alluma une chandelle fumeuse, puis se tint immobile au
pied du lit. Durant la longue route, j'avais essayé d'engager la conversation, mais n'avais pu tirer d'elle quatre paroles.

La femme agenouillée se releva. Ce n'était pas une parente ainsi
que je le supposais d'abord, mais simplement une voisine, une amie,
que la servante avait été chercher lorsqu'elle vit s'affaiblir sa
maîtresse, et qui s'offrit pour veiller le corps. La vieille, me dit-elle,
s'était éteinte sans souffrance. Nous convînmes ensemble des dispositions à prendre pour l'inhumation et la cérémonie funèbre. Comme
souvent déjà, dans ce pays perdu, il me fallait tout décider. J'étais
quelque peu gêné, je l'avoue, de laisser cette maison, si pauvre que
fût son apparence, à la seule garde de cette voisine et de cette servante enfant. Toutefois il ne paraissait guère probable qu'il y eût dans
un recoin de cette misérable demeure, quelque trésor caché . . . Et
qu'y pouvais-je faire? Je demandai néanmoins si la vieille ne laissait
aucun héritier.

La voisine prit alors la chandelle, qu'elle dirigea vers un coin du
foyer, et je pus distinguer, accroupi dans l'âtre, un être incertain, qui
paraissait endormi; l'épaisse masse de ses cheveux cachait presque
complètement son visage.

«Cette fille aveugle; une nièce, à ce que dit la servante; c'est à quoi
la famille se réduit, paraît-il. Il faudra la mettre à l'hospice; sinon je ne
sais pas ce qu'elle pourra devenir.»

Je m'offusquai d'entendre ainsi décider de son sort devant elle,
soucieux du chagrin que ces brutales paroles pourraient lui causer.

«Ne la réveillez pas, dis-je doucement, pour inviter la voisine, tout
au moins, à baisser la voix.

— Oh! je ne pense pas qu'elle dorme; mais c'est une idiote; elle ne
parle pas et ne comprend rien à ce qu'on dit. Depuis ce matin que je
suis dans la pièce, elle n'a pour ainsi dire pas bougé. J'ai d'abord cru
qu'elle était sourde; la servante prétend que non, mais que simplement la vieille, sourde elle-même, ne lui adressait jamais la parole,
non plus qu'à quiconque, n'ouvrant plus la bouche depuis longtemps,
que pour boire ou manger.

— Quel âge a-t-elle?

— Une quinzaine d'années, je suppose: au reste je n'en sais pas plus
long que vous . . .»

The child whom I had taken for the dead woman's granddaughter, but was only her servant, lit a smoky candle, then stood still at the foot of the bed. During the long journey I had tried to broach a conversation, but hadn't been able to get two words out of her.

The kneeling woman rose. She wasn't a relative, as I had supposed at first, but merely a neighbor, a friend, whom the servant had gone for when she saw her mistress growing weaker, and who now volunteered to watch over the body. The old woman, she told me, had passed away without suffering. We came to an agreement as to what measures should be taken for the burial and the funeral service. As had occurred frequently before then, in that remote countryside, I had to make all the decisions. I admit I was a little bothered to leave that house, poor as it looked, in the keeping of that neighbor and that servant only. Yet it hardly appeared likely that there was some treasure hidden in a nook of that wretched dwelling . . . And what could I do there? Nevertheless, I asked whether the old woman hadn't left any heir.

Then the neighbor took the candle, directing its light at a corner of the fireplace, and I was able to make out a vague figure huddled on the hearth, apparently asleep; the thick mass of her hair hid her face almost completely.

"This blind girl; a niece, from what the servant says; that's what the family is reduced to, it seems. She'll have to be put in the orphanage; otherwise I don't know what would become of her."

I took offense at hearing her future decided that way in her presence, and I was worried about the grief those brutal words might cause her.

"Don't awaken her," I said quietly, to indicate to the neighbor that she should at least lower her voice.

"Oh, I don't think she's asleep; but she's an idiot; she doesn't speak or understand anything you say. This whole day from morning on I've been in the room and she's hardly budged. At first I thought she was deaf; but the servant claims she isn't; it's just that the old woman, who *was* deaf, never spoke a word to her, no more than to anyone else; for a long time she hadn't opened her mouth except to drink or eat."

"How old is she?"

"About fifteen, I imagine: anyway, I don't know more about it than you do . . ."

47. Proust: *Du côté de chez Swann* (1913)

Longtemps, je me suis couché de bonne heure. Parfois, à peine ma bougie éteinte, mes yeux se fermaient si vite que je n'avais pas le temps de me dire: «Je m'endors.» Et, une demi-heure après, la pensée qu'il était temps de chercher le sommeil m'éveillait; je voulais poser le volume que je croyais avoir encore dans les mains et souffler ma lumière; je n'avais pas cessé en dormant de faire des réflexions sur ce que je venais de lire, mais ces réflexions avaient pris un tour un peu particulier; il me semblait que j'étais moi-même ce dont parlait l'ouvrage: une église, un quatuor, la rivalité de François Ier et de Charles Quint. Cette croyance survivait pendant quelques secondes à mon réveil; elle ne choquait pas ma raison mais pesait comme des écailles sur mes yeux et les empêchait de se rendre compte que le bougeoir n'était plus allumé. Puis elle commençait à me devenir inintelligible, comme après la métempsycose les pensées d'une existence antérieure; le sujet du livre se détachait de moi, j'étais libre de m'y appliquer ou non; aussitôt je recouvrais la vue et j'étais bien étonné de trouver autour de moi une obscurité, douce et reposante pour mes yeux, mais peut-être plus encore pour mon esprit, à qui elle apparaissait comme une chose sans cause, incompréhensible, comme une chose vraiment obscure. Je me demandais quelle heure il pouvait être; j'entendais le sifflement des trains qui, plus ou moins éloigné, comme le chant d'un oiseau dans une forêt, relevant les distances, me décrivait l'étendue de la campagne déserte où le voyageur se hâte vers la station prochaine; et le petit chemin qu'il suit va être gravé dans son souvenir par l'excitation qu'il doit à des lieux nouveaux, à des actes inaccoutumés, à la causerie récente et aux adieux sous la lampe étrangère qui le suivent encore dans le silence de la nuit, à la douceur prochaine du retour.

J'appuyais tendrement mes joues contre les belles joues de l'oreiller qui, pleines et fraîches, sont comme les joues de notre enfance. Je frottais une allumette pour regarder ma montre. Bientôt minuit. C'est l'instant où le malade, qui a été obligé de partir en voyage et a dû coucher dans un hôtel inconnu, réveillé par une crise, se réjouit en apercevant sous la porte une raie de jour. Quel bonheur, c'est déjà le matin! Dans un moment les domestiques seront levés, il pourra sonner, on viendra lui porter secours. L'espérance d'être soulagé lui donne du courage pour souffrir. Justement il a cru entendre des pas; les pas se rapprochent, puis s'éloignent. Et la raie de jour qui était

47. Proust: *Swann's Way* (1913)

For a long time I went to bed at an early hour. Sometimes, as soon as my candle was out, my eyes would close so quickly that I didn't have time to tell myself: "I'm falling asleep." And a half hour later, the thought that it was time to get to sleep would awaken me; I wanted to put down the book I thought I still had in my hands and to blow out my light; while sleeping I hadn't ceased to engage in reflections on what I had just been reading, but those reflections had taken a somewhat strange turn; it seemed to me that I myself was the subject of the book: a church, a string quartet, the rivalry between François I and Charles V. That belief would last for a few seconds after I awoke; it didn't offend my reason but it weighed like scales on my eyes, preventing them from realizing that the candle wasn't still burning. Then it began to become unintelligible to me, just as your soul's thoughts during a previous existence become after it has transmigrated; the subject of the book became separated from me, and I was free to refer it to myself or not; immediately I regained my sight and was quite surprised to find round about me a darkness that was sweet and restful for my eyes, but perhaps even more so for my mind, to which it appeared like something uncaused, incomprehensible, like something truly obscure. I'd wonder what time it was; I'd hear the whistling of trains, a whistling which, more or less far away, like the song of a bird in a forest, called attention to the distances, depicting for me the extent of the deserted countryside through which the traveler is rushing toward the next station; and the little path he follows will be engraved on his memory by the excitement it owes to new places; to uncustomary actions; to his recent conversation and the words of leavetaking below the unfamiliar lamppost which still follow him in the silence of the night; to the forthcoming pleasure of returning.

I would tenderly lean my cheeks against the pillow's beautiful cheeks which, full and fresh, are like the cheeks of our childhood. I'd strike a match to look at my watch. Midnight soon. It's the moment when the sick man who has been compelled to go a journey, and who has had to spend the night in an unfamiliar hotel, is awakened by an attack, and is happy to see a strip of light under the door. How lucky, it's already morning! In a moment the servants will be up, he'll be able to ring for them, they'll come and bring him aid. The hope of being relieved gives him the courage to suffer. Yes, yes, he thought he heard footsteps; the steps come nearer, then move away. And the strip of

sous sa porte a disparu. C'est minuit; on vient d'éteindre le gaz; le dernier domestique est parti et il faudra rester toute la nuit à souffrir sans remède.

Je me rendormais, et parfois je n'avais plus que de courts réveils d'un instant, le temps d'entendre les craquements organiques des boiseries, d'ouvrir les yeux pour fixer le kaléidoscope de l'obscurité, de goûter grâce à une lueur momentanée de conscience le sommeil où étaient plongés les meubles, la chambre, le tout dont je n'étais qu'une petite partie et à l'insensibilité duquel je retournais vite m'unir. Ou bien en dormant j'avais rejoint sans effort un âge à jamais révolu de ma vie primitive, retrouvé telle de mes terreurs enfantines comme celle que mon grand-oncle me tirât par mes boucles et qu'avait dissipée le jour — date pour moi d'une ère nouvelle — où on les avait coupées. J'avais oublié cet événement pendant mon sommeil, j'en retrouvais le souvenir aussitôt que j'avais réussi à m'éveiller pour échapper aux mains de mon grand-oncle, mais par mesure de précaution j'entourais complètement ma tête de mon oreiller avant de retourner dans le monde des rêves. [. . .]

Après le dîner, hélas, j'étais bientôt obligé de quitter maman qui restait à causer avec les autres, au jardin s'il faisait beau, dans le petit salon où tout le monde se retirait s'il faisait mauvais. Tout le monde, sauf ma grand-mère qui trouvait que «c'est une pitié de rester enfermé à la campagne» et qui avait d'incessantes discussions avec mon père, les jours de trop grande pluie, parce qu'il m'envoyait lire dans ma chambre au lieu de rester dehors. «Ce n'est pas comme cela que vous le rendrez robuste et énergique, disait-elle tristement, surtout ce petit qui a tant besoin de prendre des forces et de la volonté.» Mon père haussait les épaules et il examinait le baromètre, car il aimait la météorologie, pendant que ma mère, évitant de faire du bruit pour ne pas le troubler, le regardait avec un respect attendri, mais pas trop fixement pour ne pas chercher à percer le mystère de ses supériorités. Mais ma grand-mère, elle, par tous les temps, même quand la pluie faisait rage et que Françoise avait précipitamment rentré les précieux fauteuils d'osier de peur qu'ils ne fussent mouillés, on la voyait dans le jardin vide et fouetté par l'averse, relevant ses mèches désordonnées et grises pour que son front s'imbibât mieux de la salubrité du vent et de la pluie.

light that was under his door has disappeared. It's midnight; the gas has just been turned off; the last servant has gone and he'll have to remain all night suffering without a remedy.

I would fall asleep again, and sometimes I would have only brief awakenings for an instant, just long enough to hear the organic creaking of the woodwork; to open my eyes and stare at the kaleidoscope of the darkness; to enjoy, thanks to a momentary gleam of consciousness, the slumber into which were plunged the furniture, the room, that whole of which I was only a small part and the numbness of which I would then quickly rejoin. Or else, in my sleep I had effortlessly gone back to an era of my early life that had passed away forever; I had encountered again one of my childish terrors such as the terror that my great-uncle would pull me by my curls, a fear that was dispelled on the day—dating a new era for me—when they were cut off. I had forgotten that event during my sleep and I'd recover the memory of it as soon as I had succeeded in waking up to escape from my great-uncle's hands; but as a precautionary measure I'd wrap my pillow entirely around my head before returning to the world of dreams. [. . .]

After dinner, alas, I was soon compelled to leave mother, who remained to chat with the others, in the garden if the weather was good, in the little salon to which everyone withdrew if the weather was bad. Everyone except my grandmother, who believed "it was a pity to stay shut in when you were in the country," and who had endless arguments with my father on days of too much rain because he'd send me to read in my room instead of staying outdoors. "That's not the way you'll make him sturdy and energetic," she'd say sadly, "especially that boy who has such great need of acquiring strength and willpower." My father would shrug his shoulders and would study the barometer, for he loved meteorology, while my mother, avoiding making noise to keep from disturbing him, would look at him with affectionate respect, but not too hard, so as not to try to penetrate the mystery of his superiority. But as for my grandmother, in every sort of weather, even when the rain was pouring down and Françoise had hastily brought in the precious wicker armchairs for fear they'd get wet, you could see her in the empty garden that was whipped by the shower, pulling back her gray, disheveled locks so her forehead could more deeply drink in the healthfulness of the wind and rain.

48. Colette: *La maison de Claudine* (1922)

— Je ne peux plus vivre comme ça, me dit ma mère. J'ai encore rêvé qu'on t'enlevait cette nuit. Trois fois je suis montée jusqu'à ta porte. Et je n'ai pas dormi.

Je la regardai avec commisération, car elle avait l'air fatigué et inquiet. Et je me tus, car je ne connaissais pas de remède à son souci.

— C'est tout ce que ça te fait, petite monstresse?

— Dame, maman . . . Qu'est-ce que tu veux que je dise? Tu as l'air de m'en vouloir que ce ne soit qu'un rêve.

Elle leva les bras au ciel, courut vers la porte, accrocha en passant le cordon de son pince-nez à une clef de tiroir, puis le jaseron de son face-à-main au loquet de la porte, entraîna dans les mailles de son fichu le dossier pointu et gothique d'une chaise Second Empire, retint la moitié d'une imprécation et disparut après un regard indigné, en murmurant:

— Neuf ans! . . . Et me répondre de cette façon quand je parle de choses graves!

Le mariage de ma demi-sœur venait de me livrer sa chambre, la chambre du premier étage, étoilée de bleuets sur un fond blanc gris.

Quittant ma tanière enfantine — une ancienne logette de portier à grosses poutres, carrelée, suspendue au-dessus de l'entrée cochère et commandée par la chambre à coucher de ma mère — je dormais, depuis un mois, dans ce lit que je n'avais osé convoiter, ce lit dont les rosaces de fonte argentée retenaient dans leur chute des rideaux de guipure blanche, doublés d'un bleu impitoyable. Ce placard-cabinet de toilette m'appartenait, et j'accoudais à l'une ou l'autre fenêtre une mélancolie, un dédain tous deux feints, à l'heure où les petits Blancvillain et les Trinitet passaient, mordant leur tartine de quatre heures, épaissie de haricots rouges figés dans une sauce au vin. Je disais, à tout propos:

— Je monte à ma chambre . . . Céline a laissé les persiennes de ma chambre ouvertes . . .

Bonheur menacé: ma mère, inquiète, rôdait. Depuis le mariage de ma sœur, elle n'avait plus son compte d'enfants. Et puis, je ne sais quelle histoire de jeune fille enlevée, séquestrée, illustrait la première page des journaux. Un chemineau, éconduit à la nuit tombante par notre cuisinière, refusait de s'éloigner, glissait son gourdin entre les battants de la porte d'entrée, jusqu'à l'arrivée de mon père . . . Enfin, des romanichels, rencontrés sur la route, m'avaient offert, avec d'étincelants sourires et des regards de haine, de m'acheter mes cheveux,

48. Colette: *Claudine's House* (1922)

"I can't live like this any more," my mother said to me. "I dreamed again last night that you were being abducted. Three times I went upstairs to your door. And I didn't sleep."

I looked at her with pity, because she seemed tired and nervous. And I kept silent, because I knew of no remedy for her worries.

"That's all it means to you, you little monster?"

"Gee, mom . . . What do you want me to say? You look as if you're mad at me because it was only a dream."

She raised her arms heavenward and ran to the door; as she went by, she caught the cord of her pince-nez on a drawer key, then her lorgnette chain on the door latch; in the meshes of her fichu she dragged along the pointy Gothic back of a Second Empire chair; she stifled half of an oath and disappeared after an indignant glance, muttering:

"Nine years old! . . . And she answers me back like that when I talk about serious matters!"

My half-sister's marriage had just made her room available to me, that second-story room spangled with cornflowers against a grayish white background.

Leaving my childhood lair—a former tiny janitor's lodge with big beams and tiled floor suspended above the carriage entrance and with access only through my mother's bedroom—I had now been sleeping for a month in that bed I hadn't dared to lust after, that bed whose silver-plated cast-iron rosettes held back, in their fall, curtains of white point lace, lined with an implacable blue. That combination wall closet/dressing room belonged to me, and, my elbows leaning on one or the other windowsill, I'd assume a melancholy or a disdain, both feigned, at the hour when the little Blancvillains and Trinitets passed by, biting into their four-o'clock slice of bread and butter, thickened with red beans congealed in a wine sauce. I used to say, on any and all occasions:

"I'm going up to MY ROOM . . . Céline left the venetians open in MY ROOM . . ."

A threatened happiness: my mother, nervous, was on the prowl. Since my sister's marriage she had no longer had her full complement of children. And besides, some story or other about a girl who was abducted and kept under constraint was on the front page of the papers. A tramp, turned away at nightfall by our cook, refused to leave, thrust his cudgel between the leaves of the front door, until my father arrived . . . Finally, Gypsies encountered on the road had offered, with sparkling smiles and hatred in their eyes, to buy my hair, and M.

et M. Demange, ce vieux monsieur qui ne parlait à personne, s'était permis de m'offrir des bonbons dans sa tabatière.

— Tout ça n'est pas bien grave, assurait mon père.

— Oh! toi . . . Pourvu qu'on ne trouble pas ta cigarette d'après-déjeuner et ta partie de dominos . . . Tu ne songes même pas qu'à présent la petite couche en haut, et qu'un étage, la salle à manger, le corridor, le salon, la séparent de ma chambre. J'en ai assez de trembler tout le temps pour mes filles. Déjà l'aînée qui est partie avec ce monsieur . . .

— Comment, partie?

— Oui, enfin, mariée. Mariée ou pas mariée, elle est tout de même partie avec un monsieur qu'elle connaît à peine.

Elle regardait mon père avec une suspicion tendre.

— Car, enfin, toi, qu'est-ce que tu es pour moi? Tu n'es même pas mon parent . . .

Je me délectais, aux repas, de récits à mots couverts, de ce langage, employé par les parents, où le vocable hermétique remplace le terme vulgaire, où la moue significative et le «hum!» théâtral appellent et soutiennent l'attention des enfants.

— A Gand, dans ma jeunesse, racontait mère, une de mes amies, qui n'avait que seize ans, a été enlevée . . . Mais parfaitement! Et dans une voiture à deux chevaux encore. Le lendemain . . . hum! . . . Naturellement. Il ne pouvait plus être question de la rendre à sa famille. Il y a des . . . comment dirai-je? des effractions que . . . Enfin ils se sont mariés. Il fallait bien en venir là.

«Il fallait bien en venir là!»

Imprudente parole . . . Une petite gravure ancienne, dans l'ombre du corridor, m'intéressa soudain. Elle représentait une chaise de poste, attelée de deux chevaux étranges à cous de chimères. Devant la portière béante, un jeune homme habillé de taffetas portait, d'un seul bras, avec la plus grande facilité, une jeune fille renversée dont la petite bouche ouverte en O, les jupes en corolle chiffonnée autour de deux jambes aimables, s'efforçaient d'exprimer l'épouvante. «L'Enlèvement!» Ma songerie, innocente, caressa le mot et l'image . . .

49. Martin du Gard: *Le cahier gris* (1922)

Au coin de la rue de Vaugirard, comme ils longeaient déjà les bâtiments de l'École, M. Thibault, qui pendant le trajet n'avait pas adressé la parole à son fils, s'arrêta brusquement:

Demange, that elderly gentleman who didn't speak to anyone, had taken the liberty of offering me candy from his snuffbox.

"None of that is very serious," my father assured her.

"Oh, you! . . . As long as no one disturbs your after-luncheon cigarette and your game of dominoes . . . You don't even recall that the little one is now sleeping upstairs, and that a story of the house, the dining room, the corridor, and the parlor separate her from my room. I'm tired of trembling all the time for my daughters' safety. There's already the older one who went off with that gentleman . . ."

"What do you mean, 'went off'?"

"Well, yes, she married him. But married or not married, she went off all the same with a gentleman she hardly knows."

She was looking at my father with a tender suspicion.

"Because even you, what are you to me? You're not even a relative of mine . . ."

At mealtimes, I delighted in their stories told in cryptic words, in that verbiage which parents use, where a hermetic expression substitutes for an everyday term, where a meaningful pout and a theatrical "Hm!" arouse children's attention and keep it awake.

"At Ghent, when I was young," mother would tell, "one of my girl friends, who was only sixteen, was abducted . . . Yes, she was! And in a two-horse carriage, to boot. The next day . . . hm! . . . Naturally. There could no longer be a question of restoring her to her family. There are certain kinds of—how shall I put it?—breaking and entering which . . . In short, they got married. It had to come to that!"

"It had to come to that!"

A careless phrase . . . A little antique engraving, in the darkness of the corridor, suddenly interested me. It depicted a post chaise, with two peculiar horses harnessed to it with necks like chimeras. In front of the gaping coach door, a young man dressed in taffeta was carrying in one arm, with the greatest of ease, a recumbent a young woman whose little mouth, open in an O-shape, and whose skirts forming a rumpled corolla around two attractive legs, were striving to express fright. "The Abduction!" My innocent reverie caressed the word and the image.

49. Martin du Gard: *The Gray Notebook* (1922)

At the corner of the Rue de Vaugirard, as they were already skirting the school buildings, M. Thibault, who hadn't said a word to his son the whole way, suddenly halted:

— «Ah, cette fois, Antoine, non, cette fois, ça dépasse!» Le jeune homme ne répondit pas.

L'École était fermée. C'était dimanche, et il était neuf heures du soir. Un portier entrouvrit le guichet.

— «Savez-vous où est mon frère?» cria Antoine. L'autre écarquilla les yeux.

M. Thibault frappa du pied.

— «Allez chercher l'abbé Binot.»

Le portier précéda les deux hommes jusqu'au parloir, tira de sa poche un rat-de-cave, et alluma le lustre.

Quelques minutes passèrent. M. Thibault, essoufflé, s'était laissé choir sur une chaise; il murmura de nouveau, les dents serrées:

— «Cette fois, tu sais, non, cette fois!»

— «Excusez-nous, Monsieur», dit l'abbé Binot qui venait d'entrer sans bruit. Il était fort petit et dut se dresser pour poser la main sur l'épaule d'Antoine. «Bonjour, jeune docteur! Qu'y a-t-il donc?»

— «Où est mon frère?»

— «Jacques?»

— «Il n'est pas rentré de la journée!» s'écria M. Thibault, qui s'était levé.

— «Mais, où était-il allé?» fit l'abbé, sans trop de surprise.

— «Ici, parbleu! A la consigne!»

L'abbé glissa ses mains sous sa ceinture:

— «Jacques n'était pas consigné.»

— «Quoi?»

— «Jacques n'a pas paru à l'École aujourd'hui.»

L'affaire se corsait. Antoine ne quittait pas du regard la figure du prêtre. M. Thibault secoua les épaules, et tourna vers l'abbé son visage bouffi, dont les lourdes paupières ne se soulevaient presque jamais:

— «Jacques nous a dit hier qu'il avait quatre heures de consigne. Il est parti, ce matin, à l'heure habituelle. Et puis, vers onze heures, pendant que nous étions tous à la messe, il est revenu, paraît-il: il n'a trouvé que la cuisinière; il a dit qu'il ne reviendrait pas déjeuner parce qu'il avait huit heures de consigne au lieu de quatre.»

— «Pure invention,» appuya l'abbé.

— «J'ai dû sortir à la fin de l'après-midi», continua M. Thibault, «pour porter ma chronique à la *Revue des Deux Mondes*. Le directeur recevait, je ne suis rentré que pour le dîner. Jacques n'avait pas reparu. Huit heures et demie, personne. J'ai pris peur, j'ai envoyé chercher Antoine qui était de garde à son hôpital. Et nous voilà.»

"Oh, this time, Antoine, no! This time things have gone too far!"
The young man made no reply.

The school was closed. It was Sunday, and it was nine in the evening. A janitor opened the window in the door partway.

"Do you know where my brother is?" Antoine called. The other man opened his eyes wide.

M. Thibault stamped his foot.

"Go get Abbé Binot!"

The janitor preceded the two men all the way to the visitors' room, drew a folded wax taper from his pocket, and lit the chandelier.

A few minutes went by. M. Thibault, out of breath, had let himself drop onto a chair; again he muttered, through clenched teeth:

"This time, you know; no, this time!"

"Excuse us, sir," said Abbé Binot, who had just entered without a sound. He was very short and had to pull himself up to place a hand on Antoine's shoulder. "Hello, young doctor! What seems to be the matter?"

"Where is my brother?"

"Jacques?"

"He hasn't come home all day long!" exclaimed M. Thibault, who had stood up.

"But, where had he gone?" asked the abbé, not too surprised.

"Here, for heaven's sake! To detention!"

The abbé thrust his hands beneath his waistband:

"Jacques wasn't on detention."

"What!"

"Jacques never showed up in school today."

The plot was thickening. Antoine didn't take his eyes off the priest's face. M. Thibault shook his shoulders and presented to the abbé his puffy face, in which the heavy eyelids were almost never fully raised:

"Jacques told us yesterday that he had four hours of detention. This morning he set out at the usual time. And then, about eleven, while we were all at mass, he came home, it seems: he found only the cook in; he told her he wouldn't be back for lunch because he had eight hours of detention instead of four."

"A sheer fabrication," the abbé insisted.

"I had to go out at the end of the afternoon," M. Thibault continued, "to take my article to the *Revue des Deux Mondes*. The director of the magazine was holding a reception, and I couldn't get back until dinnertime. Jacques hadn't showed up again. Eight thirty: nobody. I got frightened, and I sent for Antoine, who was on duty in his hospital. And here we are."

L'abbé pinçait les lèvres d'un air songeur. M. Thibault entrouvrit les cils, et décocha vers l'abbé puis vers son fils un regard aigu.

— «Alors, Antoine?»

— «Eh bien, père», fit le jeune homme, «si c'est une escapade préméditée, cela écarte l'hypothèse d'accident.» Son attitude invitait au calme. M. Thibault prit une chaise et s'assit; son esprit agile suivait diverses pistes; mais le visage, paralysé par la graisse, n'exprimait rien.

— «Alors», répéta-t-il, «que faire?»

Antoine réfléchit.

— «Ce soir, rien. Attendre.»

C'était évident. Mais l'impossibilité d'en finir tout de suite par un acte d'autorité, et la pensée du Congrès des Sciences Morales qui s'ouvrait à Bruxelles le surlendemain, et où il était invité à présider la section française, firent monter une bouffée de rage au front de M. Thibault. Il se leva.

— «Je le ferai chercher partout par les gendarmes!» s'écria-t-il. «Est-ce qu'il y a encore une police en France? Est-ce qu'on ne retrouve pas les malfaiteurs?»

Sa jaquette pendait de chaque côté de son ventre; les plis de son menton se pinçaient à tout instant entre les pointes de son col, et il donnait des coups de mâchoire en avant, comme un cheval qui tire sur sa bride. «Ah, vaurien», songea-t-il, «si seulement une bonne fois il se faisait broyer par un train!» Et, le temps d'un éclair, tout lui parut aplani: son discours au Congrès, la vice-présidence peut-être . . . Mais, presque en même temps, il aperçut le petit sur une civière; puis, dans une chapelle ardente, son attitude à lui, malheureux père, et la compassion de tous . . . Il eut honte.

— «Passer la nuit dans cette inquiétude!» reprit-il à haute voix. «C'est dur, Monsieur l'abbé, c'est dur, pour un père, de traverser des heures comme celles-ci.»

Il se dirigeait vers la porte. L'abbé tira les mains de dessous sa ceinture.

50. Larbaud: *Fermina Márquez* (1911)

Le reflet de la porte vitrée du parloir passa brusquement sur le sable de la cour, à nos pieds. Santos leva la tête, et dit:

«Des jeunes filles.»

The abbé pursed his lips with a pensive look. M. Thibault separated his lashes partway, and shot a sharp glance at the abbé and then at his son.

"So, Antoine?"

"Well, father," the young man said, "if it's a premeditated prank, that rules out the hypothesis of an accident."

His attitude called for calm. M. Thibault took a chair and sat down; his agile mind was following various trails; but his face, paralyzed by fat, showed no expression.

"So," he repeated, "what are we to do?"

Antoine reflected.

"Tonight, nothing. Only wait."

That was obvious. But the impossibility of bringing the matter to a conclusion at once by some act of authority, and the thought of the Congress of Moral Sciences that was opening in Brussels in two days, and at which he was invited to preside over the French delegation, made a gust of anger rise to M. Thibault's brow. He stood up.

"I'll have the constables look for him everywhere!" he exclaimed. "Is there still a police force in France? Aren't criminals caught any more?"

His jacket was hanging down either side of his belly; the folds of his chin were being pinched every moment between the tips of his collar, and he was working his jaw forward like a horse pulling on its bridle. "Oh, that good-for-nothing," he thought, "if only he got himself run over by a train once and for all!" And in a flash everything appeared smoothed over for him: his speech at the congress, perhaps the vice-presidency . . . But almost at the same time he pictured his little one on a stretcher; then, in the funeral parlor, his own bearing, that of an unfortunate father, and everybody's pity . . . He felt ashamed.

"To spend the night worrying like this!" he resumed aloud. "It's hard, abbé, it's hard for a father to go through hours like these."

He was heading for the door. The abbé drew his hands out from under his waistband.

50. Larbaud: *Fermina Márquez* (1911)

The reflection from the glazed door of the visitors' room suddenly moved onto the sand of the courtyard, at our feet. Santos raised his head and said:

"Girls."

Alors, nous eûmes, tous, les yeux fixés sur le perron, où se tenaient, en effet, à côté du préfet des études, deux jeunes filles en bleu, et aussi une grosse dame en noir. Tous quatre descendirent les quelques marches et, suivant l'allée qui longeait la cour, se dirigèrent vers le fond du parc, vers la terrasse d'où l'on voyait la vallée de la Seine, et Paris, au loin. Le préfet des études montrait ainsi aux parents des nouveaux élèves, une fois pour toutes, les beautés de son collège.

Comme les jeunes filles passaient le long de la grande cour ovale, où les élèves de toutes les classes étaient réunis, chacun de nous les dévisagea à son aise.

Nous étions une bande d'effrontés, de jeunes roués (entre seize et dix-neuf ans) qui mettions notre honneur à tout oser en fait d'indiscipline et d'insolence. Nous n'étions pas élevés à la française, et, du reste, nous Français, nous n'étions qu'une bien faible minorité dans le collège; à tel point que la langue en usage entre élèves était l'espagnol. Le ton dominant de l'institution était la dérision de toute sensiblerie et l'exaltation des plus rudes vertus. Bref, c'était un lieu où l'on entendait cent fois par jour, prononcés avec un accent héroïque, ces mots: «Nous autres Américains.»

Ceux qui disaient cela (Santos et les autres) formaient une élite dont tous les élèves *exotiques* (Orientaux, Persans, Siamois) étaient exclus, une élite dans laquelle, pourtant, nous Français étions admis, d'abord parce que nous étions chez nous, dans notre propre pays, et ensuite parce que, comme nation, historiquement nous valions *presque* la race au sang bleu, la gent de raison. C'est là un sentiment qui paraît perdu, aujourd'hui, chez nous: on dirait que nous sommes des bâtards qui évitons de parler de nos pères. Ces fils des armateurs de Montevideo, des marchands de guano du Callao, ou des fabricants de chapeaux de l'Équateur, se sentaient, dans toute leur personne et à tous les instants de leur vie, les descendants des Conquistadores. Le respect qu'ils avaient pour le sang espagnol, — même lorsque ce sang était, comme chez la plupart d'entre eux, un peu mélangé de sang indien, — était si grand, que tout orgueil nobiliaire, que tout fanatisme de caste semble mesquin, comparé à ce sentiment-là, à la certitude d'avoir pour ancêtres des paysans de la Castille ou des Asturies. C'était une belle et bonne chose, après tout, que de vivre parmi des gens qui avaient ce respect d'eux-mêmes (et ce n'étaient que de grands enfants). Je suis sûr que le petit nombre d'anciens élèves restés en France se rappellent aujourd'hui avec reconnaissance notre vieux collège, plus cosmopolite qu'une exposition universelle, cet illustre

Then we all had our eyes glued to the front steps, where indeed, alongside the vice-principal, two girls in blue were standing, as well as a stout lady in black. All four walked down the handful of steps and, going down the avenue that skirted the courtyard, made their way toward the far end of the park, toward the terrace from which could be seen the valley of the Seine and Paris, in the distance. The vice-principal was thus showing the relatives of the new students, once and for all, the beauties of his boarding school.

As the girls passed along the large oval courtyard, in which the students from every class were assembled, each of us took stock of them at his ease.

We were a gang of brazen boys, young profligates (between sixteen and nineteen years old) who felt honor-bound to be completely daring when it came to lack of discipline and to insolence. We weren't being brought up in the French way, and, besides, we French constituted only a very small minority at the school; so much so, that the language in use among the students was Spanish. The dominant tone of the institution was mockery of all sentimentality and glorification of the roughest virtues. In short, it was a place where you could hear a hundred times a day, pronounced with a heroic inflection, the words "We Americans."

Those who uttered them (Santos and the rest) formed an elite from which all the "exotic" students (Orientals, Persians, Siamese) were excluded, an elite to which we French were nevertheless admitted, first of all because we were at home, in our own country, and then because, as a nation, historically, we were *nearly* as good as the blue-blooded race, the "people of reason." That's a feeling which seems lost to us today; you'd think we were bastards who avoided speaking about our forebears. Those sons of shipowners from Montevideo, of guano merchants from Callao, or of hat manufacturers from Ecuador, felt, in every fiber and at every moment of their life, like descendants of the conquistadors. The respect they had for Spanish blood—even when that blood, as in most of them, was slightly mixed with Indian blood— was so great that all nobiliary pride and all fanaticism of caste seems petty, compared to that feeling, to that certitude of having as ancestors peasants from Castile or the Asturias. It was a fine and wonderful thing, after all, to live among people who had such respect for themselves (and they were still only big children). I'm sure that the small number of its alumni still in France remember with gratitude today our old school, more cosmopolitan than a world's fair, that famous

collège Saint-Augustin, maintenant abandonné, fermé depuis quinze ans déjà . . .

C'est parmi les souvenirs d'une des plus glorieuses nations de la terre que nous y avons grandi; le monde castillan fut notre seconde patrie, et nous avons, des années, considéré le Nouveau Monde et l'Espagne comme d'autres Terres Saintes où Dieu, par l'entremise d'une race de héros, avait déployé ses prodiges. — Oui, l'esprit qui dominait chez nous était un esprit d'entreprise et d'héroïsme; nous nous efforcions de ressembler aux plus âgés d'entre nous, que nous admirions: à Santos, par exemple; à son frère cadet Pablo; naïvement nous imitions leurs manières et jusqu'au son de leur voix, et nous avions, à les imiter ainsi, un plaisir extrême. Voilà pourquoi nous nous tenions tous, à ce moment, près de la haie de myrtes qui séparait la cour de la grande allée du parc, domptant notre timidité pour admirer, avec une impudence voulue, les étrangères.

De leur côté, les jeunes filles soutinrent hardiment tous les regards. L'aînée surtout: elle passa lentement devant nous, nous regarda tous, et ses paupières ne battirent pas une seule fois. Quand elles eurent passé, Pablo dit à très haute voix: «Jolies filles», c'était ce que nous pensions tous.

Puis, chacun, parlant courtement, donna son opinion. En général, la plus jeune des deux sœurs, celle qui avait sur le dos une épaisse queue de cheveux noirs noués en papillon d'un large ruban bleu, la «petite», fut jugée insignifiante, ou du moins trop jeune (douze, treize ans, peut-être) pour être digne de notre attention: nous étions de tels hommes!

Mais l'aînée! nous ne trouvions pas de mots pour exprimer sa beauté; ou plutôt, nous ne trouvions que des paroles banales qui n'exprimaient rien du tout; des vers de madrigaux: yeux de velours, rameau fleuri, etc., etc. Sa taille de seize ans avait, à la fois, tant de souplesse et de fermeté; et ses hanches, au bas de cette taille, n'étaient-elles pas comparables à une guirlande triomphale? Et cette démarche assurée, cadencée, montrait que cette créature éblouissante avait conscience d'orner le monde où elle marchait . . . Vraiment, elle faisait penser à tous les bonheurs de la vie.

Saint Augustine School, now deserted, closed for fifteen years by this time . . .

It was amid the memories of one of the most glorious nations on earth that we grew up there; the Castilian world was our second homeland, and for years we considered the New World and Spain as new Holy Lands in which God, through the agency of a breed of heroes, had unfurled his miracles.—Yes, the spirit dominant among us was a spirit of enterprise and heroism; we strove to resemble the oldest ones among us, whom we admired: Santos, for example, and his younger brother Pablo. Naively we imitated their ways and even the tone of their voice, and we took extreme pleasure in imitating them like that. That's why at that moment we were all standing near the myrtle hedge that separated the courtyard from the main avenue of the park, subduing our shyness so we could admire the unknown girls with intentional impudence.

On their part, the girls endured all our glances boldly. Especially the older one: she walked in front of us slowly and looked at us all, and her eyelids didn't blink once. After they had gone by, Pablo said very loudly: "Pretty girls." That's what we were all thinking.

Then each of us, in a brief speech, gave his opinion. In general, the younger of the two sisters, the one who wore down her back a thick pigtail of black hair tied with a wide blue ribbon in a butterfly knot, the "little one," was deemed insignificant, or at least too young (twelve or thirteen, maybe) to merit our attention: we were such men!

But the older one! We couldn't find words to express her beauty; rather, we found only banal words that expressed nothing at all; madrigal verses: eyes of velvet, blossoming bough, etc. etc. Her sixteen-year-old waist was so supple and at the same time so firm; and her hips, below that waist—couldn't they be compared to a triumphal wreath? And that gait, self-assured and rhythmic, indicated that this dazzling creature was fully aware that she was adorning the world she walked through . . . Truly, she made us think of every happiness in life.

A CATALOG OF SELECTED
DOVER BOOKS
IN ALL FIELDS OF INTEREST

THE CLARINET AND CLARINET PLAYING, David Pino. Lively, comprehensive work features suggestions about technique, musicianship, and musical interpretation, as well as guidelines for teaching, making your own reeds, and preparing for public performance. Includes an intriguing look at clarinet history. "A godsend," *The Clarinet,* Journal of the International Clarinet Society. Appendixes. 7 illus. 320pp. 5⅜ x 8½. 0-486-40270-3

HOLLYWOOD GLAMOR PORTRAITS, John Kobal (ed.). 145 photos from 1926-49. Harlow, Gable, Bogart, Bacall; 94 stars in all. Full background on photographers, technical aspects. 160pp. 8⅜ x 11¼. 0-486-23352-9

THE RAVEN AND OTHER FAVORITE POEMS, Edgar Allan Poe. Over 40 of the author's most memorable poems: "The Bells," "Ulalume," "Israfel," "To Helen," "The Conqueror Worm," "Eldorado," "Annabel Lee," many more. Alphabetic lists of titles and first lines. 64pp. $5\frac{3}{16}$ x 8¼. 0-486-26685-0

PERSONAL MEMOIRS OF U. S. GRANT, Ulysses Simpson Grant. Intelligent, deeply moving firsthand account of Civil War campaigns, considered by many the finest military memoirs ever written. Includes letters, historic photographs, maps and more. 528pp. 6⅛ x 9¼. 0-486-28587-1

ANCIENT EGYPTIAN MATERIALS AND INDUSTRIES, A. Lucas and J. Harris. Fascinating, comprehensive, thoroughly documented text describes this ancient civilization's vast resources and the processes that incorporated them in daily life, including the use of animal products, building materials, cosmetics, perfumes and incense, fibers, glazed ware, glass and its manufacture, materials used in the mummification process, and much more. 544pp. 6⅛ x 9¼. (Available in U.S. only.) 0-486-40446-3

RUSSIAN STORIES/RUSSKIE RASSKAZY: A Dual-Language Book, edited by Gleb Struve. Twelve tales by such masters as Chekhov, Tolstoy, Dostoevsky, Pushkin, others. Excellent word-for-word English translations on facing pages, plus teaching and study aids, Russian/English vocabulary, biographical/critical introductions, more. 416pp. 5⅜ x 8½. 0-486-26244-8

PHILADELPHIA THEN AND NOW: 60 Sites Photographed in the Past and Present, Kenneth Finkel and Susan Oyama. Rare photographs of City Hall, Logan Square, Independence Hall, Betsy Ross House, other landmarks juxtaposed with contemporary views. Captures changing face of historic city. Introduction. Captions. 128pp. 8¼ x 11. 0-486-25790-8

NORTH AMERICAN INDIAN LIFE: Customs and Traditions of 23 Tribes, Elsie Clews Parsons (ed.). 27 fictionalized essays by noted anthropologists examine religion, customs, government, additional facets of life among the Winnebago, Crow, Zuni, Eskimo, other tribes. 480pp. 6⅛ x 9¼. 0-486-27377-6

TECHNICAL MANUAL AND DICTIONARY OF CLASSICAL BALLET, Gail Grant. Defines, explains, comments on steps, movements, poses and concepts. 15-page pictorial section. Basic book for student, viewer. 127pp. 5⅜ x 8½. 0-486-21843-0

THE MALE AND FEMALE FIGURE IN MOTION: 60 Classic Photographic Sequences, Eadweard Muybridge. 60 true-action photographs of men and women walking, running, climbing, bending, turning, etc., reproduced from rare 19th-century masterpiece. vi + 121pp. 9 x 12. 0-486-24745-7

CATALOG OF DOVER BOOKS

ANIMALS: 1,419 Copyright-Free Illustrations of Mammals, Birds, Fish, Insects, etc., Jim Harter (ed.). Clear wood engravings present, in extremely lifelike poses, over 1,000 species of animals. One of the most extensive pictorial sourcebooks of its kind. Captions. Index. 284pp. 9 x 12. 0-486-23766-4

1001 QUESTIONS ANSWERED ABOUT THE SEASHORE, N. J. Berrill and Jacquelyn Berrill. Queries answered about dolphins, sea snails, sponges, starfish, fishes, shore birds, many others. Covers appearance, breeding, growth, feeding, much more. 305pp. 5¼ x 8¼. 0-486-23366-9

ATTRACTING BIRDS TO YOUR YARD, William J. Weber. Easy-to-follow guide offers advice on how to attract the greatest diversity of birds: birdhouses, feeders, water and waterers, much more. 96pp. 5³⁄₁₆ x 8¼. 0-486-28927-3

MEDICINAL AND OTHER USES OF NORTH AMERICAN PLANTS: A Historical Survey with Special Reference to the Eastern Indian Tribes, Charlotte Erichsen-Brown. Chronological historical citations document 500 years of usage of plants, trees, shrubs native to eastern Canada, northeastern U.S. Also complete identifying information. 343 illustrations. 544pp. 6½ x 9¼. 0-486-25951-X

STORYBOOK MAZES, Dave Phillips. 23 stories and mazes on two-page spreads: Wizard of Oz, Treasure Island, Robin Hood, etc. Solutions. 64pp. 8¼ x 11. 0-486-23628-5

AMERICAN NEGRO SONGS: 230 Folk Songs and Spirituals, Religious and Secular, John W. Work. This authoritative study traces the African influences of songs sung and played by black Americans at work, in church, and as entertainment. The author discusses the lyric significance of such songs as "Swing Low, Sweet Chariot," "John Henry," and others and offers the words and music for 230 songs. Bibliography. Index of Song Titles. 272pp. 6½ x 9¼. 0-486-40271-1

MOVIE-STAR PORTRAITS OF THE FORTIES, John Kobal (ed.). 163 glamor, studio photos of 106 stars of the 1940s: Rita Hayworth, Ava Gardner, Marlon Brando, Clark Gable, many more. 176pp. 8⅜ x 11¼. 0-486-23546-7

YEKL and THE IMPORTED BRIDEGROOM AND OTHER STORIES OF YIDDISH NEW YORK, Abraham Cahan. Film Hester Street based on *Yekl* (1896). Novel, other stories among first about Jewish immigrants on N.Y.'s East Side. 240pp. 5⅜ x 8½. 0-486-22427-9

SELECTED POEMS, Walt Whitman. Generous sampling from *Leaves of Grass*. Twenty-four poems include "I Hear America Singing," "Song of the Open Road," "I Sing the Body Electric," "When Lilacs Last in the Dooryard Bloom'd," "O Captain! My Captain!"–all reprinted from an authoritative edition. Lists of titles and first lines. 128pp. 5³⁄₁₆ x 8¼. 0-486-26878-0

SONGS OF EXPERIENCE: Facsimile Reproduction with 26 Plates in Full Color, William Blake. 26 full-color plates from a rare 1826 edition. Includes "The Tyger," "London," "Holy Thursday," and other poems. Printed text of poems. 48pp. 5¼ x 7. 0-486-24636-1

THE BEST TALES OF HOFFMANN, E. T. A. Hoffmann. 10 of Hoffmann's most important stories: "Nutcracker and the King of Mice," "The Golden Flowerpot," etc. 458pp. 5⅜ x 8½. 0-486-21793-0

THE BOOK OF TEA, Kakuzo Okakura. Minor classic of the Orient: entertaining, charming explanation, interpretation of traditional Japanese culture in terms of tea ceremony. 94pp. 5⅜ x 8½. 0-486-20070-1

MAKING FURNITURE MASTERPIECES: 30 Projects with Measured Drawings, Franklin H. Gottshall. Step-by-step instructions, illustrations for constructing handsome, useful pieces, among them a Sheraton desk, Chippendale chair, Spanish desk, Queen Anne table and a William and Mary dressing mirror. 224pp. 8⅛ x 11¼.
0-486-29338-6

NORTH AMERICAN INDIAN DESIGNS FOR ARTISTS AND CRAFTSPEOPLE, Eva Wilson. Over 360 authentic copyright-free designs adapted from Navajo blankets, Hopi pottery, Sioux buffalo hides, more. Geometrics, symbolic figures, plant and animal motifs, etc. 128pp. 8⅜ x 11. (Not for sale in the United Kingdom.) 0-486-25341-4

THE FOSSIL BOOK: A Record of Prehistoric Life, Patricia V. Rich et al. Profusely illustrated definitive guide covers everything from single-celled organisms and dinosaurs to birds and mammals and the interplay between climate and man. Over 1,500 illustrations. 760pp. 7½ x 10⅛. 0-486-29371-8

VICTORIAN ARCHITECTURAL DETAILS: Designs for Over 700 Stairs, Mantels, Doors, Windows, Cornices, Porches, and Other Decorative Elements, A. J. Bicknell & Company. Everything from dormer windows and piazzas to balconies and gable ornaments. Also includes elevations and floor plans for handsome, private residences and commercial structures. 80pp. 9⅜ x 12¼. 0-486-44015-X

WESTERN ISLAMIC ARCHITECTURE: A Concise Introduction, John D. Hoag. Profusely illustrated critical appraisal compares and contrasts Islamic mosques and palaces–from Spain and Egypt to other areas in the Middle East. 139 illustrations. 128pp. 6 x 9. 0-486-43760-4

CHINESE ARCHITECTURE: A Pictorial History, Liang Ssu-ch'eng. More than 240 rare photographs and drawings depict temples, pagodas, tombs, bridges, and imperial palaces comprising much of China's architectural heritage. 152 halftones, 94 diagrams. 232pp. 10¾ x 9⅞. 0-486-43999-2

THE RENAISSANCE: Studies in Art and Poetry, Walter Pater. One of the most talked-about books of the 19th century, *The Renaissance* combines scholarship and philosophy in an innovative work of cultural criticism that examines the achievements of Botticelli, Leonardo, Michelangelo, and other artists. "The holy writ of beauty."–Oscar Wilde. 160pp. 5⅜ x 8½. 0-486-44025-7

A TREATISE ON PAINTING, Leonardo da Vinci. The great Renaissance artist's practical advice on drawing and painting techniques covers anatomy, perspective, composition, light and shadow, and color. A classic of art instruction, it features 48 drawings by Nicholas Poussin and Leon Battista Alberti. 192pp. 5⅜ x 8½.
0-486-44155-5

THE MIND OF LEONARDO DA VINCI, Edward McCurdy. More than just a biography, this classic study by a distinguished historian draws upon Leonardo's extensive writings to offer numerous demonstrations of the Renaissance master's achievements, not only in sculpture and painting, but also in music, engineering, and even experimental aviation. 384pp. 5⅜ x 8½. 0-486-44142-3

WASHINGTON IRVING'S RIP VAN WINKLE, Illustrated by Arthur Rackham. Lovely prints that established artist as a leading illustrator of the time and forever etched into the popular imagination a classic of Catskill lore. 51 full-color plates. 80pp. 8⅜ x 11. 0-486-44242-X

HENSCHE ON PAINTING, John W. Robichaux. Basic painting philosophy and methodology of a great teacher, as expounded in his famous classes and workshops on Cape Cod. 7 illustrations in color on covers. 80pp. 5⅜ x 8½. 0-486-43728-0

CATALOG OF DOVER BOOKS

LIGHT AND SHADE: A Classic Approach to Three-Dimensional Drawing, Mrs. Mary P. Merrifield. Handy reference clearly demonstrates principles of light and shade by revealing effects of common daylight, sunshine, and candle or artificial light on geometrical solids. 13 plates. 64pp. 5⅜ x 8½. 0-486-44143-1

ASTROLOGY AND ASTRONOMY: A Pictorial Archive of Signs and Symbols, Ernst and Johanna Lehner. Treasure trove of stories, lore, and myth, accompanied by more than 300 rare illustrations of planets, the Milky Way, signs of the zodiac, comets, meteors, and other astronomical phenomena. 192pp. 8⅜ x 11. 0-486-43981-X

JEWELRY MAKING: Techniques for Metal, Tim McCreight. Easy-to-follow instructions and carefully executed illustrations describe tools and techniques, use of gems and enamels, wire inlay, casting, and other topics. 72 line illustrations and diagrams. 176pp. 8¼ x 10⅞. 0-486-44043-5

MAKING BIRDHOUSES: Easy and Advanced Projects, Gladstone Califf. Easy-to-follow instructions include diagrams for everything from a one-room house for bluebirds to a forty-two-room structure for purple martins. 56 plates; 4 figures. 80pp. 8¾ x 6⅜. 0-486-44183-0

LITTLE BOOK OF LOG CABINS: How to Build and Furnish Them, William S. Wicks. Handy how-to manual, with instructions and illustrations for building cabins in the Adirondack style, fireplaces, stairways, furniture, beamed ceilings, and more. 102 line drawings. 96pp. 8¾ x 6⅜. 0-486-44259-4

THE SEASONS OF AMERICA PAST, Eric Sloane. From "sugaring time" and strawberry picking to Indian summer and fall harvest, a whole year's activities described in charming prose and enhanced with 79 of the author's own illustrations. 160pp. 8¼ x 11. 0-486-44220-9

THE METROPOLIS OF TOMORROW, Hugh Ferriss. Generous, prophetic vision of the metropolis of the future, as perceived in 1929. Powerful illustrations of towering structures, wide avenues, and rooftop parks—all features in many of today's modern cities. 59 illustrations. 144pp. 8¼ x 11. 0-486-43727-2

THE PATH TO ROME, Hilaire Belloc. This 1902 memoir abounds in lively vignettes from a vanished time, recounting a pilgrimage on foot across the Alps and Apennines in order to "see all Europe which the Christian Faith has saved." 77 of the author's original line drawings complement his sparkling prose. 272pp. 5⅜ x 8½. 0-486-44001-X

THE HISTORY OF RASSELAS: Prince of Abissinia, Samuel Johnson. Distinguished English writer attacks eighteenth-century optimism and man's unrealistic estimates of what life has to offer. 112pp. 5⅜ x 8½. 0-486-44094-X

A VOYAGE TO ARCTURUS, David Lindsay. A brilliant flight of pure fancy, where wild creatures crowd the fantastic landscape and demented torturers dominate victims with their bizarre mental powers. 272pp. 5⅜ x 8½. 0-486-44198-9